STORÏAU
DOD ALLAN

o ddiddordeb perthnasol

Secs ac ati
Y Stori'n Llawn
ISBN 978-1-80416-292-7

* * * * *

'Byddai'r llyfr hwn wedi bod yn ddefnyddiol iawn i fi amser maith yn ôl. Fel y mae'n dweud mor huawdl, rydyn ni i gyd eisiau i'r bobl rydyn ni'n eu caru ein caru ni am bwy yn union rydyn ni. Ond yn 2020, mae homoffobia yn dal i fod yn rhemp ac mae angen o hyd i ni sefyll i fyny a dod allan, sy'n gallu bod yn brofiad brawychus! Mae'r llyfr hwn yn un y byddwn i wedi hoffi ei gael pan o'n i'n 16 oed, pan o'n i'n ceisio gweithio allan pwy o'n i! Mae'n dangos dwyt ti ddim ar dy ben dy hun a bod pob stori yn wahanol a does dim un ffordd gywir neu anghywir o ddod allan. Ro'n i wrth fy modd ag e.'

— **Stephen Bailey, digrifwr a chyflwynydd**

* * * * *

'Mae dod allan yn gallu bod yn rhai o'r eiliadau mwyaf brawychus ym mywyd person cwiar. Mae'r llyfr hwn yn rhoi cipolwg perffaith ar uchafbwyntiau ac isafbwyntiau'r broses hon sy'n gallu newid bywyd. Mae darllen storïau gonest a bregus pobl ar draws y sbectrwm LHDTC+ yn y llyfr hwn yn ein hatgoffa bod ein brwydr tuag at ryddid yn un gyda'n gilydd. Mae ein storïau mor amrywiol ac unigryw â'n cymuned, ond mae un peth yn wir ym mhob un ohonyn nhw – yr awydd cryf i oresgyn cywilydd wrth geisio cael bywyd sy'n werth ei fyw. Mae'r llyfr hwn yn hanfodol i unrhyw un sy'n trio mynd i'r afael â'r syniad o ddod allan, ac i'r rhai sy'n agos at berson cwiar sydd eisiau deall sut deimlad sydd ar y daith honno.'

— **Riyadh Khalaf, darlledwr**

* * * * *

'Campwaith calonogol, mae pob stori yn tystio i ddewrder a gwroldeb.'

— **Juno Dawson, awdur This Book is Gay a What's the T?**

* * * * *

'Mae'r storïau yma yn rhai cyfoethog a bywiog – gallwn ni i gyd ddysgu llawer o'r llyfr hwn.'

— **Joe Lycett, digrifwr a chyflwynydd teledu**

* * * * *

STORÏAU DOD ALLAN

Profiadau personol o ddod allan ar
draws y sbectrwm LHDTC+

––––––––––

Golygwyd gan Emma Goswell a Sam Walker
Rhagair gan Tim Sigsworth MBE

RILY

Cyhoeddwyd gan Rily Publications Ltd. 2023
Blwch Post 257, Caerffili, CF83 9FL
Hawlfraint yr addasiad
© Rily Publications Ltd 2023

www.rily.co.uk

Cyhoeddwyd gyntaf yn y DU o dan y teitl *Coming Out Stories*
gan Jessica Kingsley Publishers
un o gwmnïau Hachette
Carmelite House
50 Victoria Embankment
Llundain
EC4Y 0DZ

Hawlfraint © Jessica Kinglsey Publishers 2021
Hawlfraint y rhagair © Tim Sigsworth 2021
Addasiad: Testun Cyf

ISBN 978-1-80416-330-6

Rhybudd: Mae'r llyfr hwn yn sôn am gam-drin, bwlio, therapi trosi ac iselder.

Mae'r cyhoeddwr yn cydnabod cymorth ariannol Cyngor Llyfrau Cymru.

Argraffwyd a rhwymwyd yn y DU gan Ashford Press

RILY

www.rily.co.uk

Mae'r llyfr hwn wedi'i gyflwyno i Abigail Goswell
28.06.73–15.10.20

Diolch am fod y chwaer orau y gallai merch ofyn amdani. Efallai nad oeddet ti'n hoffi fy steiliau gwallt dros y blynyddoedd, ond doeddet ti byth yn fy meirniadu i am fod yn fi! Diolch am fy ysbrydoli i bob dydd. Caru ti i'r lleuad ac yn ôl.

Ac i fy rhieni. Diolch am fod yn esiamplau anhygoel ac am fy nysgu i sut mae bod yn garedig, sut mae caru a sut mae cynnal parti heb ei ail!

Emma

I'r ddwy bwysicaf yn fy mywyd, Lyla a Britta, boed i chi dyfu i fyny mewn byd lle na fyddwch chi byth yn ofni bod yn chi eich hunain, yn llawn hyfrydwch.

Sam

Cynnwys

Rhagair

Dwi wedi cael y fraint o glywed pobl yn dod allan i fi drwy gydol fy mywyd fel oedolyn, yn sgil gweithio a gwirfoddoli o fewn y gymuned LHDTC+ ers dros 30 mlynedd. Mae'r storïau hynny wedi aros gyda fi ac yn fy ysbrydoli pan fyddaf yn cefnogi eraill ar y daith i ddod allan i'w teuluoedd, i'w ffrindiau ac i eraill.

Mae'r llyfr hwn yn bleser pur, oherwydd er bod pob stori yn wahanol a phobl yn rhannu profiadau da a drwg o ddod allan, mae pob stori yn cynnwys y cam cyntaf hwnnw ar y daith – 'hunandd}derbyn'. Mae'r balchder hwn ynot ti dy hun yn hanfodol oherwydd, fel y mae cymaint wedi'i ddweud o'r blaen, os wyt ti'n methu dy garu dy hun, sut mae rhywun arall yn mynd i dy garu di? Mae goresgyn ein hanallu i dderbyn ein hunain, neu unrhyw deimladau o gywilydd, fel mae Kate yn adrodd yn ei stori, yn gam cyntaf yn aml. Bydd y storïau hyn, dwi'n gobeithio, yn ysbrydoli llawer mwy o bobl LHDTC+ i ddysgu amdanyn nhw'u hunain a derbyn eu hunain, i sylweddoli dydyn nhw ddim ar eu pen eu hunain, bod eraill wedi cerdded y llwybr hwn droeon, ac fel y gallaf gadarnhau, bod pethau'n gwella pan allwn ni fod yn agored ac yn onest gyda ni'n hunain ac eraill ynglŷn â phwy ydyn ni mewn gwirionedd.

Mae Emma Goswell a Sam Walker wedi treulio eu bywydau proffesiynol yn y cyfryngau fel lleisiau cryf ac angerddol dros y gymuned LHDTC+, a dwi'n falch i'w galw'n ymgyrchwyr. Mae'r ddwy wedi bod yn ysbrydoliaeth bersonol i fi ac i lawer o bobl eraill, a dyna pam mae'r llyfr hwn yn neges mor gryf a phwysig i unrhyw un sy'n ystyried dod allan a/neu'n teimlo'n unig ac ynysig, yn ogystal â bod yn alwad i weithredu i gynghreiriaid – *allies* – a all roi cymorth ar y daith.

Nid adrodd storïau poenus dioddefwyr yw bwriad y llyfr hwn. Fel y mae stori Bill yn ei ddangos, hyd yn oed 47 mlynedd yn ôl mewn byd mwy heriol i'r gymuned LHDTC+, daeth rhai pobl allan i gariad a chefnogaeth. Ymhlith y tudalennau hyn mae 27 o bobl a oedd, ac sydd, yn eiriolwyr hynod ddewr a balch sy'n byw eu bywydau yn llawn. Mae cymaint o gariad, gobaith a hiwmor yn y gyfrol hon. Mae'n adlewyrchu nid yn unig cymeriad pob awdur ond hefyd gymeriad ein cymuned, lle mae'r enfys, y camp a llawenydd byw yn teyrnasu.

Dydyn ni ddim yn nodi oedran presennol y rhan fwyaf o'r bobl sydd yma. Mae hyn i fi yn cyfleu natur fythol y storïau hyn. Maen nhw'n adleisio'r storïau a glywais yn ddyn ifanc yng nghanol yr 1980au. Dwi'n dal i'w adnabod yng ngeiriau'r bobl ifanc sy'n dod drwy ein drws yn elusen genedlaethol digartrefedd ieuenctid LHDTC+ – 'akt' (Ymddiriedolaeth Albert Kennedy). Yma rydyn ni'n cefnogi pobl ifanc sy'n chwilio am le diogel i aros ar ôl cael eu gwrthod, ac yn aml cael eu cam-drin, gan eu teuluoedd ar ôl iddyn nhw ddod allan. Gan fod dod allan, i rai, yn parhau i fod yn broses anodd a phoenus, mae hyn yn amlygu'r gwir angen heddiw am lyfrau fel hyn sy'n rhoi gobaith, cefnogaeth ac arweiniad.

Mae'r detholiad hwn o storïau yn cydnabod na fydd dwy daith byth yr un fath i dderbyn ein hunain a bod yn ni'n hunain. Ond maen nhw i gyd yn dangos bod y gobaith am ddyfodol gwell, a realiti'r dyfodol, yn drech na'r heriau.

Mae'r 27 o bobl hyn wedi rhoi cipolwg personol iawn i ni ar eu bywydau. Felly, dwi'n credu y dylwn i ddweud rhywbeth am fy stori i. Yn fy arddegau ro'n i'n helpu i ofalu am fy nhad ym mlynyddoedd olaf ei fywyd, ac roedd fy mherthynas â Mam yn anodd iawn. Roedd fy mrodyr a fy chwiorydd llawer hŷn na fi wedi gadael cartref yn barod ac arhosais i gartref gyda fy rhieni. Y tu ôl i ddrysau caeedig, roedd fy mam yn feddyliol greulon i fi cyn i fi ddod allan, ac yn fwy creulon fyth ar ôl i fi wneud. Ro'n i mor anhapus yn 15 oed, ro'n i eisiau cymryd fy mywyd fy hun. Dwi mor ddiolchgar i'r person a helpodd fi i dderbyn a charu pwy oeddwn i ar y pwynt hwnnw a fy helpu i fy stopio fy hun. Cuddiais i hyn ac ymddygiad fy mam rhag fy ffrindiau oedd yn galw acw, a phan fu farw fy nhad, bachais i ar y cyfle i fynd i'r brifysgol a gadael y bywyd teuluol hwnnw ar fy ôl.

Mae pob stori dod allan yn unigryw ac mae hynny i'w weld yn glir yn y storïau hyn. Ond maen nhw'n cynnwys rhai elfennau allweddol. Er enghraifft, mae stori Carl yn cydnabod y bywyd dwbl rydyn ni'n aml yn ei arwain cyn dod allan, a'r boen mae'n ei achosi i ni ac weithiau i eraill yn ein bywyd. Mae ei stori hefyd yn cyfleu'r daith newydd ryfeddol a all fod ar gael i ni pan fyddwn ni'n dod o hyd i'r cariad a'r gefnogaeth i ddod allan.

Yn y pen draw, rhaid i bobl ddod allan pan maen nhw'n barod. Er bod llawer o bobl yn y llyfr hwn yn eu harddegau a'u hugeiniau, gwnaeth rhai, fel Kerry, sylweddoli dipyn yn hwyrach yn eu bywydau pwy oedden nhw. Dewisodd eraill aros nes roedd eu hamgylchiadau personol wedi newid. Dwi'n cofio un dyn a arhosodd nes roedd yn 60 oed – erbyn hynny, roedd ei fam wedi marw.

Rhaid i lawer o bobl ddod o hyd i'r foment orau pan fyddan nhw'n teimlo'n ddiogel i ddod allan ac i fod yn nhw eu hunain; mewn rhai achosion, gall hyn fod yn y sefyllfaoedd mwyaf rhyfedd. Dwi'n cofio un person yn dweud wrtha i am ddod allan i'w tad tra oedd y ddau yn saethu paent, gan feddwl ei fod yn cael gormod o hwyl ac yn rhy brysur i ymateb yn wael. Mae cymaint o ffyrdd o ddod allan fel y gwelwn ni yn storïau y criw yn y llyfr hwn – ar e-bost, ffôn neu wyneb yn wyneb – does dim ffordd iawn, ond i ti deimlo'n ddiogel gyda dy ddewis.

Wrth i'n cymuned gydnabod pa mor hyfryd o amrywiol yw hi, mae mor bwysig bod y llyfr hwn yn cynnwys pobl sy'n uniaethu ar draws croestoriadau rhywedd, hil, rhywioldeb, ffydd, oedran ac anabledd. Mae llawer o bobl sy'n dod allan yn wynebu taith fwy cymhleth – er enghraifft, mae storïau Enoch, GJ ac Asad yn disgrifio sut gwnaethon nhw wynebu nid yn unig y posibilrwydd o gael eu gwrthod gan eu teulu ond hefyd y posibilrwydd o golli eu cymunedau diwylliannol neu ffydd ehangach. Gall hyn gynnwys pobl yn wynebu dewisiadau poenus rhwng aros yn rhan o aelwyd grefyddol neu fod yn driw iddyn nhw eu hunain. Er bod llawer o rieni yn dod o hyd i ffyrdd i addasu eu hymagwedd at eu ffydd er mwyn gallu parhau i ddangos cariad cadarn i'w plentyn, pan na fydd hyn yn digwydd, gall person LHDTC+ ddarganfod eu bod yn colli eu system gefnogaeth gyfan, sy'n rhan annatod o'u ffydd a'u cymuned, pan ddaw allan.

Er gwell neu er gwaeth, cafodd rhai o'r bobl yn y llyfr hwn dderbyniad, cyfeillgarwch a hyd yn oed gartref diogel ymhlith y bariau, clybiau a chaffis LHDTC+ yn eu sin hoyw leol. Yn wir, i rai o'r storïwyr yn y llyfr hwn a ddaeth allan cyn y rhyngrwyd, roedd y gymuned hon yn achubiaeth hollbwysig i'w helpu i fod yn nhw eu hunain.

Byddwn yn argymell y llyfr hwn nid yn unig i bobl LHDTC+ ond i'w rhieni yn arbennig, gan fod y storïau hyn yn rhoi cipolwg breintiedig ar fydoedd 27 o bobl LHDTC+ anhygoel. Dwi'n cofio un fam a gysurais a oedd wedi darganfod fod ei mab yn hoyw yn y ffordd fwyaf trasig – yn nodyn a adawodd ar ôl iddo'i ladd ei hun. Ysgrifennodd: 'Doeddwn i ddim eisiau dod â chywilydd a siom i dy fywyd di trwy ddweud pwy ydw i. Dwi'n dy garu di, Mam.' Dywedodd ei bod hi wedi gwybod erioed ei fod yn hoyw ond doedd hi ddim yn gwybod sut oedd codi'r peth mewn sgwrs. I rieni sy'n codi'r llyfr hwn, gobeithio y dewch chi o hyd i'r geiriau ymhlith storïau y bobl anhygoel hyn, i gael y sgwrs gyntaf honno â'ch plentyn. Wrth gwrs, mae sefydliadau fel FFLAG[1] hefyd yn bod, sy'n cael eu rhedeg gan rieni eraill a all eich helpu i ddod o

---

1   Mae FFLAG (Families and Friends of Lesbians and Gays) yn elusen sy'n cefnogi rhieni a'u meibion a'u merched lesbiaidd, hoyw, deurywiol a thraws. Am ragor o fanylion, ewch i www.fflag.org.uk

hyd i'r geiriau er mwyn siarad â'ch plant a'u cefnogi wrth iddyn nhw ddod allan.

Dydyn ni byth yn rhoi'r gorau i ddod allan i bobl yn ein bywydau, ac mae'r llyfr hwn yn ein hatgoffa y gall weithiau fod yn beth llawen, o sylweddoli cymaint mae'r bobl o'n cwmpas yn ein caru ac yn ein deall. Fodd bynnag, i rai ohonon ni, gall fod yn sylweddoliad poenus fod ffordd hir i fynd eto i sicrhau'r parch a'r tegwch ry'n ni'n eu haeddu mewn cymdeithas, er ein bod yn cael ein derbyn gan lawer.

Mae llawer ohonon ni'n dod allan yn gyntaf i gefnogwyr syth yn hytrach na pherson LHDTC+ arall. Gall cefnogwyr fod yn wironeddol ysbrydoledig, fel y gwelodd Christine, pan brofodd gariad a chefnogaeth barhaus ei rhieni pan ddywedodd hi wrthyn nhw am ei hunaniaeth draws yn yr 1970au. Mae'n hawdd meddwl bod y mwyafrif yn dal i fod yn ein herbyn, ond dydy hynny ddim yn wir bob tro. Mewn gwirionedd, wrth frwydro am ein lle haeddiannol mewn cymdeithas, mae'n bwysig cofio y gall cefnogwyr fod mewn sefyllfa berffaith i helpu'r rhai sydd y tu allan i'n cymuned i ddeall a bod yn ymwybodol ohonon ni. Fydden ni byth yn gallu gwneud hyn ar ein pen ein hunain.

Yn wahanol i Martin yn ei stori, dwi'n teimlo'n ffodus 'mod i wedi dod allan ar ôl Deddf Troseddau Rhywiol 1967, er 'mod i'n dal i gael fy labelu'n droseddwr ac yn 'sâl yn feddyliol' am fod yn ddyn hoyw yn 16 oed yn 1984. Mae'r llyfr hwn yn frith o bobl yn union fel fi a ddaeth yn ymgyrchwyr o fewn y gymuned LHDTC+ mewn ymateb i gael eu gwrthod gan y rhai roedden nhw'n eu caru a gan gymdeithas oedd ddim yn eu derbyn.

Waeth sut ymateb cawn ni wrth ddod allan i'n teuluoedd, rydyn ni'n wynebu byd sydd wedi symud ymlaen erbyn heddiw. Ond mewn llawer o wledydd, mae ein hawliau sifil a'n hawliau dynol yn dal i gael eu gwrthod. Mae pobl drawsrywiol yn wynebu'r heriau mwyaf nerthol i'w hawl sylfaenol a chyfreithiol i gydraddoldeb a thegwch mewn cymdeithas ar hyn o bryd. Dyma pam mae dod allan ac adrodd ein storïau yn dal i fod mor bwysig fel ffordd o greu cymuned weladwy sy'n ddigon cryf i herio'r difaterwch tuag at ein hawliau y gwnaeth llawer frwydro mor galed i'w cael. Hawliau, mewn rhai achosion, sydd wedi eu gwrthdroi.

Mae'r storïau hyn yn dangos sut mae ymgyrchu gyda'n gilydd, i gynifer o bobl, wedi bod, ac yn dal i fod, yn rhan o'n taith i hunanrymuso ac i hunandderbyniad. Mae'n allweddol er mwyn ffurfio ein teuluoedd cwiar rhyfeddol, rhesymegol a gwych sy'n ein helpu ni i fwynhau ein bywydau cwiar yn llawn trwy eu cariad, eu hiwmor a'u cefnogaeth.

Wrth i fi ysgrifennu hwn yn 2020, a'r byd yn wynebu argyfwng COVID-19, dwi'n cael fy atgoffa o'r bobl hynny a ddaeth allan yn ystod y pandemig diwethaf – ergyd ddinistriol i'r gymuned LHDTC+ yn benodol. Des i allan yn ystod anterth yr argyfwng AIDS, felly dwi'n gwybod am yr heriau a'r ymdeimlad o fraw llwyr a ddaeth yn ei sgil. Roedd ymateb fy mam yn wael, gan ddweud wrtha i 'mod i'n ffiaidd ac y byddwn i'n marw ar fy mhen fy hun o AIDS. Wnes i erioed ddweud wrth fy ffrindiau beth ro'n i'n mynd trwyddo gartref, rhag ofn i fi eu colli nhw. Cefais gadarnhad gan fy elusen fy hun fod pobl ifanc yn ystod y pandemig presennol hwn yn byw mewn ofn. Mae rhai'n wynebu gelyniaeth a chamdriniaeth gan eu teuluoedd, a hwythau'n gaeth yn eu cartrefi ar eu pen eu hunain yn ystod y cyfnod clo. Fodd bynnag, fel y gwelais i fy hun, gall y byd ôl-bandemig fod yn llawn cyfleoedd a chariad i rywun sydd allan.

I unrhyw un sy'n ystyried dod allan i rywun, fy nghyngor i yw cymer dy amser; dim ond ti fydd yn gwybod pryd byddi di'n barod i gymryd y cam hwn. Pan fyddi di *yn* barod, mae'n werth i ti holi am help gan sefydliad neu rywun sydd wedi bod yno o dy flaen. Cofia ddewis yr un rwyt ti am ddod allan iddyn nhw yn ofalus – dylet ti deimlo'n ddiogel yn eu cwmni a theimlo'n hyderus y byddan nhw'n rhoi'r cymorth mae ei angen arnat wrth i ti ddweud wrth eraill. I fi, fy nghariad benywaidd olaf, Erica, oedd y person yna. A ninnau'n dau yn 15 oed, helpodd hi fi i fy ngharu fy hun yn hytrach na chwympo mewn cariad â hi! Yn bersonol, dwi'n meddwl bod Erica wedi cael dihangfa lwcus – wel, yn ôl fy mhartner, beth bynnag!

Dydy'r llyfr hwn ddim yn addo dyfodol perffaith, nac yn dy dywys di ato, ond yn hytrach mae'n ysbrydoli gobaith. Hoffwn i petawn i wedi gallu darllen y storïau hyn yn 1983 fel dyn ifanc mewn ofn a oedd am ddweud wrth y byd pwy oeddwn i go iawn. Yn olaf, cofia fod lle i gariad bob amser ac y byddi di'n dod o hyd i gefnogaeth, ysbrydoliaeth, parch a chariad gan bobl doeddet ti erioed wedi meddwl y bydden nhw yno i ti, hyd yn oed os bydd eraill roeddet ti wedi meddwl y byddai'n dy gefnogi, yn dy siomi ar y dechrau. Ar ôl dod allan, dwi'n gwybod y byddi di'n dod o hyd i dy deulu cwiar rhesymegol dy hun, grŵp o ffrindiau a fydd gyda ti pan fydd arnat ti eu hangen fwyaf.

Tim Sigsworth MBE, Prif Weithredwr akt
Allan a balch ers 37 o flynyddoedd

Dod Allan
Cyflwyniad Emma

Dod Allan. Am ddrama! Pwy sydd eisiau sôn am bwy maen nhw'n cael rhyw gyda nhw – neu hyd yn oed eisiau cael rhyw gyda nhw – gyda'u hanwyliaid, ac yn enwedig gyda'u rhieni? Nid fi!

Dydy o'n ddim busnes i neb go iawn pwy rwyt ti am fod yn noeth yn eu cwmni nhw neu gyda pha rywedd rwyt ti'n uniaethu. Ond y gwir amdani yw ein bod ni i gyd eisiau cael ein caru a'n derbyn gan ein ffrindiau a'n teulu am bwy ydyn ni. Dydyn ni ddim am ddweud celwydd; rydyn ni am fod yn ni'n hunain. Rydyn ni eisiau i'n hanwyliaid rannu uchafbwyntiau ac isafbwyntiau ein bywydau ni. Y dyddiau da, y dyddiau drwg, y cariadon a'r tor calon. Ac mae hynny'n golygu bod yn onest. Am bopeth.

Felly, os wyt ti'n LHDTC+, mae'n debyg y bydd rhaid i ti ddod allan rywbryd, sy'n golygu y bydd rhaid i ti gael y 'sgwrs dod allan' siŵr o fod.

Byddwn i wrth fy modd petaen ni'n byw mewn iwtopia lle nad yw labeli o bwys, lle mae rhywioldeb a rhywedd yn amherthnasol. Byddwn i wrth fy modd petaen ni wedi cyrraedd y pwynt lle mae dod allan yn ddigwyddiad diangen. Does dim rhaid i bobl syth, cydryweddol ddod allan a byddwn i wrth fy modd petaen ni'n byw mewn byd lle does dim rhaid i ninnau chwaith. Byddwn wrth fy modd yn gweld pobl syth a phobl LHDTC+ yn bwrw mlaen â'u bywydau ac yn byw fel eneidiau hoff cytûn heb neb yn eu barnu. Ond dydyn ni ddim yno eto, nac'dan?

Yn anffodus, wrth i fi ysgrifennu hwn yn 2020, mae trawsffobia a homoffobia yn rhemp. Hyd yn oed yn 2017, yn ôl gwaith ymchwil a gyhoeddwyd gan Stonewall, mae un person LHDT o bob pump wedi profi trosedd casineb yn ystod y 12 mis diwethaf oherwydd ei rywioldeb neu ei hunaniaeth rhywedd. Gyda hynny'n codi i ddau o bob pump ar gyfer pobl draws!' A dydy'r darlun ddim yn gwella. Yn ôl ffigurau'r Swyddfa Gartref yn 2019, roedd yr holl droseddau casineb wedi cynyddu 10 y cant ers y flwyddyn flaenorol, ond ar gyfer troseddau ar sail rhywioldeb roedd cynnydd o 25 y cant.² Yn ôl y Swyddfa Gartref, mae hynny'n rhannol oherwydd gwelliannau yng nghofnodion yr heddlu, ond mae'n dal i fod yn destun pryder. Y peth olaf dwi eisiau ei wneud yw dychryn pobl. Ond a bod yn gwbl onest, gall dod allan fod yn dipyn o risg.

Mae cyfaddef dy fod yn hoyw neu'n draws neu'n anneuaidd yn dal i fod yn sgwrs ac yn broses a all achosi gofid i'r person mwyaf hyderus, sydd wedi'i amgylchynu gan feddylwyr rhyddfrydol. Mae blynyddoedd o glywed nonsens fel 'Adam and Eve, nid Adam and Steve', 'Paid â bod yn gymaint o ferch' neu 'Dydy o ddim yn normal' yn effeithio ar bob un ohonon ni. Dywedodd un person y siaradais i ag o rywbeth gwych: 'Ces i fy magu gan bobl syth a ches i fy nysgu i fyw yn eu byd nhw.' Yn syml iawn, dysgodd o, fel llawer o bobl, sut i fod fel pawb arall. A chuddio.

Ond mae cuddio yn dy atal di rhag byw dy fywyd i'r eithaf. Waeth a wyt ti'n troi'n 18 (fel ro'n i) neu'n 78 oed, mae'r rhan fwyaf ohonon ni'n cyrraedd pwynt lle mae cuddio'n ormod o faich a dim ond trwy ddod allan y gallwn ni fod yn ni ein hunain a bod yn

---

1   Stonewall (2017). *LGBT in Britain – Hate Crime and Discrimination: Based on VouGov polling of more than 5000 LGBT people in Britain.* https://www.stonewall.org. uk/lgbt-britain-hate-crime-and-discrimination. Cyrchwyd 22 Rhagfyr 2022.
2   Y Swyddfa Gartref (2019). *Hate Crime, England and Wales, 2018/19.* https://assets. publishing.service.gov.uk/government/uploads/system/uploads/attachment_data/ file/839172/hate-crime-1819-hosb2419.pdf Cyrchwyd 22 Rhagfyr 2022.

wirioneddol hapus. Mae'r llyfr hwn yn ymwneud â'r daith honno i hapusrwydd a derbyniad.

Fel darlledwr a phodlediwr, dwi wedi bod yn ddigon ffodus i siarad â channoedd o bobl o bob cwr o'r Deyrnas Unedig ac UDA i glywed eu storïau am ddod allan fel pobl lesbiaidd, hoyw, deurywiol, cwiar, traws, rhyweddhylifol – *gender fluid* – neu anneuaidd – *non-binary*.

Mae pawb dwi wedi siarad â nhw wedi cael eu derbyn ac wedi profi cariad. Yn y pen draw.

Er hynny, mae rhai pobl LHDTC+ yn dal i wynebu colli pobl sy'n agos atyn nhw, a hyd yn oed eu cartref. Dwi wedi siarad â phobl sydd heb siarad â'u rhieni ers dod allan. Dwi wedi siarad â phobl sydd wedi cael profiad o fwlio, trais, digartrefedd ac unigedd difrifol. Dwi hyd yn oed wedi siarad â rhywun sydd wedi bod trwy'r hyn sy'n cael ei alw'n 'therapi trosi', un arall a oedd dan fygythiad o lobotomi, a rhywun a gafodd ei flacmelio oherwydd ei rywioldeb. Mae rhai wedi ei chael hi'n anodd dros ben.

Siaradais i ag un lesbiad a gafodd wydraid o gwrw gan ei thad i ddathlu pan ddaeth hi allan, ond ychydig o rieni sy'n cynnal parti mawr pan fydd eu plentyn yn cyhoeddi eu bod nhw'n hoyw neu'n draws. Mae'r rhan fwyaf yn cymryd amser i'w brosesu. Weithiau mae hynny'n cymryd dyddiau, wythnosau neu fisoedd. Weithiau mae'n cymryd blynyddoedd. Ond mae hyd yn oed y rhieni mwyaf adweithiol yn tueddu i ddod i arfer â'r peth yn y pen draw. Dwi wedi siarad â dwsinau o bobl sydd wedi cael eu siomi neu eu digio gan ymateb eu rhieni. Ond dwi wedi siarad hefyd â rhywun a wnaeth bwynt da iawn: 'Efallai dy fod ti wedi treulio misoedd neu flynyddoedd yn dod i delerau â dy rywioldeb neu dy hunaniaeth rhywedd, ac yn ei ddeall, ond efallai mai dyma'r tro cyntaf erioed i dy rieni ystyried y gallet ti fod yn rhan o deulu'r enfys. Weithiau nid yr ymateb delfrydol fydd y peth cyntaf allan o'u cegau, ond cofia nad dyna yw eu hymateb terfynol.' Siaradais i â lesbiad arall y gwrthododd ei mam siarad â hi am rai dyddiau, gan gynhyrfu i'r fath raddau fel iddi fygwth ysgaru ei thad. Chwe mis yn ddiweddarach, ac roedd hi'n mynd gyda'i merch i fariau hoyw ac yn cwrdd â'i chariad. Ychydig fisoedd wedyn roedd hi'n anfon cerdyn pen-blwydd at ei merch gydag enfys arno ac yn dweud wrthi ei bod hi wedi ei ddewis oherwydd ei fod yn ei hatgoffa o enfys Pride.

Oes, mae storïau arswyd yn y llyfr hwn – digwyddiadau a fydd yn tynnu dagrau – ond dwi'n meddwl bod y stori olaf yn crynhoi'r llinyn cyswllt yn yr holl storïau rydyn ni wedi'u casglu. A hynny yw, mae'n gwella!

Hyd yn oed i'r ychydig iawn wnaiff byth siarad â'u teulu eto, mae math arall o gymod neu fath o ddiweddglo hapus: sylweddoliad bod bywyd yn mynd yn ei flaen ac nad oes rhaid i deulu olygu cig a gwaed. Dwi wedi siarad â digon o bobl LHDTC+ sydd wedi dod o hyd i'w teulu enfys eu hunain sy'n cynnwys partneriaid a ffrindiau. Mae gan yr awdur hoyw Armistead Maupin ymadrodd ar ei gyfer. Mae'n dweud ei fod yn gwerthfawrogi ei 'deulu rhesymegol' yn fwy na'i deulu biolegol.

Y peth am ddod allan yw bod pob stori mor unigol â'r person sy'n ei hadrodd. Boed yn berson enwog, rhywun ag MBE, person ifanc yn ei arddegau, neu berson hŷn sydd wedi methu sôn am ei rywioldeb gydol ei oes, mae pob stori yn hyfryd o unigryw. Yn y llyfr hwn byddi di'n clywed gan bobl a eisteddodd gyda'u teulu i gael y 'sgwrs', eraill a ffoniodd eu rhieni, rhai a ysgrifennodd lythyrau neu e-byst ac un a ddaeth allan ar lwyfan! Byddi di hefyd yn clywed gan bobl a aeth trwy gyfnodau hir o ddryswch – dim ond i gael gwybod gan eu rhieni (eu mam fel arfer) eu bod yn hoyw!

Weithiau mae'r storïau yn ddramatig ac yn galonogol, yn llawn pathos, ing, ansicrwydd, dagrau a datganiadau o gariad. Ar adegau eraill maen nhw'n syfrdanol o normal! Dwi'n cofio siarad ag un dyn hoyw a aeth adre a dweud, 'Mam, Dad, dyma fy nghariad. Allwch chi siarad ag o tra dwi'n picio fyny grisia i newid? 'Dan ni'n mynd i siopa wedyn!' Dim drama. Yn amlwg, roedd y dyn dan sylw yn eitha hyderus nad oedd ei rieni yn mynd i'w wadu na chreu drama, ond dwi'n meddwl ei bod hi'n stori dda i'n hatgoffa y gall rhywun ddod allan mewn ffyrdd bach, cynnil iawn. Pan fyddi di wedi'i wneud o ychydig o weithiau, bydd o'n sicr yn teimlo'n llai o straen ac yn rhywbeth y gallet ei gynnwys yn hawdd mewn sgwrs heb iddo orfod bod yn beth mawr. Gallai sgwrs fach yn y swyddfa gyda chyd-weithiwr newydd arwain yn hawdd at owtio bach. 'Sut roedd fy mhenwythnos? Grêt diolch, ddaeth fy nghariad i draw, ac aeth o a fi i'r sinema ...' Dim byd mawr, ond rwyt ti wedi rhoi gwybod i rywun sut rwyt ti'n uniaethu, yn ogystal â sut benwythnos rwyt ti wedi'i gael. Os wyt ti'n LHDTC+, byddi di'n dod allan yn barhaus, a wir-yr, mae'n dod yn haws bob tro.

Byddi di hefyd yn sylweddoli wrth ddarllen y llyfr hwn fod dod allan yn broses sy'n esblygu. Mae hunaniaethau'n gallu newid. Dydy'r ffaith dy fod ti'n dod allan fel un peth yfory ddim yn golygu na fyddi di efallai'n dod allan fel rhywbeth arall ymhen ychydig flynyddoedd. Dwi wedi clywed gan: ddynion traws ddaeth allan yn gyntaf fel lesbiaid; gan fenywod sydd wedi dod allan yn drawsrywiol ac yna'n ddeurywiol; gan ddynion sydd wedi dod allan yn hoyw ac yna'n hylifryweddol; gan ferched sydd wedi dod allan yn banrhywiol ac yna'n amlgarwriaethol – yn cael perthynas â mwy nag un partner, a phob un yn gwybod am ei gilydd ac yn fodlon â hynny; gan ddynion sydd wedi dod allan yn ddeurywiol ac yna'n anneuaidd. Mae'r rhestr yn ddiddiwedd ac mor amrywiol â'r teulu enfys a'i creodd.

Un peth sy'n eitha cyffredin yw bod pobl sydd wedi dod allan yn dweud eu bod bron wedi gorfod gwneud hynny er mwyn tawelwch meddwl. Mae cywilydd LHDTC+ yn beth real iawn. Mae byw celwydd yn rhywbeth sy'n niweidio pobl y tu mewn ac yn cael effaith andwyol ar les. I lawer o bobl LHDTC+, mae dod allan wedi golygu brwydr enfawr gyda'u hiechyd meddwl. I rai, cafwyd brwydr wirioneddol gyda dibyniaeth ar gyffuriau neu alcohol hefyd. Dwi'n meddwl bod pawb dwi wedi siarad â nhw yn cytuno eu bod nhw'n hapusach ar ôl dod allan a chyrraedd yr ochr draw. Dwi'n gwybod 'mod i. Dwi'n gallu cofio, megis ddoe, bod yn 17 oed a meddwl mai fi oedd yr unig lesbiad yn y byd a bod fy nghyfrinach i mor ofnadwy fel na allwn i ei dweud hi wrth neb. Dwi'n cofio teimlo'n sâl gyda gorbryder ac ymdeimlad dwfn o gywilydd ynglŷn â phwy o'n i. Roedd yn lle erchyll i fod ac roedd meddwl am ddod allan yn arswydus. Ond dwi'n falch 'mod i wedi gwneud hynny. Dim ond rhan fach o fy hunaniaeth yw bod yn hoyw ond mae'n rhywbeth dwi'n hynod falch ohono nawr. Cymerodd hi amser i fi ddysgu bod yn hapus, allan ac yn falch, ond cyrhaeddais i yno yn y pen draw.

Wnaethon ni ddim dechrau'r podlediad na chreu'r llyfr hwn i dy annog di i ddod allan. Ddim o gwbl. Mae penderfynu dod allan yn rhywbeth hynod bersonol; ac os wyt ti'n LHDTC+, ddylet ti byth gael dy orfodi i'w wneud o cyn dy fod ti'n barod. Dim ond ti fydd yn gwybod pan ddaw'r adeg iawn i wneud hynny.

Dechreuon ni'r podlediad o ddifrif fel bod gan y rhai a oedd yn meddwl dod allan adnodd i droi ato. Rhywle i glywed storïau ysbrydoledig am sut yr aeth pethau i eraill yn ein teulu enfys.

Ro'n ni hefyd eisiau rhoi rhywfaint o fewnwelediad i rieni, aelodau teulu neu ffrindiau sydd â phobl LHDTC+ yn eu bywydau ond sydd ddim wir yn deall eu taith na'u profiad. Mae gan gymaint o bobl dwi wedi siarad â nhw rieni sy'n dal i feddwl mai dewis neu gyfnod dros dro yw bod yn hoyw neu'n draws neu'n anneuaidd. Ro'n i wir eisiau rhoi rhywfaint o ddealltwriaeth i bobl o'r cythrwfl mewnol a'r dryswch y mae llawer ohonon ni'n mynd trwyddo cyn penderfynu dod allan. Bydd di'n gweld yn y llyfr hwn rai enghreifftiau o rianta ofnadwy (y rhai a wrthododd siarad â'u plentyn byth eto), rhai rhieni penigamp a ddangosodd ddealltwriaeth a charedigrwydd gwych, a phob math o rieni a gofalwyr rhwng y ddau begwn hwnnw.

Pwy bynnag wyt ti, dwi'n gobeithio y byddi di, ar y tudalennau hyn, yn dod o hyd i stori sy'n taro tant ac y gelli di uniaethu â hi. Stori a fydd yn dy ysbrydoli ac yn rhoi dewrder a gobaith i ti ar gyfer y dyfodol. A sut bynnag rwyt ti'n uniaethu, os wyt ti'n ystyried dod allan, gaf i fod y cyntaf i ddweud, 'Croeso i'r teulu!'?

Tyrd Allan dros LHDTC+
Cyflwyniad Sam

Daeth fy ffrind gorau allan i fi pan o'n ni'n 16 oed. Fel cymaint o ffrindiau gorau yn y llyfr hwn, ro'n i eisoes wedi cymryd ei fod o'n hoyw. Do'n i ddim yn flin nad oedd o wedi dweud wrtha i'n barod, a do'n i ddim yn ysu iddo ddweud. Digwydd sylweddoli wnes i un diwrnod (alla i ddim hyd yn oed cofio pryd) a doedd dim ots gen i, felly wnes i ddim meddwl am y peth. Do'n i ddim yn deall ei fod o wedi'i barlysu gan ofn y byddai ffrindiau yn ei wrthod oherwydd pwy oedd o. Mae'n ddrwg gen i o hyd ei fod wedi bod yn poeni mor hir.

Fel person syth, cydryweddol – *cis*, dwi erioed wedi gorfod dod allan. Dwi erioed wedi gorfod teimlo'n lletchwith a chywiro rhagenw fy mhartner, ateb cwestiwn lletchwith am 'ffrind' neu deimlo panig bod golwg mor wahanol arna i mewn lluniau ohono i'n blentyn. Tybed faint o bobl syth, cydryweddol, sydd hyd yn oed yn cydnabod y fraint hon?

Fodd bynnag, dwi wedi cael llawer o bobl yn dod allan i fi – ffrindiau, perthnasau, cyd-weithwyr, rheolwyr – a dwi wedi meddwl erioed mor blydi annifyr mae hynny'n bownd o fod. Sawl gwaith mae'n rhaid i ti wneud? Wyt ti'n teimlo'n nerfus bob tro? Wyt ti'n cael llond bol?

Pan ddywedodd fy nghyfnither wrtha i ei bod hi wedi bod yn byw'n gyfrinachol gyda'i chariad ers chwe mis, gofynnais iddi sut ar wyneb daear y cadwodd hi'r peth oddi wrth ei mam, a oedd yn byw rownd y gornel. 'Wnaeth hi ddim gweld y trôns ar y llawr a'r ôl eillio yn yr ystafell ymolchi?' dyma fi'n gofyn. 'Na,' atebodd hithau, 'achos merch yw hi.' Ro'n i'n teimlo braidd yn wirion 'mod i wedi rhagdybio ei bod yn syth, ond ro'n i'n teimlo'n gyffrous ac yn hapus drosti. Pan ddaeth fy modryb i wybod, doedd hi ddim. Pan ofynnais iddi sut gallai hi deimlo'n flin bod ei merch mewn cariad ac yn fodlon, dyma hi'n ateb 'Mae'n iawn i ti – est TI i'r brifysgol.' Nid bod gan fy modryb gredoau homoffobig – doedd hi ddim yn adnabod neb oedd yn hoyw a doedd hi ddim yn deall, dim byd mwy.

Flynyddoedd lawer yn ddiweddarach, mae eu perthynas mam a merch yn dda. Ond mae'n stori wahanol iawn i lawer o bobl LHDTC+ a'u teuluoedd, oherwydd yn aml dydy eu teuluoedd nhw ddim yn adnabod – neu maen nhw'n credu nad ydyn nhw'n adnabod – person hoyw neu berson traws neu berson anneuaidd. Does ganddyn nhw ddim unrhyw gysylltiad â'r bobl go iawn y tu ôl i'r labeli hyn y maen nhw'n darllen amdanyn nhw mewn papurau newydd.

Pan siaradon ni â Carl, sy'n adrodd ei stori yn y llyfr hwn, cofiais ymateb fy modryb i fy nghyfnither yn dod allan. Pan ddywedodd Carl wrth ei gyd-weithwyr yn yr Awyrlu fod ganddo gariad, a bod hwnnw'n ddyn, gofynnodd un ohonyn nhw iddo, 'Beth rydych chi'n ei wneud pan fyddwch chi gyda'ch gilydd? Pan dwi gartre am y penwythnos, dwi a 'nghariad i'n cwtsho ar y soffa ac yn gwylio'r teledu. Beth rwyt ti'n ei wneud fel rhywun hoyw?'

A minnau'n ateb, 'Yr un peth yn union!'

Dydy anwybodaeth ddim yn seiliedig ar gasineb bob tro. Dwi'n adnabod llawer o bobl garedig, addysgedig nad ydyn nhw'n deall y profiad traws neu anneuaidd y mae cymaint o bobl eraill yn mynd trwyddo. Maen nhw'n credu, 'doedd y math hwnnw o beth ddim yn arfer digwydd'. Wrth gwrs ei fod o. Mae hyd yn oed y chwiliad mwyaf brysiog ar-lein yn datgelu archif enfawr o enghreifftiau hanesyddol. Cofia, ddim yn rhy bell yn ôl, roedd pobl ddeallus iawn wir yn credu nad oedd gan fenywod y gallu deallusol i bleidleisio! Mae credoau cyhoeddus sy'n cael eu derbyn yn eang yn newid gyda gwybodaeth ac addysg.

Ro'n i'n teimlo'n angerddol iawn am ddechrau ein podlediad *Coming Out Stories*. Roedd Emma a minnau wir eisiau i rieni, cyd-weithwyr a ffrindiau ddeall y daith real iawn y mae cymaint o bobl yn ei dilyn yn eu bywydau, dim ond i garu a chael eu caru. Does dim 'dewis' i'r peth. Mae unrhyw un sydd wir yn meddwl am y peth yn gwybod pa mor wirion yw'r syniad o 'gael dewis'. Ac eto i gynifer, sy'n dysgu am ddiwylliant LHDTC+ trwy lens y cyfryngau tabloid, mae'r gred honno'n dal i fod yn real. Yr unig ddewis go iawn yma yw i bobl y tu allan i'r gymuned LHDTC+ wrando a deall gwirionedd y bobl sy'n rhan o'r gymuned hon. Cred ti fi, bydd dy fywyd di gymaint yn gyfoethocach!

Wrth gwrs, does dim canllaw pendant ar yr hyn i'w ddweud pan fydd rhywun yn dod allan i ti, ond cofia, os ydyn nhw, mae'n debyg mai'r rheswm am hynny yw eu bod nhw'n dy garu di a'u bod nhw'n malio beth rwyt ti'n ei feddwl. Maen nhw eisiau i ti fod yn rhan o'u bywyd a rhannu eu hapusrwydd ac efallai y bydd angen dy gefnogaeth di arnyn nhw wedyn hefyd. Weithiau gallan nhw fod yn ofnus dros ben. Elli di ddychmygu bod ofn dweud wrth rywun dy fod ti mewn cariad? Neu pa rywedd rwyt ti'n uniaethu ag o?

Os oes ofn arnyn nhw, mae hynny oherwydd bod y syniad o dy golli o'u bywyd yn annioddefol. Os wyt ti'n ddigon agos at rywun iddyn nhw deimlo felly, mae'n siŵr dy fod ti yn eu caru nhw hefyd.

Cofia hynna. Y bobl rwyt ti'n eu caru ydyn nhw o hyd.

Dwi braidd yn anghyfforddus bob tro y bydd pobl yn dweud wrtha i, 'Alla i ddim goddef meddwl am yr hyn maen nhw'n ei wneud yn yr ystafell wely.' 'Dwn i ddim amdanat ti, ond dydw i ddim yn treulio llawer o amser yn meddwl am fywydau rhywiol neb o fy ffrindiau a 'nheulu i!

Felly, os wyt ti'n meddwl am hynny (!) beth am feddwl am yr holl bethau rydyn ni'n eu rhannu, beth bynnag yw ein rhywioldeb? Rydyn ni i gyd yn teimlo llawenydd calonogol pan fydd y person yna'n cerdded i mewn i ystafell; rydyn ni i gyd wedi teimlo'r anobaith o garu rhywun na allwn ei gael, neu dor calon colled.

Os yw dy blentyn neu dy frawd neu chwaer neu ffrind yn profi tor calon, ydy rhywedd y person sydd wedi torri ei galon wir yn bwysig? Wrth gwrs ddim. Ein greddf ddynol tuag at y bobl rydyn ni'n eu caru yw eu cadw'n ddiogel a gwneud iddyn nhw deimlo eu bod yn cael eu cefnogi. Ymddiried yn y greddfau hynny. Proses o ddysgu a deall yw'r gweddill.

Dwi'n siŵr bod gan y mwyafrif o bobl sy'n darllen y llyfr hwn gred bendant iawn p'un a ydyn nhw'n wryw neu'n fenyw. Dychmyga gredu hynny mor eglur, ond dy fod yn byw mewn corff sy'n dweud rhywbeth arall i'r byd? Dychmyga orfod gwisgo ac ymddwyn mewn ffordd gwbl annaturiol i ti, a bod yn rhy ofnus i ddweud wrth neb. Mae pobl anneuaidd a rhyweddcwiar – *genderqueer* – yn aml yn derbyn y gall fod yn anodd i bobl gydryweddol amgyffred sut maen nhw'n teimlo. Ond pam diystyru eu profiad am nad dyna'r un rydyn ni wedi'i gael yn bersonol?

Os bydd rhywun yn dewis dod allan atat fel LHDTC+, cofia efallai nad ydyn nhw allan i bawb arall yn y byd mawr. Efallai fod hyn yn hollol amlwg, wrth gwrs, ond os nad wyt ti'n siŵr, mae'n werth gofyn. Trwy ofyn yn syml 'Wyt ti wedi siarad â dy dad/chwaer/ffrindiau eraill am hyn?', gelli di sicrhau nad wyt ti'n owtio rhywun yn anfwriadol pan nad yw'n barod.

Dwi'n falch iawn o fod yn gefnogwr LHDTC+. Ond a bod yn onest, fi sydd ar fy ennill go iawn yn y berthynas hon – mae fy mywyd wedi'i gyfoethogi mewn gormod o ffyrdd i'w cyfri. Os meddyli di am y peth, gallai anwybodaeth a chasineb ambell un fod wedi rhoi enw drwg iawn i bawb, ac eto mae'r gymuned LHDTC+ yn ein croesawu â breichiau agored. Dylen ni oll deimlo'n falch o sefyll ochr yn ochr â nhw.

Diolch yn fawr iawn i bob un person gwych sydd wedi rhoi o'u hamser i eistedd i lawr i siarad â ni a rhannu rhai o eiliadau pwysicaf eu bywydau. Ein gobaith diffuant, os wyt ti'n meddwl dod allan, yw y bydd o leiaf rai o'r storïau yma'n taro tant i ti. Os wyt ti'n teimlo'n ansicr neu'n ofnus, rydyn ni'n gobeithio y byddi di'n cael rhywfaint o gysur neu ysbrydoliaeth. Os wyt ti allan ac yn falch, gobeithio y byddi di'n mwynhau'r cariad a'r llawenydd sydd ar y tudalennau hyn. Ac os oes rhywun rwyt ti'n ei adnabod neu'n ei garu wedi dod allan i ti ac nad wyt ti'n gwybod sut mae cael dy berthynas yn ôl ar y trywydd iawn, rydyn ni'n gobeithio y bydd y storïau hyn yn dy helpu di i ddeall ein bod ni i gyd yn teimlo'r un awydd fel pobl: yr awydd i garu a chael ein caru. Dyna sy'n ein clymu. Does dim ots am unrhyw beth arall.

Asad

'Dywedodd fy rhieni wrtha i fod rhaid i fi briodi menyw. Collais i bob gobaith i'r dyfodol.'

Cafodd Asad ei fagu ar aelwyd Fwslimaidd Pacistanaidd ym Mhrydain ac roedd o'n ofni'r gwaethaf wrth ddod allan i'w rieni. Yn gymaint felly, paciodd fag a gofyn i ffrind aros amdano y tu allan yn ei gar, yn barod i ddianc.

Dwi'n credu mai tua chwech neu saith oed o'n i pan sylweddolais i. Do'n i ddim wir yn gwybod beth oedd o, ond ro'n i'n gwybod yn bendant 'mod i'n wahanol, oherwydd doedd gen i ddim diddordeb mewn merched fel fy ffrindiau gwrywaidd eraill. Dim ond pan es i i'r ysgol uwchradd ces i hyd i'r iaith, clywed y gair 'hoyw' a dechrau deall rhywioldeb ychydig yn fwy. Dim ond pan o'n i'n 11 neu'n 12 y gwnes i feddwl, 'Ydw, dwi wir yn hoyw!'

Wnes i erioed ei drafod â neb mewn gwirionedd – dyna sy'n fy mhoeni i. Dim ond ar ôl i fi gyrraedd yr ysgol uwchradd y dechreuodd y rhyngrwyd ddatblygu, felly doedd dim adnoddau go iawn na phobl y gallwn i siarad â nhw i drin a thrafod y peth a'i ddeall. Ro'n i'n gwybod 'mod i'n wahanol ac ro'n i'n gwybod 'mod i'n methu sôn amdano, oherwydd dechreuais i glywed geiriau fel 'gay' a 'ffag', wedi'u defnyddio mewn ystyr ddirmygus. Byddet ti'n eu clywed ar y stryd ac mewn gemau pêl-droed. Byddet ti'n clywed y geiriau hynny'n cael eu defnyddio'n eitha cyffredin. Felly, o'r arwyddion ro'n i'n eu cael, ro'n i'n gwybod 'mod i'n methu sôn amdano fo na dysgu rhagor amdano yn gyhoeddus o gwbl. Dwi'n gallu cyfaddef fy mod i'n homoffobig ar y pryd. Ro'n i'n casáu fy hun pan o'n i'n iau. Do'n i ddim wir yn deall pam roedd hyn yn digwydd i fi. Doedd gen i ddim modelau rôl o gwbl i'w hedmygu. Ro'n i'n methu cysylltu â phobl hŷn LHDTC+. Felly, i fi, roedd yn brofiad unig iawn. Gan fy mod i'n berson crefyddol, roedd hi'n anodd iawn. Ro'n i wir yn casáu fy hun. Ro'n i'n homoffobig am amser hir iawn.

Gwnes i drio peidio â bod yn homoffobig, ond pan fyddai pobl yn yr ysgol yn dweud pethau fel 'O, mae hynny mor gay', byddwn i'n ymuno gan nad oeddwn i am fod yr unig berson yn y grŵp i beidio â'i ddweud o, a chael fy owtio. Wnes i erioed ymuno â'r geiriau mwy ymosodol ond wnes i erioed eu beirniadu nhw chwaith. Wnes i erioed ymyrryd na'i atal. Dwi'n edrych yn ôl nawr a dwi'n arswydo at hynny. Ond dyna sut ro'n i'n ceisio goroesi. Pan o'n i'n 12 neu'n 13 oed do'n i ddim eisiau cael fy owtio. Dyna fyddai'r peth gwaethaf i fi.

Ro'n i'n cael trafferth gyda fy hunaniaeth. Es i drwy gyfnod defosiynol iawn ar un adeg. Ro'n i'n arfer ceisio 'pray the gay away' – roedd y dywediad hwnnw'n wir yn fy achos i yn llythrennol. Ro'n i'n methu cysoni bod yn hoyw â fy nghredoau crefyddol dwfn i, er nad yw dysgeidiaeth y Quran yn cyfeirio at gyfunrhywioldeb – homosexuality – go iawn. Dwi'n meddwl mai'r frwydr mewn llawer o drafodaethau Mwslimaidd am gyfunrywioldeb yw bod y Quran yn aml yn cael ei ddefnyddio neu ei gamddehongli, ac mae'r haen ddiwylliannol ar ben hynny. Dydy pobl y tu allan i 'nghymuned i ddim yn sylweddoli pa mor bwysig yw'r haen ddiwylliannol honno. India oedd un o'r cymdeithasau mwyaf rhyw-bositif yn y byd. Ond yn sgil ymerodraeth Prydain, daeth delfrydau Gorllewinol o rywioldeb a delwedd corff a rhagfarn o ran lliw croen i'r wlad, a newidiodd agweddau.

Ro'n i'n teimlo bod croeso i fi yn y mosg bob tro. Mae wedi bod yn lle croesawgar erioed. Ond ro'n i'n cuddio cyfrinach ac roedd yng nghefn fy meddwl bob tro. Byddwn yn meddwl, 'Wel, petaen nhw 'mond yn gwybod beth o'n i mewn gwirionedd neu bwy ydw i mewn gwirionedd, fydden nhw ddim yn fy nerbyn i.'

Roedd hi'n anodd i fi gysoni fy ffydd a fy rhywioldeb. Felly, am flynyddoedd lawer, gwnes i ei guddio. Roedd hyn cyn y sefydliadau sy'n bodoli nawr. Doedd pethau fel Imaan', grŵp gwych sy'n helpu Mwslimiaid cwiar a hoyw yn y Deyrnas Unedig, ddim yn bodoli. Mae'n cynnig cymorth ac yn adnodd gwych, ond doedd o ddim ar gael i fi ar y pryd.

Pan wyt ti'n blentyn i fewnfudwyr, yn enwedig mewnfudwyr o Pakistan sydd â chefndir Mwslimaidd, dydy cyfunrywioldeb byth yn cael ei drafod. Dwyt ti ddim yn trafod rhyw gyda dy rieni, rhyw heterorywiol na rhyw cyfunrywiol – dwyt ti *ddim* yn gwneud hynny.

Felly, ro'n i'n eitha hwyr yn dod allan. Ro'n i'n 22 oed. Ro'n i wedi gadael y nyth yn 18 oed ac wedi symud i Lundain i fynd i'r brifysgol ac i archwilio fy rhywioldeb. Ro'n i ychydig yn fwy cyfforddus ag o erbyn hyn ac yn ceisio deall fy hun ychydig yn fwy – achos mae'n rhaid i ti ei gyfaddef i ti dy hun yn gyntaf, yn does?

Ro'n i'n eitha gofalus yn fy mlynyddoedd cyntaf o ddod allan. Ro'n i eisiau ei fwynhau. Ro'n i hefyd yn meddwl ar ôl i fi orffen y brifysgol y byddwn i'n siŵr o symud yn ôl adref, efallai'n ymuno â busnes y teulu a mwy na thebyg y byddwn yn cael priodas wedi'i threfnu â menyw. Dyna oedd y disgwyl. Dyna gafodd fy chwaer, dyna gafodd fy mrawd, a thrwy briodas wedi'i threfnu daeth fy rhieni at ei gilydd. Mae'n rhan o'r diwylliant, felly ro'n i'n argyhoeddedig fy mod i'n mynd i ddilyn yr un trywydd. Ro'n i wedi paratoi ar gyfer bywyd o fod yn briod â menyw. Roedd yn

---

1   Gelli di ddod o hyd iddyn nhw ar Twitter @ImaanLGBTQ+, Instagram @imaanlgbtqi neu imaanlondon.wordpress.com

frwydr. Rwyt ti'n colli gobaith. Rwyt ti'n rhoi'r gorau i ran ohonot ti dy hun, go iawn. Rwyt ti'n sylweddoli faint o aberth, faint o faich y bydd yn rhaid i ti ei gario am weddill dy oes.

Dwi'n berson allblyg iawn, yn ddi-flewyn-ar-dafod, ond wedyn mae cuddio rhan enfawr ohonot ti dy hun wir yn effeithio ar dy hyder, ar y ffordd rwyt ti'n dy gyflwyno dy hun yn allanol i gymdeithas ac i dy deulu. Petawn i wedi priodi, byddai wedi bod yn annheg iawn â fy ngwraig. Byddai wedi bod mor anonest i fy nheulu, i fy ffrindiau, i fy ngwraig ac i fi fy hun. Byddai wedi bod yn ofnadwy, ond dyna mae llawer o bobl yn ei wneud. Mae llawer o Fwslimiaid yn dal i wneud hynny.

Yn y diwedd gwnes i'n siŵr 'mod i'n cael swydd yn Llundain, achos ro'n i'n meddwl, mwya'n byd o bellter sydd rhyngof fi a 'nheulu i, gorau oll. Ro'n i'n ceisio dod o hyd i ffordd i osgoi priodi.

Ond yna cwrddais i â rhywun. Syrthiais mewn cariad â nhw'n llwyr. Ond mynnodd fy mod i'n dod allan i 'nheulu a dweud wrthyn nhw amdanon ni neu bydden nhw yn fy ngadael i. Waw! Ac ro'n i'n meddwl bod hynny'n wirioneddol ofnadwy. I ymddiried cymaint â hynny mewn rhywun ac yna'u clywed yn dweud, 'Rhaid i ti wneud y dewis hwn neu dwi'n gadael!' Penderfynais adael y berthynas honno oherwydd ro'n i'n teimlo 'mod i'n methu ymddiried ynddyn nhw wedi hynny, ond roedd y cyfan yn ergyd fawr ac ro'n i wedi digalonni'n llwyr.

Ro'n i wedi cael diagnosis o iselder yn gynharach y flwyddyn honno ac ro'n i'n cael trafferth dod o hyd i ffordd allan ohono. Felly, penderfynais ddod allan i 'mrawd i yn gyntaf a hynny drwy anfon tecst ato. Syniad drwg, a dweud y gwir, gan nad wyt ti'n cael gweld yr ymateb ar wyneb rhywun na deall safbwynt y llall. O edrych yn ôl, dwi'n difaru 'mod i wedi'i wneud o felly. Trueni 'mod i wedi methu gweld ei ymateb.

O ran sut olwg sydd i fod ar ddyn hoyw, ro'n i'n gwbl groes i stereoteip cymdeithas bryd hynny – ro'n i'n dew. Yn gwirioni ar chwaraeon. Yn ffan anferth o bêl-droed. Wrth fy modd gyda cherddoriaeth R&B a hip-hop. Ro'n i bron yn union fel fy mrawd – ond yn hoyw. Felly, roedd yn anodd iawn iddo fo ddeall.

Roedd ei ymateb gyntaf yn wael. Dywedodd ei fod yn teimlo'n 'sâl'. Roedd hynny'n anodd iawn i'w gymryd. Dwi'n cofio bod mewn dagrau ar ymyl y gwely a ffôn yn fy llaw, yn aros am ymateb. Dywedais i, 'Pam? Dwi ddim yn berson gwahanol. Dwi'n union yr un person ag o'n i ddoe a dwy flynedd yn ôl. Dwi'n dal i fod yn frawd iau i ti. Dwi wedi bod yn gefn i ti erioed. Pam na fedri di fod yn gefn i fi?' Yn y pen draw, roedd yn gefnogol ond wnaethon ni byth sôn am y peth go iawn. Ei gyngor mawr oedd na allen ni ddweud wrth Mam a Dad, oherwydd byddai hynny yn eu torri. Am y pedair neu bum mlynedd nesaf dywedon ni y bydden ni'n aros tan yr amser iawn.

Arhosais i nes ro'n i tua 24 neu 25 oed ac wedi dod adref o Lundain am y penwythnos. Ro'n i wedi bod yn meddwl am ddweud wrth fy nhad ers sbel, oherwydd bod mwy o sôn am briodas wedi'i threfnu. Mae 25 yn cael ei ystyried yn oedran da iawn i briodi ac ro'n i'n cael ychydig o gynigion. Ro'n i'n teimlo mai dyma'r amser iawn. Do'n i ddim mewn perthynas â neb, ond ro'n i wedi bod mewn ambell berthynas ac wedi sylweddoli mai dyna ro'n i eisiau. Ro'n i eisiau bod efo rhywun ac eisiau i fy nheulu fod yn rhan o hynny. Mae teulu yn hanfodol yn niwylliant Pakistan. Mae'n rhan mor hanfodol ohonot ti.

Felly, daeth nos Sadwrn ar y penwythnos penodol hwnnw. Roedd hi'n eitha hwyr ac roedd gen i fag yn barod i fynd. Anfonais i decst at fy ffrind a dweud, 'Hei, wnei di ddod draw i 'nhŷ i a pharcio y tu allan, achos efallai y bydd dy angen di arna i.' Doedd o ddim hyd yn oed yn gwybod 'mod i'n hoyw. Ro'n i eisiau dod allan i 'nheulu i yn gyntaf.

Felly, daeth draw ac roedd yno yn aros yn y car ar y gornel. Roedd fy mag wedi'i bacio, oherwydd ro'n i'n disgwyl y gwaethaf. Dyna'r peth erchyll i lawer ohonon ni am ddod allan. Cyn dod allan rwyt ti'n dychmygu'r gwaethaf yn y bobl rwyt ti'n eu caru. Mae hynny'n anodd iawn. Y bobl cest di dy fagu gyda nhw, sy'n dy garu di, sydd i fod i dy garu di'n ddiamod – rwyt ti'n meddwl eu bod nhw'n mynd i droi eu cefnau arnat ti. Wedyn rwyt ti'n teimlo'n ddrwg am feddwl hyn amdanyn nhw. Meddwl mor ddrwg am dy rieni, dy ffrindiau – meddwl y bydden nhw'n dy wrthod di.

Felly, dyma fi'n anfon tecst at fy nhad. Mae'n hwyr ac mae pawb arall wedi mynd i'r gwely. Dwi'n gwybod bod Mam a Dad ar ddihun yn hwyr i wylio *Zee TV*. Maen nhw wrth eu bodd yn gwylio eu cyfresi drama o Pakistan gyda'r nos. Mae hi tua hanner awr wedi un ar ddeg, a dyma fi'n anfon neges ato. Gallaf glywed 'ping' lawr grisia, felly mae'r neges wedi ei gyrraedd. Dwi'n dweud, 'Wnei di ddod fyny am sgwrs?' Dwi'n cymryd y bydd o'n flin iawn oherwydd mae'n siŵr ei fod hanner ffordd trwy ei ddrama ramantus ar *Zee TV*. Dwi'n cael neges ei fod yn dod. Yna dwi'n clywed sŵn ar y grisiau, y cerddediad araf i fyny'r grisiau gwichlyd. Mae'n siŵr mai tua 20 eiliad oedd o, a dweud y gwir, ond mae aros iddo ddod i mewn i'r ystafell yn teimlo fel 20 munud. Dwi'n eistedd ar ymyl y gwely a dyma 'nhad yn dod i mewn yn siriol iawn, fel mae o bob amser, a gwên lydan ar ei wyneb. Dwi'n dweud, 'Pop, eistedda.' A dyma fo'n dweud, 'Be sy'n bod?' Wrth i fi drio dweud, 'Dwi'n hoyw', alla i ddim cael y gair allan. Felly, dwi'n baglu i mewn i sgwrs am briodas wedi'i threfnu. Dwi'n dweud, 'Wel, alla i ddim priodi. Alla i ddim cael y briodas 'ma sydd wedi'i threfnu. Dwi'n canolbwyntio ar fy ngyrfa. Dwi'n trio cael y tŷ 'ma.' A chwarae teg iddo – mae ganddo ateb i bopeth. Felly, dyma fo'n dweud, 'Does dim rhaid i ni. Ti'n gwybod bod dim ots am y tŷ. Paid â phoeni am hynny. Ti'n gwybod bod dim pwysau i wneud hynny. Ti'n gwybod y byddi di'n dod o hyd i'r un iawn i ti.' Dechreuais i wneud fy esgusodion dro ar ôl tro, gan geisio dod o hyd i ffordd allan – ond mae mor hyfryd fod ei gariad yn llifo tuag ata i a'i fod yn dweud bod popeth yn iawn. Wedyn gwnes i droi'r sgwrs at ryw, ac yn y pen draw dywedais i, 'Alla i ddim cael plant.' Roedd o'n bryderus iawn. Ac meddai, 'Wel, beth sydd wedi digwydd?' Gofynnodd lwyth o gwestiynau i fi am hynny: 'Wyt ti'n iawn?', 'Oes 'na broblem neu wyt ti wedi cael damwain neu rywbeth?', 'Wyt ti'n hoffi bechgyn?', 'Wyt ti'n hoffi merched?' ac ati. Allwn i ddim credu iddo fo ofyn hynny yng nghanol y rhibidirês o gwestiynau. Felly, dyma fi'n dweud, 'Dad, y cwestiwn gofynnaist ti ryw dri chwestiwn yn ôl. Yr ateb yw – ydw!'

Edrychodd arna i'n ddryslyd iawn ynghylch pa gwestiwn – ac yntau wedi gofyn tua deg. A minnau'n dweud, 'Yr un am fechgyn. Ydw, mi rydw i.' Ro'n i'n methu dweud y gair hoyw o hyd. Roedd tua phum eiliad o dawelwch, a oedd yn teimlo fel pum munud i fi ar y pryd, cyn iddo ddweud, 'Mae hynny'n iawn. Dwi'n dy garu di. Ti yw fy mab i. Sut gallwn i feddwl dim byd gwahanol amdanat ti?' Rhoddodd y cwtsh mwya i fi. Roedd o mor brydferth a chwbl annisgwyl. Dywedodd hynny ar unwaith, yna dechreuodd feddwl a dywedodd, 'Ro'n i'n arfer gwneud hwyl am ben un o fy ffrindiau am fod ei fab o'n hoyw. Nawr dwi'n sylweddoli bod fy mab i'n hoyw!' Felly, roedd o'n teimlo'n euog ar unwaith, sy'n beth da oherwydd roedd o'n sylweddoli ei fod wedi gwneud rhywbeth o'i le wrth wneud hwyl ar ben plentyn hoyw arall. Mae'n ddyn rhyfeddol.

Ond roedd Mam yn methu deall y peth o gwbl. Rhaid i ti sylweddoli bod fy rhieni wedi'u geni yn Pakistan mewn pentref bach a thlawd iawn. Roedden nhw wedi llwyddo i gael rhywfaint o bres ynghyd ac wedi symud i Loegr, ond roedd y gymdeithas roedden nhw'n byw ynddi bellach yn wahanol iawn i'r un roedden nhw wedi'u magu ynddi. Mae ganddyn nhw gyfeiriadau diwylliannol hollol wahanol. Dydy fy mam i ddim yn deall cyfunrywioldeb mewn gwirionedd. Mae hi'n dal i feddwl ei fod o'n ddewis. A dydy hynny ddim o ganlyniad i gasineb. Mae o ganlyniad i anwybodaeth go iawn. Yn yr amgylchedd y cafodd hi ei magu ynddo, doedd hynny byth yn cael ei grybwyll a doedd neb yn cyfeirio ato. Ychydig iawn o addysg sydd ganddi. Felly, sut byddai ganddi hi'r gallu a'r iaith i allu sôn am bethau felly â'i mab?

Mae'n anodd peidio â chydymdeimlo â phobl rwyt ti'n eu caru, felly does gen i ddim casineb o gwbl tuag at fy rhieni. Dwi'n deall eu ffordd nhw o feddwl. Ond hoffwn i petaen nhw'n fy neall i ychydig yn well.

Mae diwedd hapus i fy stori i – ond ag elfen drist. Cwrddais â 'ngŵr i tua saith mlynedd a hanner yn ôl.

Felly, ar ôl dod allan i 'nhad a Mam roedd y berthynas yn dal i fod yn dda iawn. A dweud y gwir, daeth â 'nhad a fi'n nes at ein gilydd wrth iddo ddod i fy neall i ychydig yn well. Ond y broblem yw dydyn ni erioed wedi sôn am fy rhywioldeb i, oherwydd mae sôn am hyn ac am berthnasoedd yn dal i fod yn dabŵ. Wedyn aeth fy mherthynas â fy rhieni dros y dibyn oherwydd 'mod i wedi cwrdd â pherson anhygoel. Ryw bedair neu bum mlynedd yn ddiweddarach fe wnes i benderfynu 'mod i am ofyn iddo fy mhriodi i. Dywedais i wrth fy nhad yn gyntaf 'mod i'n ystyried gofyn yr wythnos ganlynol. Roedd hynny'n ormod i Dad oherwydd bod fy rhywioldeb yn mynd i ddod yn gyhoeddus ac yn rhywbeth y byddai pawb yn gwybod amdano. Nid yn unig fy nheulu agos, ond byddai fy nheulu estynedig, fy nghefndryd a'r gymuned Fwslimaidd o Pakistan yn gwybod. Cyn hyn doedd o ddim wedi sôn am y ffaith bod ei fab yn hoyw. Roedd o wedi dod yn gyfrinach rhwng tri o bobl – fy mrawd, fy mam a fy nhad.

Felly yn y pen draw, ddaeth fy rhieni ddim i fy mhriodas. Daeth rhai o fy nghefndryd i ddweud yn breifat, 'Llongyfarchiadau, ry'n ni'n hapus iawn drosoch chi.' Ond doedd gen i ddim teulu yn y briodas. Mae'n amlwg yn dipyn bach o ystrydeb, ond rydw i wedi dewis teulu. Mae gen i griw anhygoel o ffrindiau a oedd yn fy mhriodas a dwi'n briod â fy ngŵr ers chwe mis erbyn hyn ac mae'n wych. Dod o hyd i rywun fel hyn sy'n dy ddeall di, yn gwneud i ti deimlo'n gyflawn. Rydyn ni'n siwtio'n gilydd i'r dim! Ro'n i'n byw yn Efrog Newydd am ychydig, felly daeth fy nheulu o Efrog Newydd draw, daeth fy mhobl prifysgol a fy mhobl cwiar o Lundain i'r briodas. Daethon nhw i gyd at ei gilydd a chyfarfod ei gilydd ac roedd hynny'n anhygoel! Mae fy nheulu dewisol yn wych a dwi'n eithriadol o lwcus i'w cael. Roedd diwrnod fy mhriodas mor wych. Wrth ysgrifennu'r araith briodas sylweddolais i pa mor lwcus o'n i mewn gwirionedd, a pha mor hapus ydw i. A na, dydy o ddim yn berffaith. Ond fel rhywun a gafodd ei eni a'i fagu yn yr 80au a'r 90au fel dyn hoyw Mwslimaidd Pacistanaidd Prydeinig, do'n i ddim yn meddwl y byddai ffordd allan byth. A dwi'n golygu hynny'n llythrennol – do'n i byth yn credu y byddwn i hyd yn oed yn fyw yn fy 30au. Dwi wedi hunan-niweidio yn y gorffennol. Wnes i erioed feddwl y byddwn i'n hapus, ond mi rydw i. Er gwaethaf pawb a phopeth, er gwaetha'r hyn mae cymdeithas wedi'i ddweud wrthon ni neu wrtha i, er gwaethaf y fagwraeth ddiwylliannol, grefyddol ges i, er hynny, dwi wedi dod o hyd i'r person gwych hwn. Mae gen i deulu dewisol anhygoel o hyd a dwi'n hapus i'w cael, ydw wir. Mae wedi cymryd blynyddoedd i fi gyrraedd y pwynt hwn. Llawer o fewnsyllu, therapi, cyffuriau gwrthiselder ar hyd y ffordd a thor calon, ond dwi yma. Ac mae hynny'n beth rhyfeddol a phrydferth!

'Dechreuais i sylweddoli 'mod i fwy na thebyg yn hoyw pan o'n i tua 12 oed, ac roedd y syniad yn fy nychryn i. Y peth olaf rwyt ti ei eisiau fel plentyn yw bod yn rhyfedd, bod yn wahanol. Allwn i ddim dychmygu sut byddai fy mywyd i. Ond yn ffodus iawn, mae fy mywyd yn hollol ryfeddol, yn llawn cariad a chwerthin, a dwi'n briod â'r wraig orau yn y byd.'

Zoe Lyons, digrifwraig

Olivia

'Cuddiais fy llygaid â 'nwylo i wrth ddweud wrthi, oherwydd ro'n i'n methu goddef gweld ei hymateb hi.'

Roedd y cyflwynydd radio, Olivia Jones, yn lesbiad allan a balch yn y brifysgol ond roedd hi'n cael trafferth dweud wrth ei rhieni, ac yn ofni eu hymateb yn fawr.

Des i allan yn eitha hwyr i fy nheulu.

Des i allan i fy ffrindiau pan o'n i tua 15 oed. Dwi'n meddwl bod hwnnw'n oedran eitha cyfforddus lle roedd pawb yn darganfod bechgyn ac yn meddwl eu bod nhw'n ofnadwy o gyffrous. Es i i ysgol i ferched, felly ro'n i'n teimlo'n eitha amlwg 'mod i'n hoyw. Do'n i ddim yn ffitio i mewn i'r hyn roedd pawb arall yn ei wneud.

Yn fy ysgol, ro'n i'n teimlo mai fi oedd yr unig un hoyw. Yn bendant, fi oedd yr unig un a fynegodd hynny yn yr ysgol. I ddechrau, roedd yn teimlo'n anghyfforddus iawn. Ro'n i'n teimlo bod yn rhaid i fi ei guddio. Ro'n i wir wedi gwirioni ar ferch oedd yn eistedd wrth fy ochr i mewn gwersi bioleg. Yn rhyfedd ddigon, Hope oedd ei henw, ond doedd gen i ddim gobaith caneri!

Ro'n i'n delio â'r *crush* yma mewn ffordd hollol blentynnaidd. Byddwn i'n cymryd ei stwff hi i wneud iddi siarad â fi. Byddwn i'n ei phryfocio. Byddwn i'n gwneud yr holl bethau rwyt ti'n eu gwneud pan fyddi di'n ffansïo rhywun ond heb wybod yn iawn sut mae mynegi hynny. Byddai hynny'n tynnu sylw ata i oherwydd byddai pobl yn dweud, 'Rwyt ti'n ymddwyn yn hollol *weird* tuag ati.' Roedd hynny pan o'n i'n 15 oed, ac fel dwi wedi sôn, mae'n siŵr mai dyna pryd wnes i ddod allan.

Roedd pobl yn bendant wedi sylwi ac ro'n i'n teimlo teimlo 'mod i'n hollol wahanol i bawb arall. Ond yn ffodus ro'n i'n rhan o grŵp lle ro'n ni i gyd yn od – rocyr, yr un a oedd yn hoffi cerddoriaeth roc trwm, a'r un a oedd yn ddeallus iawn ac a aeth ymlaen i Gaergrawnt. Ni oedd y *misfits* a ddaeth at ein gilydd. Ac felly fel rhan o'r grŵp hwnnw, ro'n i'n teimlo y gallwn i guddio ychydig mwy, oherwydd y teimlad oedd, 'Rydyn ni i gyd yn *weird* ac rydyn ni'n derbyn hynny!'

A gwnaethon nhw fy nerbyn i, gant y cant. Roedd gan rieni fy ffrind – yr un hynod ddeallus a aeth i Gaergrawnt – dŷ mawr. Roedden nhw'n arfer mynd ar wyliau a gadael iddi wneud beth bynnag roedd hi eisiau, a oedd yn hynod o ryfedd. Byddai hi'n cael partïon tri diwrnod o hyd yn y tŷ a dwi'n cofio'n benodol y diwrnod cyntaf pan oedd pawb heb gyrraedd eto. Dim ond tair ohonon ni oedd yno: fi, hi a merch arall.

Roedden ni'n yfed beth bynnag ro'n ni'n gallu'i ffeindio yn y cwpwrdd a dechreuais i grio. Ro'n i'n feddwyn dagreuol cyn i fi wir dderbyn fy rhywioldeb. Nawr fi yw'r meddwyn hapusaf. Mae hynny mor rhyfedd. Mae'n rhaid ei fod o yn fy isymwybod ac wedi dod i'r wyneb. Dwi'n cofio beichio crio. Ond dywedodd fy ffrind wrtha i, 'Mae'n iawn, mae'n iawn. Ti'n iawn. Ry'n ni yma i ti. Fydd o ddim yn broblem. Mae'n mynd i fod yn iawn. Mae'n iawn.'

Felly, roedd yn beth cŵl iawn yn yr ysgol, ond cuddiais i'r peth am oesoedd oddi wrth fy rhieni.

Roedd fy chwaer wedi bod i'r brifysgol ac ar fin mynd i Seland Newydd, ond cyn iddi fynd aethon ni i barti plu. Roedden ni wedi yfed tipyn a dwi'n meddwl i hynny roi dewrder i fi. Dywedais wrthi, 'Yli, dwi'n hoyw. Dwi'n cael tipyn o drafferth gyda'r peth. Dydw i ddim yn gwybod a ddylwn i ddweud wrth Mam a Dad. Dwi'n gwybod y bydd Mam yn ymateb yn ofnadwy. Dwn i'm sut bydd Dad yn teimlo am y peth.'

Y rheswm ro'n i'n gwybod y byddai fy mam yn ymateb yn wael? Mae hi'n eitha tebyg i ddarllenwyr y *Daily Mail* – y stereoteip yna. Felly, ro'n i'n wir yn ofnus am y peth. A dywedodd fy chwaer, 'Na, dwi'n dy gefnogi di, gan y cant. Mae'n cŵl.' Ond roedd hi'n mynd i Seland Newydd mewn mis, am flwyddyn, ac felly wnes i ddim magu'r dewrder cyn iddi adael.

Felly es i i'r brifysgol, a sylweddoli y gallwn i fod y person ro'n i eisiau bod o'r diwrnod cyntaf. Gallwn i ddod allan ar ddiwrnod cyntaf y brifysgol, a gwnes i hynny. Fodd bynnag, ces i fy ngorfodi i ddod allan ychydig bach oherwydd tua'r amser hwnnw, roedd 'No *homo*' i'w glywed ym mhobman. Dwi ddim yn gwybod a oedd o'n rhywbeth gan Kanye. Dwi'n bendant yn cofio Ed Sheeran yn arfer ei ddweud o. Petai dyn am ganmol dyn arall ond ddim am i bobl feddwl ei fod yn hoyw, byddai'n dweud 'No *homo*' wedyn, a dechreuodd y bechgyn ei wneud o yn y brifysgol. Ar ôl rhai diwrnodau, dywedais i, 'Hogia, bydd rhaid i chi roi'r gorau i wneud hynny, oherwydd dwi'n hoyw ac mae'n eitha sarhaus'. Dywedon nhw i gyd, 'Sori, dwi'n teimlo cymaint o gywilydd!' Roedden nhw yn ei wneud o ddim ond oherwydd ei fod yn beth poblogaidd ar y pryd, ond gwnaeth yr ymddiheuriad iawn am hynny. Doedd yr hogia yma ddim yn ystyried beth roedden nhw'n ei wneud.

Petaen nhw wedi ymateb yn wael, byddai hynny wedi gwneud i fi ddweud, 'Iawn, allwn ni ddim bod yn ffrindiau', ond roedd eu hymateb yn wych a ches i amser anhygoel yn y brifysgol. Yn y flwyddyn gyntaf, dwi'n meddwl i fi ddod i delerau â'r hyn roedd bod yn hoyw yn ei olygu. Ro'n i'n mwynhau'r sin ddetio, ac roedd gan ein prifysgol ni noson hoyw fisol o'r enw 'Tease', a oedd yn dathlu bywyd LHDTC+ yn wych.

Ond ro'n i'n dal i guddio'r peth gartref. Dwi'n cofio dod yn ôl o'r brifysgol yn ystod haf fy nhrydedd flwyddyn ac ro'n i'n gweld merch ro'n i wedi cwrdd â hi ar-lein. Ro'n ni wedi bod allan am ddêt ac wedi cael amser hyfryd ac roedd hi wedi parcio ei char wrth ymyl lle dwi'n byw. Felly, roedd hi'n mynd i mewn i'w char a chawson ni gusan. Ond roedd y car y tu allan i 'nhŷ i ac roedd Mam yn sefyll wrth y ffenest. Edrychais i ar y ferch a dweud, 'Dwi'n meddwl bod Mam newydd fy ngweld i'n dy gusanu di!', a dyma hi'n dweud, 'Efallai ei bod hi wedi cyrraedd yno ychydig wedyn, dwyt ti ddim yn gwybod.' Es i i mewn ac roedd Mam yn fy osgoi. Wnaeth hi ddim siarad â fi am rai oriau. Felly, dwi'n meddwl ei bod hi'n gwybod ond wnaeth hi ddim sôn am y peth a wnes i ddim dod allan.

Ychydig wythnosau ar ôl hynny ro'n ni'n sôn am ffrind ysgol ro'n i wedi'i gweld ar wefan ddetio. Dwn i'm a o'n i'n trio sbarduno'r sgwrs ond soniais i am y peth, gan ddweud wrth Mam, 'Oeddet ti'n gwybod bod "hon a hon" yn hoyw?' A dywedodd hi, 'O, iawn.' A minnau'n dweud, 'Ydy, mae'n rhaid ei bod hi'n anodd iawn bod yn hoyw.' Ac yna dywedodd hi, 'Ydy ei rhieni hi'n gwybod?' A minnau'n dweud, 'Na, dwi ddim yn meddwl, ond mae'n eitha anodd dod allan i dy rieni.' A dywedodd hi, 'Reit.' Yna roedd distawrwydd mawr a ninnau'n syllu ar ein gilydd: hithau ar naill ben y soffa, a minnau ar y pen arall.

Mae gan fy mam a minnau bersonoliaethau tebyg iawn oherwydd pan fyddwn ni'n teimlo'n lletchwith rydyn ni'n gwneud jôc sy'n torri'r garw. Dywedodd hi, 'Wyt ti'n feichiog?' Ac atebais i, 'Nadw.' A dyma hi'n dweud, 'Wyt ti'n hoyw?' Ac atebais i, 'Ydw.' A dwi'n cofio bod mor ofnus ynglŷn â sut roedd hi'n mynd i ymateb, cuddiais i fy llygaid â 'nwylo i oherwydd do'n i ddim eisiau ei weld. Do'n i ddim eisiau gweld beth oedd ei hymateb cyntaf. Waeth ble bynnag y byddai hi ymhen chwe mis, yn fy nerbyn ac yn fy ngharu i neu beidio. Yr ymateb hwnnw ar unwaith – mae'r wyneb hwnnw yn methu dweud celwydd. Os ydyn nhw'n siomedig, os ydyn nhw wedi brifo, os ydyn nhw wedi ypsetio – ro'n i'n gwybod nad o'n i eisiau ei weld o. Felly, cuddiais i fy wyneb a dechrau crio. Dwi'n cofio bod â 'ngliniau i fyny ar y soffa hefyd. Es i i ryw fath o safle ffetws. Mae'n debyg bod iaith y corff yn dweud popeth. Ro'n i mor amddiffynnol, fel draenog. Do'n i ddim yn barod i wynebu'r canlyniadau.

Ond rhedodd Mam ata i a rhoi ei breichiau o 'nghwmpas i a dweud, 'Paid â chrio. Mae'n iawn. Mae'n iawn. Ers pryd rwyt ti'n gwybod? Oes unrhyw un arall yn gwybod?' Yn amlwg ar y pwynt hwnnw mae'n rhaid i ti gyfaddef, 'Mae fy chwaer yn gwybod. Mae hi'n gwybod ers oesoedd. Mae fy ffrindiau'n gwybod. Ac am fod fy ffrindiau'n gwybod, mae eu rhieni nhw'n gwybod.'

Y peth anoddaf i fi yw nad oedd Mam yn gwybod rhywbeth mor bersonol amdana i, pan oedd pawb arall yn gwybod. Roedd ganddi hawl i wybod. Ro'n i'n gallu gweld ei bod hi wedi'i brifo, ond rhoddodd hi fi yn gyntaf. Rhoddodd flaenoriaeth i sut ro'n i'n teimlo, ac roedd hi'n gallu deall pam ro'n i wedi ei guddio.

Dywedodd Mam wrtha i unwaith y byddai'n siomedig petawn i'n hoyw. Mae hynny'n swnio fel ei bod hi'n siomedig ynof i, ond roedd hi mewn gwirionedd yn golygu y byddai'n siomedig na fyddai 'mywyd i'n haws. Mae hyn oherwydd mai dim ond y gorau y mae hi'n ei ddymuno i fi a dim ond y bywyd mwyaf llwyddiannus y mae hi eisiau i fi ei gael. A dweud y gwir, dydy hi ddim yn teimlo'n rhwystredig gyda'r gymuned LHDTC+, mae hi'n teimlo'n rhwystredig gyda'r gymdeithas o'i chwmpas a sut rydyn ni'n cael ein trin. Felly, roedd hynny ar fy meddwl i, ac mae'n un o'r rhesymau ddes i ddim allan yn gynt. Nawr, dyw hi ddim yn cofio dweud hyn ac mae hi wedi ymddiheuro ers hynny, ac mae hi'n teimlo mor flin am y peth. Dwi'n meddwl ei fod yn brifo bob tro dwi'n ei ailadrodd, ond mae'n dda i bobl sy'n ystyried dod allan wybod bod rhieni weithiau'n dweud pethau dydyn nhw ddim yn cytuno â nhw yn y pen draw.

Dywedais i wrth Mam, 'Wnei di ddweud wrth Dad? Dwi ddim yn meddwl y galla i fynd trwy'r straen emosiynol o wneud hynny eto.' Ac fe wnaeth hi. Dwi'n cofio bod yn fy ystafell wely a hithau'n dweud, 'Liv?' Ac yna'n sibrwd yn uchel, 'Dwi wedi dweud dy newyddion wrth Dad!' Ac wedyn cawson ni swper gyda'n gilydd a soniodd neb 'run gair! Ac wedyn ro'n i'n golchi'r llestri a daeth fy nhad ata i a dweud, 'Mae Mam wedi dweud dy newyddion di wrtha i a dyw e ddim yn broblem.' Yna cusanodd fi ar fy mhen a cherdded i ffwrdd a dyna fo! Pa mor rhyfeddol ydy hynna? I riant ei gydnabod a symud ymlaen, a dyna ni.

Priodais i yn ddiweddar. Dad gerddodd gyda fi at yr allor, sy'n batriarchaidd iawn. Fel ffeministiaid rydyn ni'n siomedig iawn ynon ni'n hunain! Dywedodd fy ngwraig wrtha i'n ddiweddar, 'Dwi'n meddwl bod dy fam yn fy hoffi i'n fwy nawr ein bod ni wedi priodi!' A dwi'n meddwl bod hynny'n ddoniol mewn ffordd, oherwydd pan ddaeth Mam i wybod gyntaf amdana i yn ei gweld, dywedodd, 'Ydy hi'n ffrind arbennig?' Roedd hi'n methu dweud 'cariad'! Ond ers hynny mae hi wedi bod yn wirioneddol gefnogol a dwi'n ei chofio hi'n dweud bod fy nain a fy nhaid i wneud gwneud iddi deimlo fel rhan o'r teulu ar unwaith. Fy ngwraig oedd yr un gyntaf i fi ddod adre gyda fi, gyda llaw, a phriodais i hi yn y pen draw, felly mae hynny'n record reit dda! Ond dywedodd Mam, pryd bynnag y byddwn i'n dod â rhywun adref, roedd hi eisiau rhoi croeso cynnes iddyn nhw i'r teulu ar unwaith a gwneud iddyn nhw deimlo eu bod nhw'n gyfartal. A gwnaeth hi hynny gyda fy ngwraig, yn sicr.

I unrhyw un sydd heb ddod allan eto, dwi'n credu ei bod yn normal i bobl feddwl y gwaethaf – rwyt ti'n dychmygu'r posibilrwydd gwaethaf o hyd. Rhaid wynebu'r ffaith, er ein bod yn byw yn y 2020au, bod ofnau gwaethaf rhai pobl yn cael eu gwireddu. Mae hynny'n beth trist. Fodd bynnag, amser yw'r meddyg a dydy'r peth gwaethaf y gelli di ei ddychmygu ddim fel arfer yn cael ei wireddu yn y pen draw. Bydd pobl yn dweud wrthot ti o hyd am ddod allan, ond nid eu penderfyniad nhw ydy o. Dy benderfyniad di ydy o bob tro. Mae'n beth mor bersonol i'w wneud a dwi'n meddwl mai ti yw'r unig un a fydd yn gorfod bod yn gyfrifol am dy weithredoedd, am y canlyniad, ac felly rwyt ti'n gwneud hynny yn dy amser di dy hun. Roedd gen i bobl yn dweud wrtha i, 'Jest gwna fo! Gwna fo!' a minnau'n meddwl, 'Iawn i ti ddweud hynna, yn berson syth, yn eistedd i fyny fry ar dy orsedd, yn dweud wrtha i beth i'w wneud! Na, mêt! Fy mhenderfyniad i ydy o.'

Os cei di dy owtio, yn gyntaf, mae'n ddrwg gen i fod hynny wedi digwydd i ti. Ond yn ail, mae hynny'n sen ar y person arall, ddim arnat ti. Ddylet ti ddim cywilyddio amdano. Dydy o ddim yn rhywbeth y dylet ti deimlo euogrwydd neu embaras yn ei gylch. Y person arall ddylai deimlo felly.

Ac mae'n rhaid i ti ollwng gafael ar yr euogrwydd. Dwi'n meddwl bod pob un hoyw yn teimlo'n euog ar ryw adeg am fod yn hoyw, oherwydd fyddai neb yn dewis bod yn hoyw. Wir-yr. Fyddai neb yn ei ddewis o. Mae'n fywyd anoddach. Felly, pam byddet ti'n dewis hynny? Byddai'n dda gen i petai ychydig mwy o bobl yn deall hynny. Felly, os wyt ti'n paratoi ar ei gyfer, neu os wyt ti'n ei ofni, neu os wyt ti'n ei osgoi, mae popeth yn iawn. Amser ... bydd amser yn datrys y cyfan.

'Dwi ddim yn meddwl y dylai neb byth deimlo pwysau i ddod allan! Mae'n ddewis gwerthfawr a phersonol a dylai pawb gael cyfle i gychwyn ar eu taith eu hunain, pan fyddan nhw'n barod! Mae'n ein gwneud ni'n bobl gryfach yn y pen draw.'

Michael Gunning, nofiwr mewn cystadlaethau rhyngwladol

Christine

'Dywedais i wrth Mam 'mod i'n ferch pan o'n i ddim ond yn bedair oed.'

Ffotograff: Kieron Chrisham Pholux Foto

Mae Christine Burns, MBE, awdur Trans Britain, wedi bod wrth galon y mudiad Hawliau Traws ers y 90au cynnar. Mae ganddi hefyd un o'r storïau cynharaf rydyn ni wedi'i chlywed – dim ond pedair oed oedd hi pan ddywedodd wrth ei mam ei bod hi am dyfu i fyny i fod yn fenyw. Ond aeth 20 mlynedd arall heibio nes iddi ddod allan eto.

Dwi wedi dod allan cymaint o weithiau. Ble mae dechrau? Ces i fy ngeni yn 1954 a thua'r adeg honno dechreuodd llawer o storïau am bobl draws gyrraedd y brif ffrwd. Tua phedair a hanner o'n i a dwi'n cofio dweud wrth Mam fy mod i eisiau tyfu i fyny i fod yn fenyw. Chymerodd hi fawr o sylw, gan dynnu 'nghoes i'n ysgafn am y peth. Gwnaeth hynny fy ypsetio i a rhedais i fyny'r grisiau.

Roedd Mam a Dad yn ei drin yn reit ysgafn a sylweddolais i fod neb yn sôn am bethau felly. Wnes i ddim sôn am y peth eto, felly, oherwydd dy fod ti'n cael y signalau yma gan yr oedolion o dy gwmpas, ac yn yr ysgol hefyd, bod rhaid i ti gadw'n dawel am ambell beth. Ac, wrth gwrs, roedd hyn yn y 50au. Doedd neb na dim ar gael iddyn nhw gyfeirio ato yr adeg honno, ddim fel sydd ar gael i rieni heddiw.

Ymlaen â ni'n gyflym at 1966, pan o'n i'n 12 oed a'm rhieni'n cadw tafarn. Roedd llawer o amser hamdden gen i, a oedd yn eitha da oherwydd roedd yn golygu fy mod i'n gallu gwisgo i fyny os o'n i eisiau heb i neb fy nal i. Roedd fy chwaer hŷn, sydd 10 mlynedd yn hŷn na fi, wedi gadael cartref flynyddoedd lawer yn ôl ac roedd cryn dipyn o'i dillad yno o hyd. Felly roedd gen i lond cwpwrdd o ddillad i chwarae â nhw ac roedd gen i oriau maith ar fy mhen fy hun.

Arferai fy nhad fy anfon i i nôl y papurau Sul. Un diwrnod, cyn gynted ag y cyrhaeddais i'r siop bapurau newydd, gwelais i arwydd y tu allan yn dweud, 'Fy mywyd fel menyw'. Hanes April Ashley oedd o ac roedd o yn y papurau. Felly, gafaelais yn y papurau a rhedeg adref. Dwi'n gallu cofio holl fanylion yr olygfa honno – fi yn y gegin, yn penlinio ar y carped. Mae fy rhieni lawr grisia yn gofalu am eu cwsmeriaid a dwi'n darllen pob gair am April Ashley. Ac yn y foment honno, gwnes i ddarganfod nad fi oedd yr unig berson tebyg i fi yn y byd. Ro'n i'n poeni 'mod i'n eithriad unigryw a bod enw i bobl fel fi ac (oherwydd 'mod i'n ei ddarllen yn y News of the World) ei fod o'n beth drwg iawn. Ro'n i'n gwybod y byddai'n ddiwedd y byd petai unrhyw un yn dod i wybod.

Yn yr ysgol ro'n nhw'n aml yn fy ngalw i'n ferch ac roedd ganddyn nhw enw merch i fi. Dwi'n meddwl bod y plant – cyn yr oedolion a dweud y gwir – yn fy neall i'n iawn oherwydd fy arferion ac oherwydd y ffordd dwi'n siarad. Ro'n i'n dawel ac ro'n i'n hoff o lyfrau, felly ces i fy mwlio. Es i o'r naill ysgol i'r llall. Dyna fy unig achubiaeth, i raddau. Roedd fy rhieni'n symud o gwmpas cryn dipyn oherwydd eu bod nhw'n prynu tai i'w hadnewyddu ac felly ro'n i mewn ysgol newydd byth a hefyd gyda chriwiau newydd o blant yn ceisio fy neall i. Yn fuan iawn, fi oedd y plentyn a oedd yn cael ei fwlio.

Rwyt ti'n sylweddoli bod gen ti rywbeth sy'n dy wneud ti, i weddill y byd, yn ffrîc. Felly, dwyt ti ddim eisiau bod felly. Y peth cyntaf ro'n i eisiau ei wneud oedd tyfu i fyny a bod yn berson cyffredin.

Y cam nesaf oedd pan o'n i'n 18 oed ac yn gadael cartref. Ro'n ni'n byw yn ne ddwyrain Lloegr a symudais i Fanceinion i fynd i'r brifysgol yn 1972. Cyrhaeddais i ar yr adeg pan oedd y Gay Liberation Front ym Manceinion yn dechrau sefydlu ei hun, ond roedd y ddinas yn dal i fod yn syth iawn. Dwi'n cofio fy noson gyntaf mewn neuadd breswyl, ac amser swper, safodd cadeirydd cymdeithas y preswylwyr ar ei draed i roi cyfarwyddiadau am y lleoedd i'w hosgoi, sef rhagflaenwyr Canal Street yn y bôn. Roedd yn dweud wrthon ni am osgoi'r bobl hoyw.

Ro'n i'n gudd iawn ac yn amatur iawn bryd hynny. Ces i gar ac roedd hynny'n golygu y gallwn i fynd i leoedd anghysbell lle gallwn i fod yn fi fy hun. Mae cywilydd arna i wrth feddwl am y cywilydd mawr ro'n i'n ei deimlo, ond doedd dim modelau rôl. Yn 1974 roedd grŵp newydd gael ei sefydlu ym Manceinion ar Camp Street. Doedd cofio'r cyfeiriad ddim yn anodd! Felly, es i yno a gwylio'r cyfan o ochr arall y stryd a gweld pobl yn mynd a dod. Bryd hynny, roedd pobl yn cael eu galw'n drawsrywiol yn hytrach na thrawsryweddol. Roedd fy nghalon yn curo fel gordd, thymp, thymp, thymp yn fy mrest. Yn y pen draw magais i ddigon o blwc i guro ar y drws. I mewn â fi ac roedd ystafell gefn yno a dwi'n cofio ei bod hi'n flêr ofnadwy. Roedd soffa â sbrings yn y golwg, a mygiau te wedi cracio. Y peth pwysig oedd y rhyddhad o gwrdd â rhywun arall tebyg. Sylweddolais y byddwn i'n gallu siarad â phobl a dod o hyd i ryw gysylltiad. Roedd gallu mynd yno a chwrdd â'r grŵp hwnnw yn achubiaeth. Roedd yn gyfle.

Dechreuais i amau a oedd y grŵp hwn yn addas i fi, serch hynny, gan mai pobl a oedd yn trawswisgo unwaith yr wythnos oedd yno'n bennaf. Dyma'u ffordd nhw o ymlacio a bydden nhw'n eistedd ac yn sôn am injans stêm a chyfrifiaduron. Ond roedd pobl drawsryweddol yn gymuned mor fach, roedd rhaid derbyn beth oedd ar gael. Doedd gynnon ni ddim grwpiau i ni'n hunain.

Un o'r pethau dwi'n cofio meddwl amdanyn nhw oedd efallai y gallwn i fod yn drawswisgwr ac y gallwn ei gadw i ambell noson ac wedyn ei roi i gadw mewn bocs. Efallai y byddai hynny'n ddigon ac na fyddai'n golygu'r potensial o golli fy ffrindiau, colli fy swydd, colli popeth. Ro'n i'n mwynhau fy hun. Ro'n i'n gwneud fy ymchwil. Ro'n i'n hoffi'r bobl ro'n i'n gweithio gyda nhw, ond do'n i ddim yn meddwl y byddai neb yn fy nerbyn i petawn i'n dweud, 'Dwi'n mynd i drawsnewid i fod yn fenyw.'

Yna yn 1976 des i'n agos iawn at yr ymgais gyntaf i drawsnewid yn barhaol. Des i o hyd i feddyg, ac yn eitha brawychus, dywedodd, 'Ydyn, rydyn ni'n meddwl dy fod ti'n drawsryweddol.' Yna dywedodd, 'Galla i dy gyfeirio di at rywun. Ty'd 'nôl wythnos nesa os wyt ti am i fi wneud hynny.'

Roedd y cyfan mor frawychus, rois i'r gorau i fy astudiaethau PhD a hel fy mhac! Roedd yn golygu wynebu popeth. Ro'n i'n eitha sicr beth byddai'r rhagolygon. Byddwn i'n methu parhau i fod yn fyfyriwr ymchwil na mynd yn fy mlaen i fod yn ddarlithydd. Felly, mewn ffordd, daeth y broffwydoliaeth yn wir, gan i fi ddianc rhag dyfodol fy ngyrfa! Ar ôl cydnabod cymaint â hynny i ti dy hun, a deall pwy yn union wyt ti, elli di ddim ei roi yn ôl yn y bocs.

Roedd dianc yn weithred o anobaith. Ro'n i eisiau dechrau eto. Felly, ces i swydd gyda chwmni cyfrifiaduron yn Windsor. Wnes i ddim aros yno yn hir iawn oherwydd roedd yn waith unig iawn. Yn y pen draw llwyddais i i ddod yn ôl i Fanceinion o fewn yr un cwmni, er mwyn bod yn agos at y bobl ro'n i wedi'u gadael.

Y cam nesaf wedyn oedd cyrraedd pen fy nhennyn a phenderfynu dweud a dywedais wrth fy rhieni eto. Ro'n i'n trio cael gwared ar bob dihangfa oddi wrtha i fy hun. Felly, meddwais i'n dwll un noson, a ffonio fy rhieni tua thri o'r gloch y bore. Atebodd fy nhad y ffôn a dyma fi'n dweud, 'Mae gen i rywbeth i'w ddweud. Dw i eisiau bod yn ferch. Dw i eisiau bod yn fenyw.' Dwi'n chwerthin wrth edrych yn ôl, oherwydd mai ei ateb oedd, 'Mae'n well i ti siarad â dy fam!' Felly, daeth hi ar y ffôn ac mae'r hyn a ddywedodd hi wrtha i wedi aros gyda fi. Meddai hi, 'Cariad, ni sydd wedi dy greu di a beth bynnag wyt ti, byddwn ni'n dy garu di!'

Ro'n i wedi pellhau oddi wrth fy rhieni mewn gwirionedd. Dwi ddim yn gwybod pam, ond efallai mod i'n tybio y bydden nhw'n fy nghau i allan ac yn ddig gyda nhw am hynny. Ar y foment honno, yn yr alwad ffôn honno, ro'n i'n meddwl 'mod i ar fin colli fy rhieni, efallai na fyddwn i byth yn eu gweld nhw eto, oherwydd mae hynny'n digwydd mor aml i bobl. Dyna arwydd o fy anobaith. Ro'n i'n teimlo'i fod o wedi dod i'r pwynt lle ro'n i'n barod i golli fy rhieni. Es i lawr i'w gweld nhw yng Nghaint. Dwi'n cofio i ni dreulio'r noson yn eistedd yn yfed ac yn sgwrsio am bopeth dan haul ac yn rhoi'r byd yn ei le. Ac yn syth bin, roedd Mam wedi derbyn fy mod i'n ferch iddi hi. Ro'n nhw'n anhygoel o dda yn gwneud hynny ac ro'n i wedi eu camddarllen nhw'n llwyr.

Ro'n i'n weddol sicr na fyddai fy nghyd-weithwyr yn gwybod sut i ymateb i fi. Felly, newidiais i fy ngwaith i fod yn hunangyflogedig. Dechreuais i fel ymgynghorydd TG, oherwydd allwn i ddim rhoi'r sac i fi fy hun! Es i ati i wneud fy hun mor hanfodol i fy nghleientiaid fel y byddai'n rhaid iddyn nhw feddwl ddwywaith cyn rhoi'r gorau i 'nefnyddio i.

Yn y pen draw, pan gymerais i'r cam olaf o ddweud, 'Iawn, dwi'n mynd i fod yn Christine am byth', cafodd un o 'nghleientiaid i gyfarfod cwmni a dywedodd y rheolwr gyfarwyddwr wrth y staff, 'Sbïwch, mae hyn yn digwydd i'r person yma ac rydyn ni'n mynd i'w derbyn. Ac os oes gan unrhyw un broblem gyda hynny, dewch i 'ngweld i.' Felly, dwi wedi bod yn hynod ffodus dros y blynyddoedd fod yr holl bethau ofnadwy a allai fod wedi digwydd, heb ddigwydd. Dwi wedi bod yn lwcus iawn i fod yn gysylltiedig â phobl sydd wedi ymddwyn fel oedolion.

Y peth am fod yn draws yw dy fod ti'n methu peidio â dod allan – oni bai dy fod ti'n symud dros nos, mae pobl yn mynd i wybod bod rhywbeth wedi newid. Dwi'n meddwl y gelli di lwyddo i fod yn hoyw neu'n lesbiad am sbel go lew heb ddweud wrth dy gyd-weithwyr. Yn y cwmnïau y gwnes i ddelio â nhw, cyn gynted ag y bydden nhw'n gwybod bod Christine yn draws, byddai'r bobl hoyw a'r lesbiaid yn y cwmni yn tyrru ata i ac yn dod yn ffrind i fi, er nad oedden nhw wedi dod allan! Ro'n nhw'n fy ngwylio i gyda gwir ddiddordeb er mwyn gweld sut roedd eu cyd-weithwyr yn ymddwyn tuag ata i.

Ro'n i'n ffodus iawn 'mod i'n gallu pasio'n gyflym iawn a mynd yn anweledig mewn gwaith lle ro'n i'n cwrdd â chleientiaid newydd yn gyson. Mewn ffordd, roedd yn symlach. Ac ro'n i'n byw mewn rhan geidwadol iawn o Swydd Gaer hefyd, felly ro'n i'n teimlo ei bod hi'n fwy diogel i fod yn gudd. Ac yna dechreuodd nifer o bethau ddigwydd. Sylweddolais i, os na fyddai neb yn codi ac yn gwneud rhywbeth, fyddai pethau byth yn gwella. Un o nodweddion hanes traws yw nad oedd dim byd wedi symud ymlaen rhwng sefydlu'r grŵp cymorth cyntaf un yn 1966 a diwedd yr 80au (ar wahân i grwpiau cymorth i bobl lle gallech chi fynd i gwrdd â phobl eraill a siarad). Roedd fel petai newid pethau yn amhosib. Fel arfer, os oes diffyg cymdeithasol, galli di fynd at y wasg a bydd rhywun yn mynd i'r afael â dy achos di. Wel, doedd gan y wasg ddim taten o ddiddordeb yn hynny. Mae ganddyn nhw ffordd o ysgrifennu amdanon ni, sef 'The freaks on Sunday'. Galli di fynd at AS, ond roedd hyn yng nghyfnod Adran 28 a doedd ASau ddim yn ennill unrhyw bleidleisiau drwy ymhél â phobl draws. Felly, sut mae dechrau pan fydd popeth yn dy erbyn?

Dechreuais i fod yn rhan o'r mudiad hawliau traws yn 1993. Ond roedd rhaid aros tan 1996 i Lys Cyfiawnder Ewrop ddyfarnu bod diswyddo rhywun oherwydd eu bod wedi ailbennu eu rhywedd, neu eu bod wrthi'n mynd trwy'r broses, yn wahaniaethu ar sail rhyw. Roedd hynny'n golygu bod rhaid i lywodraeth Lafur newydd 1997 wneud rhywbeth yn ei gylch. Ac o ganlyniad i hynny cawson ni'r ddeddfwriaeth gyntaf i amddiffyn hawliau traws.

Cefais MBE am fy ngwaith ymgyrchu oherwydd dechreuais i gydweithio â gweision sifil a gweinidogion i'w helpu i lunio'r mesur Cydnabod Rhywedd. Am rai blynyddoedd ar ddechrau'r ganrif hon, ein gwaith oedd sicrhau bod y llywodraeth yn gallu cael y mesur drwy'r Senedd yn hwylus. Ac felly, dwi'n meddwl bod llywodraeth ddiolchgar a Brenhines ddiolchgar wedi penderfynu rhoi'r anrhydedd hon i fi a fy nghyd-weithiwr Stephen Whittle (a gafodd OBE).

Pan benderfynodd Stephen a minnau dderbyn ein hanrhydeddau, wnaethon ni ddim gwneud hynny er ein mwyn ni'n hunain. Roedd er mwyn dweud, 'Iawn, os ydyn ni'n derbyn y rhain, ry'n ni'n cydnabod y bobl a roddodd eu hamser i hawliau'r grŵp bach hwn o bobl. Roedd hynny'n werth ei wneud. Roedd yn werth ei anrhydeddu ac rydyn ni wedi dod yn bell.'

Pa gyngor byddwn i'n ei roi i berson ifanc sy'n cael trafferth ac yn ceisio dod i delerau â'i hunaniaeth rhywedd? Wel, mae'n debyg y gallwn i ddweud, 'Sbia ar fy mywyd i. Ches i mo'r dechrau gorau, ond sbia ble dwi erbyn hyn! Fe gei di fod y person rwyt ti i fod. Ond paid â theimlo bod rhaid i'r cyfan ddigwydd ar unwaith, cymer dy amser.' Dwi'n gwybod bod hynny'n beth anodd iawn i'w ddweud wrth berson ifanc, ond mae'n bwysig treulio amser, fel y gwnes i, yn trefnu dy gyflogaeth fel na fyddi di heb yr un geiniog. Rhaid i ti gynllunio. Gelli di ddweud, 'Iawn. Dwi'n mynd i wneud hyn, ond beth yw'r camau?' Trin y peth fel prosiect, ac wrth gwrs, dysga am dy hanes dy hun ar dy daith.

Mae hanes traws yn stori ysbrydoledig iawn oherwydd mae'n llawn cymaint o esiamplau da gwerth chweil. Os gwnei di ddarllen am hynny, dwi'n meddwl y byddi di'n gwybod sut mae rheoli dy broses o drawsnewid dy hun. Mae'n daith wirioneddol gyffrous. Dwi'n meddwl mai'r neges o obaith yw hyn: efallai y bydd bod yn draws yn beth gwael yn dy farn di, yn sefyllfa anodd ei derbyn, ond dydy hynny ddim yn wir! Mae hynny oherwydd ein bod ni'n cael gwneud rhywbeth dydy'r mwyafrif helaeth o bobl byth yn ei wneud. Mae'r rhan fwyaf o bobl yn derbyn eu rhywedd adeg eu geni ac maen nhw i fod i gadw at hynny. Felly, byddan nhw'n tyfu i fyny yn byw eu bywydau cyfan gan brofi dim ond hanner yr hyn yw bod yn fod dynol.

Er 'mod i heb fwynhau profi'r hanner arall yn fawr, dwi'n meddwl 'mod i'n deall rhywedd ar lefel dydy pobl eraill ddim yn ei deall, oherwydd y profiad hwnnw o'i weld o'r ddwy ochr. Oherwydd ei effaith arna i fel person, oherwydd yr ymdrechu i ddod trwy adegau anodd a chael fy synnu gan yr hyn y gallwn i ei wneud, fyddwn i byth yn ei gyfnewid am ddim!

Efallai y bydd pobl yn dweud, 'Wyt ti'n difaru peidio â chael dy eni'n ferch a dy fod ti wedi tyfu i fyny ac wedi gwneud y pethau arferol?' Wel, wrth gwrs, mae hynna'n un ffordd o fyw bywyd. Wna i ddim ei ddibrisio, oherwydd dyna mae'r rhan fwyaf o'r boblogaeth yn ei wneud. Ro'n i'n meddwl 'mod i wedi cael bargen galed iawn, ond go iawn, mae wedi bod yn daith mor gyffrous, dwi'n berson gwell nag y byddwn i wedi gallu bod erioed, petawn i heb gael fy herio fel hyn.

'Dwi am i ti wybod y bydd popeth yn iawn. Efallai dy fod ti'n meddwl bod y camau cyntaf yn enfawr, ond byddi di'n edrych yn ôl mewn blynyddoedd i ddod ac yn meddwl "Dwi 'di'i neud o"! Edrychais i yn y drych heddiw a dweud yr un peth wrtha i fy hun, cyn mynd oddi yno yn wên o glust i glust.'

Stephanie Hirst, darlledwr

JP

'Ar y dechrau, ro'n i newydd ddod allan i fi fy hun, gan ddweud wrth fy adlewyrchiad yn y drych, "Dwi'n hoyw!"'

Wedi'i eni a'i fagu ar aelwyd Ladinaidd draddodiadol yn Los Angeles, roedd JP yn teimlo na fyddai'n cael ei dderbyn yn ei gymuned nac yn ei ddiwylliant am fod yn ddyn hoyw.

Ro'n i'n gwybod yn gynnar iawn mod i ddim fel y bechgyn eraill yn yr ysgol. Ro'n i'n hoff iawn o fechgyn a oedd yn byw yn ein fflatiau ni pan oeddwn i'n hogyn ifanc iawn. Wrth edrych yn ôl nawr, ro'n i'n llawer mwy merchetaidd nag y byddwn i wedi hoffi cyfaddef i fi fy hun, felly roedd yn llawer mwy amlwg i bobl. Ces i fy magu gyda fy chwiorydd ac felly dwi wedi bod yn fwy cyfforddus erioed yng nghwmni menywod. Dwi'n meddwl 'mod i wedi teimlo'n wahanol erioed, a bod hynny'n amlwg iawn.

Ar y dechrau, ro'n i'n meddwl ei fod o achos 'mod i'n Latino a phawb o 'nghwmpas i'n wyn neu'n dod o'r Philipinau. Ces i fy ngeni a fy magu ychydig i'r gogledd o Los Angeles yn Nyffryn San Fernando. Mae fy mam yn dod o Golombia a 'nhad o Beriw. Roedd fy nhad yn weithiwr adeiladu a Mam yn wraig tŷ. Yn hynny o beth, roedd yn gartref Lladinaidd traddodiadol iawn, Sbaeneg ei iaith yn bennaf, a chrefyddol iawn.

Ro'n i mewn ysgol breifat Gatholig o'r dosbarth meithrin tan ddiwedd yr ysgol uwchradd. Dwi'n credu i fi ddod allan i fi fy hun yn yr ysgol uwchradd yn y pen draw, ond yn bendant doedd yr Eglwys a chrefydd gyfundrefnol ddim yn helpu'r sefyllfa. Byddwn yn gweddïo bob tro y byddwn yn dweud gair drwg. Roedd hynny'n anodd achos ro'n i'n rhoi pwysau mawr arnaf fi fy hun i newid fy ymddygiad, i beidio â bod mor 'Queenie' ag ro'n i'n gwybod yr o'n i, achos roedd y bechgyn i gyd yn gwneud hwyl am fy mhen i.

Pan fyddi di'n dechrau meddwl o ddifrif am ddifrifoldeb y 'pechod', rwyt ti bron yn teimlo ei bod hi'n rhy hwyr, dy fod ti'n mynd i uffern, ac nad oes unrhyw ffordd yn ôl, gan mai dyna mae'r Beibl yn ei ddweud yn y bôn. Yn ôl y grefydd Gatholig, os wyt ti'n hoyw a heb fod mewn perthynas heterorywiol, rwyt ti'n mynd i uffern. Mae meddwl hynny fel person ifanc wir yn dy ddibrisio.

Ro'n i'n teimlo'n isel iawn am y peth. Pan wnes i droi'n 14 neu 15 oed, dwi'n cofio i ni gael ein cyfrifiadur cyntaf. Doedd gen i neb i siarad â nhw ac felly es i ar y we a dechrau cwrdd â dieithriaid ar-lein. Wrth edrych yn ôl, ro'n i wedi fy rhoi fy hun mewn sefyllfaoedd reit beryglus. Ond dyna'r unig ffordd ro'n i'n teimlo y gallwn i ddysgu. Roedd angen i fi chwilio am bobl debyg i fi.

Doedd neb tebyg i fi yn yr ysgol. Byddai'r bechgyn eraill yn copïo fy ystumiau ac yn galw enwau arna i. Gwnes i golli cyfri sawl gwaith clywais i'r gair 'ffagot'. Byddai hyn yn gwneud i fi eu casáu, ac yna fy nghasáu fy hun am roi'r rheswm iddyn nhw wneud hynny i fi. Doedd dim cam-drin corfforol ond roedd llawer o gam-drin emosiynol. Roedd 'na bwysau uffernol arna i. Dwi'n cofio methu gwneud dim byd ond crio, ac mae hynny'n cadarnhau'r ddelwedd 'babi mam'. Allwn i ddim mynd adre a dweud wrth Mam eu bod nhw'n gwneud hwyl am fy mhen i am fod yn hoyw heb gyfaddef 'mod i'n hoyw. Felly, oedd, roedd hi'n eitha anodd yn yr ysgol.

Ces i fy nhrwydded yrru pan o'n i'n 16, a dwi'n credu i hynny newid llawer, oherwydd ei bod wedi rhoi llawer o ryddid i fi. Dyna pryd y dechreuais i gwrdd â bechgyn. Dyna pryd y dechreuais i feddwl, 'Mae angen i fi ddod allan i fi fy hun.' Felly, dywedais i hynny uchel wrtha i fy hun yn y drych. Roedd rhaid i fi wneud, er mwyn i fi allu ymarfer ei ddweud yn uchel a'i gydnabod. Roedd adegau pan fyddwn i'n ei sgrechian o'n uchel! Mae hynny achos bod rhaid cael y rhyddhad hwnnw. Mae'n rhaid i ti dderbyn y peth, a rhoi gwybod i'r byd. Roedd yn rhaid i fi fy adennill fy hun ac roedd hon yn ffordd o beidio â gadael i'r enwau cas na chael fy ngwrthod gan bobl na dim byd arall effeithio ar sut byddwn i'n symud mlaen fel y fi go iawn.

Wrth fy ffrind gorau Zara y dywedais i gyntaf 'mod i'n hoyw. Ro'n ni'n trafod pa yrfaoedd ro'n ni am eu cael, a dywedais i rywbeth fel, 'Beth byddet ti'n ei ddweud taswn i eisiau bod yn ofodwr?' Ac yna dyma fi'n dweud, 'Beth byddet ti'n ei ddweud taswn i'n hoyw?' A dywedodd hi, 'Fyddwn i ddim yn dweud dim byd.'

Roedd yr ychydig droeon cyntaf yn rhai emosiynol iawn. O ran fy nheulu, des i allan i fy chwiorydd yn gyntaf. Mewn ffordd, ro'n nhw'n gwybod erioed, oherwydd byddwn i'n dweud wrthyn nhw sut roedd gwisgo eu doliau Barbie ac yn trefnu eu cypyrddau dillad!

Fi oedd y bachgen cyntaf-anedig, ac yn y teulu Lladinaidd, roedd llawer o ddisgwyliadau ar fy ysgwyddau i. Mewnfudwyr oedd fy rhieni. Felly, roedd addysg yn hollbwysig ac roedd llawer o bwysau arna i. Er enghraifft, pwysau arna i i osod esiampl i fy chwiorydd, i fod yn ddyn cryf, i arwain y teulu, i gario'r enw. Ac ro'n i'n meddwl bob tro, 'Ffyc, dwi'n mynd i fethu achos 'mod i'n hoyw. Wnaiff fy rhieni byth fy nerbyn i, wnaiff fy chwiorydd byth fy nerbyn i.'

Roedd meddwl am hynny'n eitha brawychus, achos dyma dy bobl, dy gig a gwaed, a allai'n hawdd dweud na a dy wrthod.

Ond des i allan i fy chwiorydd ac roedd yn anhygoel. Diolch byth, ro'n nhw'n wirioneddol wych, ac rydyn ni'n ffrindiau gorau nawr. Mam oedd nesaf. Yna es i i weld Nain, achos ro'n i'n mynd i fynd ar ddêt a gweld boi mewn sinema, ond roedd o'n byw'n agos at fy nain. Felly, gwnes i bicio yno i ddweud helô. Dwi'n meddwl 'mod i wedi wacsio fy aeliau, a gofynnodd aelod o'r teulu i fi o'n i'n hoyw a gwnes i banicio'n lân. Rhedais i ffwrdd a mynd ar y dêt a meddwl, 'Cachu hwch, os ydyn nhw'n gwybod, maen nhw'n mynd i ddweud wrth Mam!' Ro'n i'n meddwl y byddai'n well petawn i'n gwneud hynny. Gofynnais iddi eistedd gan ddweud 'mod i eisiau iddi fod yn rhan o fy mywyd i ac ro'n i am i ni gael perthynas dda. Dywedais i 'mod i eisiau bod yn onest gyda hi ond do'n i ddim wedi bod yn onest â hi. Yna dywedais wrthi 'mod i'n hoyw. Dechreuodd grio a beichio crio am 45 munud. Ro'n i bron â meddwl 'mod i'n mynd i roi trawiad ar y galon iddi.

Yna arhosodd a gofyn, 'Felly, sut un wyt ti?' a dyma fi'n meddwl, 'Ocê, cwestiwn diddorol.' A dywedais i wrthi, 'Mam, dwi ddim gwahanol i beth rwyt ti'n ei weld nawr. Dwi ddim yn gwisgo dy sodlau ar nos Fawrth ac yn mynd allan i'r dre!' Roedd yn rhaid i fi normaleiddio pethau iddi, dwi'n meddwl. 15 neu 20 mlynedd yn ôl, doedd dim cymaint o gyfeiriadau at faterion LHDT yn y cyfryngau prif ffrwd. Heblaw am *Will & Grace*! Yn America Ladin, roedd pobl hoyw yn wirioneddol ferchetaidd. Roedd boi ar y teledu a oedd yn dweud ffortiwn, ac roedd pawb yn gwybod mai fo oedd y peth mwyaf hoyw erioed. Felly, dwi'n meddwl mai ei syniad hi oedd y byddwn i'n frenhines ddrag neu'n 'drawsrywiol' achos doedd hi ddim yn deall. Felly roedd angen ei haddysgu. Serch hynny, yn gyflym iawn gwelodd hi fod dim byd yn wahanol a gwnes i ei chyflwyno hi i fy ffrindiau hoyw hefyd. Yn y pen draw, roedd gweld sut roedd fy ffrindiau gorau ers plentyndod yn cymysgu'n hollol normal â fy ffrindiau hoyw, yn help iddi ddeall y peth.

Des i allan i 'nhad hefyd, ond roedd gen i berthynas hyd yn oed yn anoddach â fo nag â Mam pan o'n i'n tyfu i fyny. Des i allan iddo mewn dadl. Ro'n i ar fin graddio yn y coleg ac roedd o wedi dod draw i fy fflat i am rywbeth. Ro'n i mor flin, a dywedais i wrtho, 'Dwi eisiau sôn wrthot ti am fy mywyd, sdi. Dwi am gael perthynas â ti ond alla i ddim siarad efo ti am bethau. Dwi eisiau sôn wrthot ti am bwy dwi'n ei garu ac alla i ddim!' Dwi'n edrych arno fo ac mae o'n edrych arna i ac mae'n dweud, 'Ty'd â hi ta. Pwy 'di dy gariad di ta?' A dywedais i, 'Ron ydy'i enw fo.' A wnaeth o ddim hyd yn oed ymateb. Daeth y cyfan allan mewn un llif, gan feddwl y byddai'n ymateb, ond wnaeth o ddim!

Cawson ni sgwrs am y dyn ro'n i'n ei weld, ond dydyn ni ddim wedi sgwrsio am fy nghariadon ers hynny. Ond fyddai arna i ddim ofn trafod y peth ag o.

Felly, dwi'n meddwl 'mod i'n ffodus iawn bod Mam a Dad yn eitha cefnogol. Maen nhw wedi dod i fariau hoyw ar gyfer fy mhenblwyddi. Dwi nawr yn ceisio cael fy mam i ddod i Pride i gerdded gyda PFLAG.' Roedd hon yn sefyllfa lle ro'n i wir yn ofnus y byddai pethau'n draed moch, ond mae wedi bod yn wych.

Dwi'n dal i feddwl ei bod hi'n anoddach dod allan mewn cymunedau lleiafrifol Du, Latino a'r Dwyrain Canol. Dwi'n meddwl bod crefydd yn rhan fawr o hyn. Dwi'n meddwl bod pwyslais ar gynnal rhyw elfen *macho* – dyna sut cawson ni ein magu.

Dwi'n meddwl, cymaint â phosib, bod angen i ti ddilyn dy galon ac ymddiried yn dy reddf oherwydd bydd hynny yn dy helpu i fesur sut mae dweud wrth dy deulu a dy ffrindiau. Bydd yn realistig. Dylet ti obeithio am y gorau, ond ar yr un pryd dylet ti ddeall efallai na fydd pawb yn iawn gyda ti ar y dechrau neu'n ddiweddarach. Ond dylet ti ymddiried yn dy reddf a bod yn driw i ti dy hun. Dyna fydd yn dy arwain trwy'r dyddiau da a'r dyddiau drwg.

A siarada â'r dyn yn y drych, neu'r fenyw yn y drych, neu pwy ffycin bynnag rwyt ti eisiau bod ac sydd yn y drych!

---

1   PFLAG yw'r sefydliad cyntaf a'r mwyaf i bobl lesbiaidd, hoyw, deurywiol, trawsryweddol a cwiar (LHDTC+), eu rhieni a'u teuluoedd, a'u cefnogwyr yn UDA. Am fanylion, dos i https://pflag.org.

Sarah

'Am flynyddoedd, ro'n i wir eisiau bod yn ferch syth.'

Roedd Sarah yn poeni drwy'r amser am gael ei barnu a'i herlid. Pan gafodd gariad a oedd yn hapus i ddal ei llaw yn gyhoeddus, dechreuodd ymwrthod â'i chywilydd.

Cymerodd hi amser eitha hir i fi mewn gwirionedd. Ro'n i wir yn cael trafferth gyda'r gair 'lesbiad'. Ro'n i'n fwy cyfforddus gyda 'deurywiol'. Dwi wedi bod gyda dynion. Dwi'n gallu gweld dynion yn gorfforol ddeniadol, felly nid dyna sydd – ond dwi ddim yn cwympo mewn cariad â nhw, dyna'r cwbwl. Mae pob un o fy ngharwriaethau wedi bod gyda menywod. Cyrhaeddais i'r pwynt lle ro'n i'n meddwl, 'Rhaid i fi beidio â 'ngalw fi'n hun yn ddeurywiol achos dwi byth yn bwriadu cael perthynas â dyn.' Yn dechnegol, mae'n debyg y gallwn i fod yn y categori hwnnw, ond roedd yn teimlo'n fwy grymus i ddweud, 'Na, dal dy ddŵr! Dwi angen cydnabod hyn!'

Ro'n i'n gwybod erioed ... dwi'n meddwl ers ro'n i'n chwech oed. Bryd hynny, dwi'n cofio cael teimladau tuag at chwaer hŷn ffrind, ac roedd yn teimlo'n hollol normal i fi. Ro'n i'n ei ffansïo hi gymaint a dwi'n cofio bod eisiau creu argraff arni hi.

Ro'n i'n teimlo bod angen i fi sôn wrth bobl eraill agos ata i am hyn. Hyd yn oed yn bump, chwech oed, ro'n i'n teimlo bod rhaid cyffesu. Dwi'n cofio gwybod bryd hynny ei fod yn beth mawr, er bod gynnon ni lawer o ffrindiau hoyw.

Pan o'n i'n fach iawn, es i drwy gyfnod pan o'n i eisiau bod yn fachgen, ac ro'n i'n gofyn i bawb fy ngalw i'n Christopher a ches i dorri 'ngwallt. Wnes i ddim sôn am hyn am flynyddoedd, ac un diwrnod ro'n i'n siarad a daeth y stori allan a meddyliais i, 'O waw!' Do'n i erioed wedi sôn am hyn yn gyhoeddus ac yn sydyn ro'n i'n meddwl, 'Wel, efallai y dylwn i – does dim angen teimlo cywilydd am hynny.'

Ac ers hynny, mae llawer o blant wedi dweud wrtha i, 'O ie, ro'n i wir eisiau bod yn fachgen pan o'n i'n fach', neu, 'Ro'n i wir eisiau bod yn ferch.' Ddaeth dim byd o hynny, ond dwi'n aml yn meddwl tybed beth a allai fod wedi digwydd petai pobl heb godi cymaint o gywilydd arna i am y peth (mi wnaethon nhw godi cywilydd ofnadwy arna i).

Dwi'n hapus fel menyw. Dwi'n teimlo fel menyw, ond galla i ddweud yn onest, petawn i heb gael y profiadau cywilyddus hynny ar y pwynt hollbwysig hwnnw yn fy mywyd pan o'n i'n bedair neu'n bump oed, tybed a fyddwn i eisiau uniaethu fel dyn nawr? Dwi ddim yn gwybod. Dros y blynyddoedd, ro'n i eisiau bod yn ferch syth. Go iawn. Ro'n i wir eisiau bywyd hawdd. Ro'n i'n meddwl, 'Petawn i'n syth, a bod gen i gariad, a'i fod o'n edrych yn dda a'n bod ni'n edrych yn dda gyda'n gilydd, bydd popeth yn iawn a bydda i'n perthyn.' Ro'n i eisiau perthyn, dim byd mwy.

Wnes i erioed eistedd gyda fy rhieni i 'ddod allan', achos do'n i ddim eisiau rhoi enw arno fo am flynyddoedd. Ddim wir tan ddwy flynedd yn ôl. Roedd fy ffrindiau agos yn gwybod. Hynny yw, ro'n i'n byw gyda menyw am dair blynedd ac roedd gen i berthynas wych. Ro'n i'n gweld merched trwy gydol fy 20au, ond hefyd yn trio detio dynion ar yr un pryd, gan obeithio petawn i'n gweld yr un iawn neu petawn i'n gwneud hyn neu'r llall, rywsut y gallwn i ... O'n, ro'n i wir eisiau bod yn syth.

Ro'n i'n siarad â 'nghyn-gariad i y diwrnod o'r blaen pan sylweddolais i ei bod hi wedi cyfrannu llawer at gael gwared ar y cywilydd. Fi oedd y fenyw gyntaf iddi fod gyda hi, a dwi'n cofio dweud wrthi, 'Dwi'n gobeithio bod hyn ddim yn rhyfedd i ti. Dwi'n gwybod ei fod yn beth mawr pan fydd yn digwydd gyntaf.' A dyma hi'n dweud, 'Na, i'r gwrthwyneb. Dwi'n meddwl ei fod o'n beth prydferth a naturiol iawn.' A dyma fi'n meddwl, 'O! Efallai ei fod o!' Hi ddysgodd hynny i fi. Byddai hi'n dal fy llaw yn gyhoeddus – doeddwn i byth yn gallu gwneud hyn, hyd yn oed gyda'r rhai ro'n i'n cael perthynas hirdymor â nhw. Ro'n i'n ofni cael fy marnu. Ro'n i'n ofni cael fy ngham-drin a fy erlid. Byddai hi'n dal fy llaw i, ac yn sydyn byddwn i'n edrych o gwmpas ac yn meddwl, 'A dweud y gwir, efallai fod hyn yn cŵl iawn. Mae hyn yn iawn. Dwi'n meddwl y galla i ollwng gafael ar y cywilydd.' Yn araf bach dechreuodd ddiflannu. Mwya'n byd ro'n i'n ymddwyn fel rhywun heb ddim cywilydd o gwbl, lleia'n byd o gywilydd ro'n i'n ei deimlo.

Wnes i erioed ddefnyddio'r gair 'hoyw' na'r gair 'lesbiaidd'. Ro'n i'n casáu'r gair 'lesbiad' yn llwyr.

Felly, wrth ddod allan i Mam, dwi'n cofio dweud wrthi yn fy arddegau 'mod i'n meddwl bod gen i deimladau tuag at ferch arall, a dyna ni, yn y bôn. Digwyddodd yr un peth gyda 'nhad a fy llysfam. Dwi wedi bod yn ffodus iawn, iawn gyda fy nheulu – maen nhw wedi bod yn wych am y peth erioed.

Pan o'n i'n 18 oed, ro'n i wedi bod yn cael ffling gwallgo gyda merch o Dde Affrica, a phenderfynais sôn amdani wrth fy llysfam. Ro'n i'n ymweld â hi a dywedais i, 'Efallai y gelli di sôn am y peth mewn sgwrs efo Dad?' Dyna wnaeth hi, a thra o'n ni i gyd yn eistedd gyda'n gilydd un diwrnod, dyma Dad yn dweud, 'Gwranda, Sarah, does dim ots gen i pwy rwyt ti'n eu caru. Cyn belled â'u bod nhw'n dy drin di'n dda a dy fod ti'n hapus, does dim ots gen i. Dwi am wneud hynny'n gwbl, gwbl glir.'

Fel plentyn, dyna'r union eiriau rwyt ti am eu clywed.

Os oes unrhyw un arall yn dal i deimlo cywilydd, byddwn i'n dweud mai rhywbeth sy'n cael ei greu'n fewnol yw hwnnw. Unwaith y byddi di wedi ei wynebu dy hun, mae'n llawer haws gyda phawb arall achos does dim ots gennyt ti beth yw barn pobl eraill. Ond os nad wyt ti wedi delio â dy deimladau dy hun, os wyt ti'n teimlo unrhyw gywilydd, rwyt ti yn mynd i bryderu bob amser am farn pobl. Mae cywilydd yn beth mawr. Dydy o ddim yn rhywbeth hawdd gollwng gafael arno. Felly, os wyt ti'n ddigon anffodus i fod wedi dioddef cael dy gywilyddio, ac yn cario pwysau dwys, trwm, dos i siarad â rhywun i dy helpu i'w brosesu. Dwi'n annog hynny bob amser. Efallai y gallet ti hyd yn oed siarad â gweithiwr proffesiynol sy'n gallu dy helpu i'w ddatrys yn dy feddwl a dy galon, er mwyn i ti allu ei ryddhau, achos mae'n gywilydd cwbl ddiangen. Does gennyt ti ddim byd i deimlo cywilydd ohono. Rwyt ti'n brydferth, ac mae cariad yn brydferth.

'Ar gyfer teulu a ffrindiau mae 'nghyngor i! Ro'n i mor ffodus gyda fy rhai i, gan mai dim ond cariad a chefnogaeth sydd gynnon ni i'n gilydd. Yn fwy na dim byd arall, maen nhw am i fi fod yn hapus, ac os wyt ti'n caru rhywun, dyna'r cyfan y dylet ti fod yn ei ddymuno iddyn nhw! Mae'n eitha syml yn y bôn! Paid â beirniadu. A gad i dy anwyliaid LHDTC+ fod yn nhw eu hunain go iawn. Yn union fel rwyt ti'n cael bod – heb ofni dioddef casineb/cael dy wrthod.'

Stephen Bailey, digrifwr

Oskar

'Dyma sut dwi'n ei gweld hi o ran fy hunaniaeth draws – oni bai dy fod ti'n mynd i fynd i mewn i 'nhrôns i, does gen i ddim diddordeb mewn dod allan i ti.'

Magwyd Oskar yn Trinidad ac mae'n uniaethu fel traws-wrywaidd ond anneuaidd. O ran ei rywioldeb, mae'n uniaethu fel panrywiol. Cafodd drafferth gyda dibyniaeth ar gyffuriau, digartrefedd a phroblemau iechyd meddwl ar ôl atal yr ysfa i drawsnewid am 20 mlynedd.

Mae fy hunaniaeth yn esblygu'n barhaus. Ar hyn o bryd dwi'n uniaethu fel trawswrywaidd anneuaidd. O ran rhywioldeb, dwi'n uniaethu fwy neu lai fel panrywiol. Ond dwi'n tueddu i ddweud 'mod i'n ddeurywiol, er mwyn osgoi gorfod cael sgwrs hir am y peth!

Dwi'n meddwl ei bod hi'n bwysig i bobl sylweddoli bod hunaniaeth yn beth mewnol, nid o reidrwydd sut mae pobl eraill yn dy weld di. I fi, anneuaidd yw gweld rhywedd ar sbectrwm, sef sut dwi wedi meddwl am rywedd erioed, felly does neb yn wrywaidd nac yn fenywaidd o gwbl. Mae yna gymysgedd o'r ddau bob amser. Y cymhlethdod yw bod rhywedd hefyd yn gasgliad o syniadau am sut olwg sydd arnat ti neu sut rwyt ti'n ymateb i bobl eraill. Mae'r syniad fy mod i'n fi ar fy mhen fy hun yn y byd, braidd yn wirion. Felly, fi yw 'fi' mewn cysylltiad â phobl a sefyllfaoedd ar unrhyw adeg benodol. Felly, mae fy hunaniaeth mor gyfnewidiol â fy rhywedd.

Dwi wedi cael cyfres o storïau dod allan! I ddechrau, des i allan fel lesbiad. Wrth dyfu i fyny yn y 70au a'r 80au, roedd yr iaith a'r wybodaeth am hunaniaethau heblaw hunaniaethau rhywedd heterorywiol, deuaidd yn beth prin iawn.

Ces i fy ngeni yng Nghanolbarth Lloegr, a phan o'n i tua phedair oed, symudon ni i Trinidad yn India'r Gorllewin – o fanna roedd fy nhad yn dod. Roedd yn nefoedd ar lawer ystyr. Mae'n ynys brydferth ac mae'n bosib mai dyma un o'r ychydig leoedd yn y byd sydd wir yn dathlu hunaniaeth hil gymysg, fel fy un i.

Gadawon ni Trinidad pan o'n i'n 11 oed ond dwi'n cofio cyn i ni adael, dechreuon ni glywed storïau am yr argyfwng AIDS. Mae'n siŵr mai dyna'r tro cyntaf i fi glywed y syniad y gallai dyn garu dyn, a menyw garu menyw. Roedd yn ddryslyd ac yn gyffrous achos ro'n i'n dechrau adnabod rhywbeth amdana' i fy hun yn storïau'r bobl ro'n i'n eu clywed. Ond hefyd, roedd rhywbeth ofnadwy'n digwydd, ac roedd llawer o drafod a oedd hyn i fod i ddigwydd ai peidio. Byddai pobl yn dweud pethau fel, 'Mae Duw'n cosbi pobl hoyw' a'r math yna o beth.

Roedd bod yn yr ysgol yn Trinidad yn anodd. Ces i fy mwlio dipyn yn yr ysgol am fod yn wahanol. Ro'n i'n ferch wrywaidd iawn a oedd yn hoffi treulio'i hamser gyda bechgyn a ddim yn gwneud llawer o bethau 'merched'. Ro'n i'n gwybod 'mod i'n wahanol; ro'n i'n gwybod 'mod i ddim yr un peth, ond hefyd bryd hynny doedd gen i mo'r iaith ar gyfer sut ro'n i'n uniaethu.

Ro'n i'n amau fy rhywedd o'r adeg pan o'n i'n blentyn. Ro'n i'n meddwl 'mod i'n fachgen hyd at yr ysgol gynradd, ond wedyn roedd rhaid i fi wisgo ffrog oherwydd fy mod i'n ferch (tan hynny, doedd dim rhaid i fi). Ro'n i'n casáu'r peth. Byddwn yn gwisgo siorts o dan fy ffrog fel ffordd o amddiffyn fy hun. Ond o'n, ro'n i'n ei gasáu. Pan ges i fy mhryfocio am fod mewn ffrog, roedd hynny hyd yn oed yn fwy annifyr, gan fy mod i'n teimlo'n ddigon bregus mewn ffrog yn barod!

Roedd rhaid i fi wisgo ffrog ar gyfer fy Nghymun Bendigaid Cyntaf. Roedd hynny'n erchyll. Yr unig reswm wnes i ei gwisgo oedd achos bod Mam wedi'i gwneud hi, ond roedd yn amser ofnadwy, ofnadwy! Ac wedyn roedd gen i ffrog roedd yn rhaid i fi ei gwisgo ar fy mhen-blwydd yn chwech oed. Roedd yn hyll ar y naw! A dwi'n meddwl mai dyna'r tro olaf gwnaeth Mam i fi wisgo ffrog.

O ran rhywioldeb, des i allan yn eitha cynnar, ar ôl i fi symud yn ôl i'r Deyrnas Unedig, pan o'n i tua 12 oed. Roedd Mam yn iawn gyda hynny. Dywedodd, 'Rwyt ti'n rhan o'r teulu, a fydd hynny ddim yn newid.' Roedd fy nhad yn iawn am y peth hefyd. Mam ddywedodd wrtho, a dwi'n meddwl bod hyn yn eitha doniol achos defnyddiodd hi'r dull 'newyddion drwg wedyn newyddion da'. Dywedodd, 'Mae dy ferch di'n gaeth i gyffuriau ac mae hi'n lesbiad.' A dyma 'nhad i'n dweud, 'Does dim ots gen i gyda phwy mae hi'n cysgu cyn belled â'i bod hi'n dod oddi ar y cyffuriau.'

Ro'n i wedi dechrau cam-drin sylweddau yn ifanc iawn. Tua 11, 12 oed o'n i pan ddes i'n ôl i'r Deyrnas Unedig. Felly, des i'n ôl o ysgol lle'r oedd yr amgylchedd yn llym ac yn geidwadol iawn, lle byddet ti'n sefyll os oedd athro yn dod i mewn i'r ystafell ddosbarth, i fod mewn ysgol uwchradd yn un o rannau mwy heriol Llundain. Byddai plant yn taflu pethau at yr athrawon ac yn dweud *piss off* wrthyn nhw, a phethau felly. Roedd hyn yn sioc ddiwylliannol enfawr i fi, felly. Hefyd, roedd cyrraedd yn ôl i'r Deyrnas Unedig yn sioc enfawr, gyda'r arwahanu a'r hiliaeth oedd yn bodoli o gymharu â'r wlad ro'n i newydd ddod ohoni.

Gwnes i ffrindiau ac o fewn y flwyddyn gyntaf dechreuon ni arbrofi gyda chyffuriau. Unrhyw beth gallwn i gael fy nwylo arno, ond pot yn bennaf. Wrth edrych yn ôl nawr, dwi'n gweld ei fod yn ffordd i fi ymdopi, ond doedd o ddim yn gwneud lles i fi o gwbl.

Ro'n i'n potsian â chyffuriau nes ro'n i tua 30 oed, pan benderfynais i 'mod i'n methu gwneud hynny mwyach. Ro'n i'n defnyddio stwff i fod yn ddideimlad er mwyn ymdopi â beth oedd yn digwydd. Ro'n i wedi bod yn ddigartref ddwywaith ac ro'n i'n aros yn fflat fy nghyn-gariad. Ro'n i newydd dreulio blwyddyn â math eithafol o agoraffobia. Ro'n i wedi bod yn isel iawn, ac wedi treulio tua blwyddyn ar soffa, yn gwrthod gadael y fflat. Ro'n i fwy neu lai yn aros i farw bryd hynny. Yn y pen draw, gofynnais i fi fy hun, yn gwbl onest, 'Petaet ti ar fin marw'r eiliad hon, a fyddet ti'n gadael i hynny ddigwydd?'

A'r ateb oedd na, byddwn i'n trio aros yn fyw, ac felly meddyliais i, 'Wel, os yw hynny'n wir, os dwi wir eisiau byw, dylwn i drio gwneud hynny!' A dyna ddechrau siwrnai hir iawn allan o broblemau iechyd meddwl a chamddefnyddio cyffuriau.

Doedd fy rhywioldeb erioed yn broblem i fi mewn gwirionedd. Ces i fwy o drafferth o lawer gyda fy hunaniaeth rhywedd. Y tro cyntaf i fi geisio trafod y pwnc gyda Mam, ro'n i'n 15 oed. Ro'n i newydd weld rhaglen ddogfen am ddyn traws a aeth i Amsterdam am y math cyntaf o lawdriniaeth ro'n nhw'n ei gynnig i bobl benyw-i-wryw, ac ro'n i'n teimlo, 'Waw! Dyna fi!' Trïais i ddweud wrth Mam, ac mi wnaeth hynny godi ofn arni braidd. Dwi'n ei chofio hi'n dweud, 'Pa fath o fywyd gei di wedyn?' I fi, nid condemnio oedd ei hymateb, ond braw. Pan wyt ti'n gweld dy rieni'n ofnus, mae hynny'n creu effaith reit bwerus. Cafodd ymateb Mam gymaint o effaith arna i, cymerais i gam yn ôl a'i gadw'n gyfrinach. Dyna ro'n i wedi bod yn ei wneud bron iawn drwy gydol fy mywyd beth bynnag. Ac felly, es i'n ôl i fod yn lesbiad am ryw 20 mlynedd.

Roedd hyn yn 1988, felly roedd y syniad bod pobl draws benyw-i-wryw yn bodoli yn beth hollol newydd. Yr unig esiampl oedd gen i bryd hynny oedd rhywun o'r enw Buck Angel, oedd yn seren bornograffi ar y pryd.

Beth roedd ei angen arna i fel plentyn bryd hynny oedd i fy rhieni ddweud, 'Iawn, mae hynny'n iawn. Amdani!' Ond o ystyried y cyfnod, a'r hyn oedd ar gael i Mam fel rhiant sengl, roedd ganddi ddigon ar ei phlât.

Mae ein perthynas wedi tyfu'n wirioneddol anhygoel yn yr ychydig flynyddoedd diwethaf. Ces i sgwrs â Mam am y tro cyntaf y des i allan. Dywedais i, 'Ro'n i'n meddwl bod gen ti gywilydd ohono i.' A dywedodd hi, 'Na, dwi'n falch iawn ohonot ti. Dwi'n rhyfeddu at yr hyn rwyt ti wedi'i wneud gyda dy fywyd a dy fod ti wedi llwyddo i oresgyn yr holl bethau hyn!' Dwi'n meddwl mai ofn oedd arni. Doedd hi ddim yn gwybod beth i'w wneud.

Dwi'n meddwl, petawn i'n dod allan heddiw fel person ifanc, byddai llawer mwy ar gael i fi o ran esiamplau. Byddwn i'n fy ngweld fy hun yn y byd ac yn gwybod 'mod i ddim yn mynd yn wallgo. Dod i sylweddoli 'mod i ddim yn dychmygu hyn, dyna oedd rhan fawr o 'nhaith i; roedd yn real ac roedd angen i fi wneud rhywbeth am y peth, gan ei fod yn effeithio arna i.

Unwaith i mi ddechrau delio â fy mhroblemau camddefnyddio sylweddau, dechreuais i roi sylw i'r pethau oedd yn achosi poen i fi. Un o'r rhain oedd yn dal i godi oedd y syniad, neu'r teimlad, o fod yn wrywaidd. Roedd cael fy ngweld fel menyw yn boenus iawn i fi, felly roedd angen rhoi'r gorau i ddweud 'mod i'n wallgo a dechrau gwneud rhywbeth amdano.

Fyddwn i ddim yn argymell i bawb ddilyn y llwybr hwn, ond defnyddiais i ymarferion Qigong a Tai Chi a myfyrio. Roedden nhw'n help i greu rhyw fath o sefydlogrwydd mewnol, gan fy ngalluogi i symud ymlaen, ac yn y pen draw des i o hyd i elusen a oedd yn cynnig hyfforddiant datblygiad personol. Roedd ychydig fel therapi, a gwnaethon nhw fy helpu i gael gwared ar y syniad 'mod i'n wallgo.

Y peth cyntaf i'w sylweddoli yw bod profiad trawsryweddol pawb yn wahanol. Felly, mae fy mhrofiad i'n hollol wahanol i brofiad rhywun sydd efallai efallai o ran golwg yn union yr un fath â fi - ac mae hynny'n creu diawl o benbleth i unrhyw un sydd ddim yn rhan o'r profiad hwnnw. Dwi hyd yn oed yn gwneud rhagdybiaethau am bobl draws eraill fy hun weithiau. Siaradais â ffrind i fi a ddywedodd, 'Nid y broblem yw dy fod yn y corff anghywir neu fod gen ti broblemau gyda dy rywedd. Dyma'r broblem - dydy cymdeithas ddim yn ddigon eangfrydig i ddeall dy brofiad.' Mae fy mhrofiad o rywedd fel person traws yn hynod unigryw, yn yr ystyr nad ydw i'n cysylltu fy hunaniaeth ddofn â'r rhywedd hwnnw. Nawr, mae pobl eraill sy'n draws yn uniaethu â'u rhywedd go iawn – maen nhw'n ddeuaidd iawn, a dydyn nhw ddim am gael eu hatgoffa o'r adeg o gael trawma parhaus wrth gael eu hadnabod yn anghywir.

Hynny yw, os wyt ti'n mynd at blentyn bach, ac yn dweud, 'O, dyna fachgen bach hyfryd!', a hithau'n ferch, gwylia ei hymateb. Dyna beth sy'n digwydd y tu mewn i berson traws bob tro y byddi di'n ei gamryweddu'. Mae'n ceisio cadw hynny'n dawel er mwyn gallu gweithredu mewn cymdeithas.

Wrth ddod allan i fy mam eto, cawson ni gyfres o sgyrsiau. Mae'n sgwrs barhaus gyda fy nheulu mewn gwirionedd, oherwydd dydyn ni'n ddim yn byw'n agos iawn at ein gilydd, gan fod llawer o'r teulu wedi symud yn ôl i Trinidad. Felly, gwnaethon ni dreulio llawer o amser wrth iddyn nhw ddod i arfer â'r ffaith nad yr un person o'n i iddyn nhw bellach. Ac roedden nhw'n dweud pethau fel, 'O waw! Un diwrnod rwyt ti fel ti, a'r diwrnod nesa rwyt ti'n dweud wrtha i dy fod ti'n rhywun hollol wahanol!'

I fi, ro'n i wedi bod ar daith 35 mlynedd, ac ro'n i wedi gwneud hynny'n gyfrinachol. Do'n nhw ddim yn deall hynny. Roedd rhaid iddyn nhw ddelio â rhagenwau ac enwau gwahanol, a dwi'n dal i weithio gyda nhw ar hynny. Mae aelodau gwahanol fy nheulu yn ei brosesu'n wahanol. Gyda fy mam dwi'n siarad fwyaf, gyda hi dwi agosaf, ac mae hi'n gwybod llawer mwy am fy mhrofiadau nag, er enghraifft, fy nhad. Anaml iawn fyddwn ni'n siarad â'n gilydd oherwydd dydy o ddim yn un siaradus. Felly, mae'n dal i fy ngalw i wrth fy hen enw ac yn dal i ddefnyddio fy rhagenw benywaidd. Yn fy myd i, dwi'n gadael iddo wneud hynny oherwydd ei fod wedi treulio ei fywyd gyda fi.

Dwi'n rhoi caniatâd arbennig i fy nheulu a dwi'n gwneud hynny oherwydd, yn y ffordd orau bosib, eu bod nhw wedi fy nghadw i'n rhan o'u teulu drwy gydol eu hoes yn ddieithriad. Yn delio â 'r ffaith 'mod i'n berson hoyw. Ro'n i'n gaeth i gyffuriau.

---

1   Cyfeirio at rywun fel y rhywedd anghywir neu ddefnyddio'r rhagenwau anghywir (fe, hi, bachgen, chwaer ac ati). Mae hyn fel arfer yn golygu cyfeirio'n fwriadol neu'n faleisus at berson traws yn anghywir, ond gall ddigwydd yn ddamweiniol hefyd.

Ro'n i'n ddigartref. Yn delio â minnau'n ffyc-yp enfawr am gyfnod hir iawn. Ac os na fedra i ddangos amynedd a thosturi tuag atyn nhw wrth iddyn nhw ddod i delerau â fy hunaniaeth fy hun ...

Y gwir amdani yw eu bod nhw heb ddweud, 'Dwi byth eisiau siarad â ti eto. Dwyt ti ddim yn rhan o 'nheulu i.' Mae pob un ohonyn nhw wedi dweud, 'Does dim ots gen i beth wyt ti, rwyt ti'n rhan o'r teulu.' Felly, os ydyn nhw'n fy nghamryweddu i, dwi'n teimlo, 'Wel, wsti be, mae hyn yn anodd, ond yn y pen draw, rhaid i gariad diamod fynd y ddwy ffordd.'

Ond dydy hyn ddim wedi digwydd heb sgyrsiau anodd am gamryweddu. Y tro cyntaf i fi fynd yn ôl i Trinidad yn fy nghorff gwrywaidd, roedd rhaid i fi ddweud wrth fy mam a fy chwaer, 'Sbïwch, allwn ni ddim camryweddu'n gyhoeddus. Mae'n mynd i fod yn fater o ddiogelwch i fi.' A doedden nhw erioed wedi ystyried hynny. Felly, ro'n i'n hesbonio pam mae'n bwysig, nid dim ond 'rhaid i chi wneud hyn'.

O ran dod allan i bobl eraill, gwnes i lawer mwy pan o'n i'n iau. Dwi'n ei wneud yn llai aml o lawer a minnau'n hŷn. Fy marn i yw, yn enwedig gyda fy hunaniaeth draws, oni bai dy fod ti'n mynd i fynd i mewn i 'nhrôns i, does gen i ddim diddordeb mewn dod allan i ti. Os mai dyna ydy dy fwriad di, dwi'n onest iawn am y peth. Dwi ddim yn cuddio fy hunaniaeth draws. Mae'n anodd fel person traws – rwyt ti'n cael dy wasgu rhwng gorfod dod allan (achos fel arall, rwyt ti'n berson anonest a thwyllodrus), ac wedyn peidio â gorfod dod allan (achos ym mha sefyllfa arall y mae disgwyl i ti ddatgelu manylion personol amdanat ti dy hun yn y deng munud cyntaf ar ôl cyfarfod dieithryn?). Mae angen amser arna i i benderfynu a fydd y person yn fy mharchu i cyn i fi ddweud rhywbeth hynod bersonol wrthyn nhw.

Os dwi'n cyfarfod rhywun a bod rhywfaint o ddiddordeb a chysylltiad, dwi'n dweud yn gyflym iawn wrth y person 'mod i'n draws, oherwydd does gen i ddim diddordeb mewn bod yn dwyllodrus. Does dim ots gan y rhan fwyaf o bobl, os oes ganddyn nhw ddiddordeb ynof i. Mae hyn yn fy synnu i drwy'r amser: does dim ots gan y rhan fwyaf o bobl.

Mae fy rhywioldeb wedi bod yn ddarganfyddiad yr un mor fawr â fy hunaniaeth rhywedd. Sylweddolais i hynny yn ystod y flwyddyn ddiwethaf. Dwi'n labelu fy hun fel person panrywiol oherwydd dwi'n cael fy nenu at bobl. Dwi'n tueddu i gael fy nenu at bobl sydd ar y pegwn gwrywaidd, felly menywod gwrywaidd androgynaidd a'r mwyafrif o ddynion. Dwi'n cael fy nenu at bwy bynnag sy'n ddeniadol!

Dwi'n meddwl mai'r peth pwysig i'w ddeall – ac weithiau gall hyn gymryd blynyddoedd – yw dwyt ti ddim wedi torri, does dim byd o'i le arnat ti. Does dim dwywaith amdani, mae angen amynedd ar y daith hon. Wrth i ti ganiatáu i dy hun dderbyn dy hun, caiff mwy ei ddatgelu. Felly, dydy o ddim yn rhywbeth sy'n digwydd yn gyflym iawn. Yn fwy na dim arall, cara a derbynia dy hun. Pan wyt ti'n gallu gwneud hynny, mae poen anawsterau pobl eraill yn effeithio llai arnat ti, ac rwyt ti'n gallu gweld beth mae angen i ti ei wneud drosot ti dy hun. Mae caru dy hun yn anodd, ac mae'n aml yn cael ei ddiystyru'n ddifeddwl, ond mae'n daith gynhyrchiol ar ôl cychwyn arni.

'Mae gen i ddwy stori dod allan – un fel lesbiad a nawr fel dyn traws. Os oes gen i unrhyw gyngor, y peth cyntaf fyddai creu teulu o dy ddewis a fydd yn dy gefnogi di ar dy daith. Yn ail, empathi tuag at y rheini sydd ddim yn deall. Yn olaf, paid byth â theimlo bod rhaid cadw at stereoteipiau – dy stori di yw hon!'

Ca, drymiwr, ELM

Lucia

'Gwnaethon ni beintio "Mae lesbiaid ym mhobman!" ar ochrau adeiladau!'

Ei brawd oedd yn gyfrifol am owtio Lucia fel lesbiad yn 14 oed, ac wedyn dihangodd hi o Iwerddon, gan fyw ar strydoedd Manceinion. Cafodd wybod gan feddyg yn yr 1960au bod angen lobotomi arni oherwydd ei bod hi'n hoyw. Aeth ymlaen i fod yn rhan o fudiad a newidiodd fywydau pobl LHDTC+.

Ces i fy ngeni mewn Cartref Magdalen' yn Iwerddon. A minnau tua thair neu bedair oed, daeth fy nain i fy nôl i a gyda hi y ces i fy magu nes ro'n i tua 14 oed.

Do'n i ddim yn bwriadu dod allan yn Iwerddon. Gwelodd fy mrawd lythyr gan ferch yn fy mag ysgol, ac aeth hi'n flêr acw. Sylweddolon nhw 'mod i ddim yn 'iawn yn fy mhen i'. Dyna'r union eiriau defnyddion nhw.

---

1 Roedd Cartrefi Magdalen, sy'n cael eu hadnabod hefyd fel Golchdai Magdalen, yn gartrefi lle roedd merched beichiog dibriod yn cael eu hanfon gan eu teuluoedd anghefnogol i roi genedigaeth yn gyfrinachol. Heb unman arall i fynd, roedd merched yn aml yn byw ac yn gweithio yno am flynyddoedd, ac roedd llawer o'u babanod yn cael eu cynnig i'w mabwysiadu (weithiau heb ganiatâd y merched).

Ar ôl iddi gael gwybod 'mod i'n hoyw, gwnaeth fy nain fygwth fy anfon i rywle, yn ôl i gartref arall. Roedd yn sôn am seilam yn Belfast. Gwnaeth hynny fy ypsetio i'n fawr iawn ac roedd hi'n rhefru mlaen a mlaen am y peth ac am weld a allai hi fy iacháu i.

Cadwodd hi'r cyfan oddi wrth weddill y teulu, ond yn y pen draw meddyliais i, 'Rhaid i fi ddianc.' Felly, penderfynais i ddianc, fel y gwnaeth llawer o blant – fel maen nhw'n dal i wneud heddiw.

Roedd hyn yn 1965 a des i i Fanceinion. Des i o hyd i berthnasau i mi yno, ond dim ond am ychydig fisoedd y gwnes i aros efo nhw cyn gadael eto. Roedd yr un peth yn dal i ddigwydd. Sylweddolon nhw 'mod i'n hoyw ac ro'n i'n ofni y bydden nhw'n gwneud i fi fynd yn ôl i Gartref Magdalen yn Iwerddon. Ro'n i'n meddwl mai'r peth gorau fyddai trio byw ar fy mhen fy hun.

Des i lawr i Fanceinion oherwydd 'mod i wedi clywed am y clybiau a'r tafarndai hoyw. Doedden nhw ddim yn cael eu galw'n 'hoyw' ar y pryd, serch hynny – nhw oedd y lleoedd 'cwiar'. Gwnes i rai ffrindiau, ond roedd yn ofnadwy achos doedd gen i nunlle i fyw. Felly, bues i'n byw am gyfnod eitha hir ar y strydoedd gyda phobl ifanc hoyw eraill a oedd wedi dianc am yr un rhesymau â fi. Roedd llawer o bobl hoyw a lesbiaid ar y stryd – yn fechgyn a merched. Ro'n ni'n arfer cwtsho gyda'n gilydd ger Gorsaf Fictoria o dan y bwâu yn y nos. Neu bob hyn a hyn, byddai pobl hoyw eraill yn cynnig lle i ni os oedd hynny'n bosib. Dyna oedd ein hanes nes i ni ddod o hyd i rywle i fyw yn y pen draw.

Doedd unlle i droi. Doedd dim byd o gwbl i ni bryd hynny. Y cyfan roedd pawb yn ei wneud oedd dim ond goroesi. Y prif beth oedd cadw'n gynnes a pheidio â llwgu, yna chwilio am rywle i ymolchi er mwyn bod yn drwsiadus wrth fynd i dafarn yr Union gyda'r nos, heb fod â golwg fel trempyn!

Unwaith, tra o'n i'n byw ar strydoedd Manceinion, gwnes i ddwyn beic. Roedd ei angen arna i i drio cyrraedd lle ro'n i'n mynd;

a daliodd rhywun fi. Beth bynnag, i dorri stori hir yn fyr, gwnaeth yr heddlu fy arestio i ac es i i'r llys. Ac wrth sefyll yn y llys, roedd tua 148 o gyhuddiadau yn fy erbyn. Ces i ddwy flynedd o gyfnod prawf, a chafodd gweddill y cyhuddiadau eu gollwng. Roedd y barnwr yn sylweddoli beth oedd yn digwydd, ac argymhellodd y dylwn i fynd i weld seiciatrydd achos y 'peth hoyw'. Dywedon nhw fod ganddyn nhw ffordd i'w iacháu. Ro'n nhw'n meddwl 'mod i'n rhyfedd ac yn dioddef o iselder, y cyfan achos 'mod i'n hoyw. Dim ond plentyn o'n i ar y pryd. Dwi'n meddwl 'mod i bron yn 15 neu'n 16 oed.

Beth bynnag, es i weld y seiciatrydd, a ches i dipyn o sioc gyda rhai o'i gwestiynau. A minnau'n dod o gefndir Catholig, ro'n nhw'n hollol ofnadwy i fi. Ro'n nhw'n gwestiynau brwnt. Yna dechreuodd sôn am lobotomi, ond do'n i erioed wedi clywed am hwn. Do'n i erioed wedi clywed am lobotomi! Ac roedd o'n eistedd y tu ôl i ddesg fawr fahogani ac yn sôn am yr holl arbrofion roedd am eu gwneud a sut roedd angen i fi baratoi ar eu cyfer. Pan sylweddolais i ei fod yn mynd i ymyrryd â fy ymennydd, rhedais i allan. Lobotomi yw torri'r rhan o dy ymennydd di sydd, yn eu tyb nhw, yn achosi dy gyfunrywioldeb. Ac mae'n dy adael di fel cabetsien neu'n ddideimlad. Dwyt ti byth yr un peth ar ôl hynny. Rwyt ti'n troi'n ddim byd.

Ro'n i'n arfer treulio llawer o amser yn nhafarn yr Union ac o gwmpas Canal Street ym Manceinion. Roedd noson meic agored yno, a oedd yn wych. Ond roedd llawer o bobl anhapus yno, fel fi, heb gartref a heb waith. Ac roedd llawer o bobl yn eu lladd eu hunain hefyd. Pobl ifanc yn eu lladd eu hunain. Roedd llawer o bobl yno hefyd a fuodd i'r carchar, ac a ddaeth allan o'r carchar gyda phroblemau cyffuriau. Ac roedd y rhain i gyd yn bobl hoyw. Felly, daeth yn lle tywyll, digalon iawn. Ond ein lle tywyll ni oedd o, ac ro'n ni'n teimlo'n ddiogel yno. Ond y funud y byddet ti'n camu o'r Union ac i'r stryd, roedd rhaid rhedeg am dy fywyd rhwng y tafarndai a'r clybiau achos yr holl 'queer-bashers'! Dyna oedd eu henw. Ac roedd rhaid rhedeg oddi wrth yr heddlu bryd hynny hefyd. Dechreuodd hyn fy nigalonni, ac roedd yn fywyd do'n i (na llawer o bobl ifanc eraill fel fi) ddim yn meddwl y gallen ni ei ddioddef mwyach.

Felly, dechreuon ni siarad. Ond doedd dim un ohonon ni'n gwybod beth i'w wneud na sut gallen ni newid dim, neu hyd yn oed newid ein hunain. Ro'n ni'n llanast. Dwi'n cofio meddwl drwy'r amser bod rhaid i hyn newid! Roedd rhaid iddo newid – ro'n ni'n colli gormod o bobl ifanc i hunanladdiad. Ac aeth llawer o blant ar goll, roedden ni'n gwybod eu bod yn hoyw, a fydden ni byth yn clywed beth ddigwyddodd iddyn nhw. Roedd yn dechrau fy nigalonni o ddifri. Ro'n i'n teimlo'n isel iawn.

Felly, pan glywais i sgwrs wrth fwrdd arall am y *Gay Liberation Front* un noson, roedd gen i ddiddordeb! Do'n i ddim hyd yn oed yn gwybod ystyr 'Liberation'! Do'n i ddim yn gwybod dim am ddim byd! Ond pan glywais i fy ffrind Angela yn sôn am yr holl stwff Gay Liberation, gofynnais iddi a allwn i eistedd a gwrando arnyn nhw. Ro'n i'n meddwl ei fod yn ddiddorol iawn. Roedd y mudiad mor bwysig i fi oherwydd ei fod yn ymwneud â newid pethau i bawb.

Yn y diwedd gwnaethon ni beintio llawer o adeiladau gyda 'Lesbians are Everywhere!' gan mai ein nod ni oedd cael pobl i sylwi arnon ni. Dyma oedd ein strategaeth gyntaf. Meddylion ni, 'Beth am i ni gael pawb i sôn am lesbiaid?', gan nad oedd neb yn cymryd dim mymryn o sylw! Felly, rwyt ti'n tanio'r sbarc ac yn gweld beth sy'n digwydd. Do'n i ddim eisiau i neb arall fynd trwy'r hyn es i drwyddo. Ro'n i'n ymwybodol iawn o hynny.

Dwi'n meddwl y dylen ni i gyd edrych yn ôl ar yr hyn roedd yn rhaid i bobl ei wneud i gyflawni'r hyn sydd gynnon ni heddiw. Ddaeth o ddim yn hawdd. Roedd rhaid brwydro drosto ar bob lefel.

Mae'n anodd cofio'r Fanceinion honno heddiw. Dwi'n hoffi mynd ar orymdaith Manchester Pride bob blwyddyn a sefyll y tu allan i dafarn yr Union. A dwi'n crio. Ond dwi'n crio mewn hapusrwydd. Achos dwi'n meddwl, 'Edrycha beth sydd wedi digwydd ers diwrnod y cyfarfod hwnnw yn yr Union ar ddiwedd

y 60au. Edrycha beth sydd wedi digwydd ers hynny. Mae'n wych!'
A dyma pam byddwn i'n annog pawb hoyw i fynd i fwynhau ei
fywyd a bod y gorau y gall fod.

Jacob

'Does neb yn deall beth yw ystyr anneuaidd.'

Cymerodd Jacob amser maith i ddod allan iddyn nhw'u hunain ac wedyn cynlluniodd yn ofalus sut roedd yn mynd i ddod allan i'w mam.

Wel, des i allan yn swyddogol ym mis Medi 2017 – i fi fy hun. Des i allan yn fy mhen fy hun ac wedyn cymerodd hi ymhell dros flwyddyn i fi ddod allan i 'nheulu i ac i'r rhan fwyaf o fy ffrindiau.

Y broses oedd darganfod rhywbeth ro'n i'n ei wybod erioed, ond erioed wedi gallu rhoi label arno. Efallai mai dyna pam dwi'n eitha hoff o labeli nawr, achos cyn dod o hyd i'r term, do'n i ddim yn deall dim o'r pethau ro'n i'n eu profi. Fel mynd i'r toiled, er enghraifft. Roedd yn gas gen i fynd i'r toiled yn gyhoeddus. Roedd mynd i doiledau'r dynion yn hunllef. Roedd pawb yn dweud wrtha i fod hyn oherwydd 'mod i'n swil, ond do'n i byth yn teimlo mai dyna roedd o. Nawr dwi'n edrych yn ôl ar hynny ac yn sylweddoli pam ro'n i'n teimlo'n wael: achos 'mod i ddim yn teimlo fel gwryw na benyw.

Dwi'n uniaethu fel anneuaidd. Neu rhyweddcwiar. P'run bynnag sydd orau gennych chi. Mae'n well gen i anneuaidd, ond dwi weithiau'n defnyddio rhyweddcwiar os yw pobl yn gofyn, 'Beth yw anneuaidd?' I nifer fawr o bobl, mae'n derm newydd. Dydy o ddim yn beth newydd, ond mae'n derm newydd. Felly, i lawer o bobl dwi'n dod ar eu traws, fi yw'r person anneuaidd cyntaf maen nhw'n eu hadnabod. Dwi yn meddwl bob tro, 'Wir?' Ro'n i'n meddwl y byddai mwy o bobl yn dod i gysylltiad â phobl anneuaidd, ond mae'n amlwg nad ydy hyn yn wir yn wir. Fi ydy'r un cyntaf yn aml iawn.

Dwi'n adnabod pobl anneuaidd sy'n dweud eu bod yn teimlo'n eitha gwrywaidd rai dyddiau ac yn eitha benywaidd ar ddyddiau eraill, ond i fi mae hynny'n fwy tebyg i ryweddcwiar neu ryweddhylifol. Ond dwi wastad yn teimlo slap-bang yng nghanol rhywedd. Dwi byth yn teimlo'n wrywaidd. Dwi byth yn teimlo'n fenywaidd go iawn. Dwi yma yn y canol.

Ar fy ffordd i drio dysgu hyn, roedd yn ddryslyd iawn achos do'n i ddim yn deall beth ro'n i'n ei deimlo. A phan fyddi di'n dod â rhywioldeb i mewn i hynny hefyd, mae'n beth cwbwl wahanol, gan fod pobl gyfunrywiol yn cael eu denu at bobl o'r un rhywedd. Felly, sut mae hynny'n gweithio? Os wyt ti'n anneuaidd, sut rwyt ti'n diffinio dy rywioldeb? Dwi'n dal i ddysgu pethau am rywioldeb, a dwi'n dal i ymchwilio i bethau gan fod gen i ddiddordeb mawr yn y cysylltiadau rhwng y cyfan. Yn bersonol, dwi'n dueddol o gael fy nenu gan ddynion ond hefyd at bobl sy'n cyflwyno'u hunain yn wrywaidd wrywaidd. Y term am hynny yw 'androrywiol', sy'n golygu 'mod i'n cael fy nenu at ddynion neu bobl sy'n cyflwyno'u hunain yn wrywaidd. Dwi'n cael fy nenu at wrywdod yn hytrach na benyweidd-dra.

Gan fy mod i'n anneuaidd, mae'n well gen i gael fy ngalw'n 'nhw' neu yn hytrach na 'fo' neu 'hi', ond mae'n anodd i bobl ddeall hyn. Dwi'n cael fy nghamrywio drwy'r amser. Digwyddodd hynny heddiw pan es i i weld cwnselydd am y tro cyntaf ac ro'n i'n rhy ofnus i ddweud wrth y cwnselydd. Felly mae hi. Dwi'n dal yn methu codi'r peth gyda fy meddyg teulu, oherwydd dwi ddim yn gwybod a fydd yn deall, ac mae hynny'n frawychus. Mae'n beth brawychus iawn meddwl, 'Ddylwn i?' Dwi wir eisiau, ond yn fy nghalon dwi'n teimlo, 'Alla i ddim wynebu egluro hyn eto.' Felly, yn aml dwi'n peidio â gwneud gan 'mod i'n gweithio ar gymryd un cam ar y tro.

Mae Mam wir yn trio deall ac mae'n rhaid i ni feddwl am ddweud wrth Nain a Taid yn y pen draw. Ar hyn o bryd, mae'n teimlo fel petai'r genhedlaeth iau yn addysgu'r cenedlaethau hŷn am ystyr bod yn anneuaidd a rhyweddhylifol.

Roedd y sgwrs â fy rhieni'n anodd. Anodd iawn. Yn enwedig ar ôl beth ddywedodd Mam tua dwy flynedd cyn i fi ddod allan iddi fel person anneuaidd. Es i i ddigwyddiad ymgyrchwyr ifanc gyda Stonewall. Ar ôl dod 'nôl gofynnodd hi faint o fechgyn a merched oedd yno a dywedais i, 'Wel, roedd cymysgedd o bobl. Roedd rhai ohonyn nhw'n anneuaidd.' A dywedodd hi, 'Elli di ddim newid y byd mewn diwrnod! Dyma sut mae hi wedi bod erioed: bechgyn a merched.' Ddywedais i ddim byd gan mai dim ond tua 17 oed o'n i ac ro'n i'n newydd iawn i'r cysyniad ac yn ansicr.

Ddwy flynedd yn ddiweddarach, dyma fi, a dwi wedi dod allan iddi. Roedd rhaid i fi gynllunio. Ddim dod allan yn unig wnes i. Roedd yn gynllun go iawn ac roedd gen i erthyglau ro'n i'n meddwl y byddai hi'n eu deall yn dda. Felly, anfonais i'r erthyglau ati mewn e-bost. Dywedodd y byddai'n eu darllen. Darllenodd hi nhw, ac fe ddeallodd yr erthyglau go iawn. Ro'n nhw'n geirio pethau'n well nag y gallwn i erioed fod wedi'i wneud yn bersonol.

Felly, do, mi wnes i anfon e-bost at fy mam. Des i allan trwy e-bost. Roedd e-bostio yn benderfyniad anodd iawn, achos ro'n i wir eisiau gwneud hyn wyneb yn wyneb. Ond ar yr un pryd do'n i ddim yn teimlo y gallwn i wneud cyfiawnder â fi fy hun trwy ei wneud wyneb yn wyneb. Dwi'n teimlo y gallwn i fod wedi bod yn rhy amddiffynnol neu y gallai pethau fod wedi troi'n ddadl. Mae'n siŵr 'mod i'n gwneud môr a mynydd o'r peth yn fy mhen, ond roedd rhaid i fi wybod y byddai hi'n derbyn y peth. Ro'n i'n meddwl y byddai gadael iddi ddarllen fy e-bost ac wedyn yr erthyglau cyn siarad â fi yn well o lawer, gan y byddai'r cysyniad mor newydd iddi, ac oherwydd ei bod hi erioed wedi dod ar ei draws o'r blaen.

Mae pobl anneuaidd yn bod erioed, mae'n amlwg, ac mae llawer o dystiolaeth bod pobl yn anneuaidd mewn diwylliannau penodol. Ond dwi ddim yn credu bod pobl yn ei ddeall, felly dwi'n teimlo y dylwn i fod yn storfa o wybodaeth am bob dim anneuaidd, gan mai dyna mae pobl yn ei ddisgwyl. Maen nhw'n dweud, 'Ti sy'n uniaethu â'r peth – dwed wrtha i.' A dwi'n ateb, 'Mae'n beth personol iawn.' Mae'n beth mor bersonol. Mae bod yn anneuaidd yn brofiad gwahanol i bob person anneuaidd achos mae'n fwy cymhleth nag uniaethu fel gwryw neu fenyw, er mai dyna sydd wrth wraidd y peth.

Yn bendant, dwi wedi teimlo fel hyn erioed. Dwi'n edrych yn ôl ar fy mhlentyndod ac mae popeth amdana i fel person yn awgrymu 'mod i'n anneuaidd. Pob un dim. Fel casineb at adrannau dillad dynion pryd bynnag y byddwn i'n siopa, ac ati. Dechreuais i wisgo mwy o ddillad benywaidd fel ffordd o herio sut roedd y byd yn fy ngweld i. Nawr does dim ots gen i wisgo'n fwy gwrywaidd ond dwi'n bendant yn androgynaidd. Nawr dwi'n dewis pethau dwi'n meddwl sy'n edrych yn dda, waeth ym mha adran maen nhw.

Mae'n dal i fod yn gur pen, ond mae sawl ffordd wahanol o wneud hynny. Dwi wedi dysgu i ymdopi â thoiledau cyhoeddus. Weithiau mae'n fater o feddwl i fi fy hun, 'Sut olwg sydd arna i heddiw?', achos efallai y bydd golwg mwy benywaidd o lawer arna i weithiau, a mwy gwrywaidd dro arall. Dwi'n meddwl, 'Sut dwi'n mynd i basio? Mae angen i fi fynd i'r tŷ bach.' Mae ystyried y ddau ddewis yn creu panig. Byddai rhai pobl yn dweud wrtha i am ddefnyddio'r naill neu'r llall, ond mae'n fwy na hynny. Rhaid i fi feddwl, 'A oes unrhyw un yno a allai fy mrifo i?' Mae hynny'n frawychus! Weithiau, dwi wedi clywed pobl yn dod i mewn i'r toiledau ac felly dwi wedi aros mewn ciwbicl tan iddyn nhw adael. Rhag ofn. Mae'n anodd.

Y cyngor gorau dwi yn ei roi bob tro i fy ffrindiau anneuaidd yw cael allwedd radar achos ei bod hi'n agor y toiledau i bobl anabl.

Mae hynny'n awgrymu rywsut fod pobl anneuaidd yn anabl, a dydyn ni ddim, ond mae'n bendant yn ffordd o deimlo'n ddiogel, gan fod toiledau anabl yn niwtral o ran rhywedd.

O ran fy mam, mae hi'n bendant yn deall mwy bob dydd. Hynny yw, mae hwn yn beth eitha newydd – dim ond tua phedair wythnos yn ôl des i allan. Mae hi wir yn trio'i gorau glas a dwi wedi gofyn iddi a gaf i ei chywiro os bydd hi'n fy nghamrywio, ac mae hi'n iawn gyda hynny. Mae hi wedi dechrau defnyddio mwy ar fy enw a fy rhagenwau mewn tecsts at bobl eraill. Felly, mae hi wedi ymateb yn gadarnhaol iawn ar y cyfan gan ei bod hi wir yn trio'i gorau, ac mae hynny'n golygu cymaint i fi. Dwi'n gwybod bod gweld pobl yn trio'u gorau yn werth y byd i lawer o bobl anneuaidd.

O ran pobl eraill yn fy mywyd, des i i'r brifysgol, gan fwriadu bod yn anneuaidd o'r diwrnod cyntaf un, gan wneud yn siŵr 'mod i'n ei roi ar fy holl ffurflenni a phopeth.

Mae'n dal i fod yn dipyn o brofiad, gan fod llawer o bobl ddim yn ei ddeall, a dydy llawer ddim yn hoffi'r cysyniad chwaith. Mae rhai pobl yn gallu bod yn eitha cas i fi am y peth, gan ddweud pethau fel, 'Felly, beth sydd rhwng dy goesau di?' Mae hwnna'n un cyffredin. Dwi'n dweud, 'Nid fy organau cenhedlu sy'n fy niffinio i.'

Mae o wir yn fy ngwneud i'n bryderus i ... fodoli, ac mae hynny'n anodd iawn pan wyt ti'n awyddus i fodoli fel ti dy hun. Mae hyd yn oed cefnogwyr gwych yn syrthio i'r fagl o ddweud 'dynion a menywod', a dwi'n meddwl, 'O grêt, dwi ddim yn bodoli!'

Y cyngor y byddwn i yn ei roi i unrhyw un arall sy'n teimlo fel hyn yw gwneud beth sy'n teimlo'n iawn i ti ar y pryd, ac mae'n iawn teimlo'n wahanol yn y dyfodol. A pheidia ag ofni'r holl gasineb sydd yn y byd. Achos mae llawer o gasineb yn y byd ond mae pobl ar gael bob amser i dy gefnogi di, sy'n bobl fendigedig. Mae llawer ohonon ni yn yr un cwch a gallwn ni i gyd greu corff enfawr o bobl i fodoli'n hapus gyda'n gilydd. Roedd Mermaids' (yr elusen draws ac anneuaidd yn y Deyrnas Unedig) yn help i fi.

---

1   https://mermaidsuk.org.uk

Mae'n broses hir, ond dwi'n meddwl ein bod ni'n cyrraedd yno. Rydyn ni'n cyrraedd yno fesul tipyn. Hynny yw, dydy'n byd ni ddim yn wych ar hyn o bryd, ond dwi'n gobeithio yn y pen draw gallwn ni gael rhyw fath o agwedd gadarnhaol tuag aton ni fel pobl. Achos, rydyn ni'n bobl, fel pawb arall.

'Cwiars y byd, allan â chi. Dyma'r peth pwysicaf y gelli di ei wneud i godi'r baich o guddio — byw bywyd sydd allan yn falch, cynyddu amlygrwydd LHDT+ a helpu i hybu cymdeithas cwiar-groesawgar. Mae ymchwil yn dangos bod pobl syth sy'n adnabod person LHDT+ yn llawer mwy tebygol o gefnogi ein hawliau dynol.'

Peter Tatchell, ymgyrchydd dros hawliau dynol

Emma

"Wyt ti ar gyffuriau, wyt ti'n feichiog neu wyt ti'n lesbiad?'

Rhoddodd tad Emma y dewis iddi ddod allan fel rhan o gwestiwn amlddewis. Daeth allan fel lesbiad ar ddiwedd yr 80au ac yn ddiweddar mae hi wedi dathlu ei 'phen-blwydd hoyw' yn 30.

Dwi wedi siarad â dwsinau o bobl lesbiaidd, hoyw, deurywiol, traws ac anneuaidd o bob cwr o'r byd ac wedi gofyn iddyn nhw ddweud eu stori dod allan wrtha i, felly mae hi 'mond yn deg 'mod i'n dweud fy stori i hefyd.

Des i allan am y tro cyntaf yn 1989, pan oedd y byd yn lle gwahanol iawn. Roedd dynion hoyw yn cael eu beio am argyfwng AIDS ac roedd papurau newydd yn eu disgrifio fel ysglyfaethwyr drwg, ac yn ymhyfrydu'n fawr mewn owtio unrhyw un ro'n nhw'n meddwl oedd yn 'cwiar'.

Prin oedd y sêr pop, y sêr chwaraeon neu bobl yn llygad y cyhoedd a ddewisodd ddod allan. Roedd dod allan yn beth brawychus i'w wneud bryd hynny.

Dechrau 1989 oedd hi. Ro'n i'n brysur yn esgus bod gen i affliw o ots am fy arholiadau lefel A, yn gwisgo gormod o golur llygaid, yn gwrando ar The Cure (yn aml), ac yn dal i fod heb feistroli'r Rubik's Cube.

Yn fy mhen ro'n i'n rebel, yn goth, yn fardd – ond do'n i'n bendant ddim yn hoyw. Doeddwn i erioed wedi meddwl am y peth.

Ro'n i wedi ffansïo llwyth o fechgyn, yn doeddwn? Ro'n i hyd yn oed wedi bod allan gydag ambell un. Yn yr 80au roedd ganddyn nhw enwau fel Gavin a Kevin, ro'n nhw'n gwisgo denim o'u corun i'w sawdl ac yn gwirioni ar Jon Bon Jovi.

Dwi'n meddwl 'mod i bron â chael rhyw gyda Kevin mewn parti yn Bermondsey yn 1988 ond doedd hyd yn oed fi ddim yn medru yfed digon o Cinzano i'w wneud o go iawn.

Aeth fy ffrindiau trwy fwy o fechgyn nag y gwnaeth Duran Duran ryddhau senglau ac ro'n nhw'n cael rhyw. Rhyw go iawn. Erbyn i ni i gyd droi'n 17 oed, ro'n nhw wedi bod trwy'r *Kama Sutra* sawl gwaith ac ro'n i'n dal heb gael rhyw.

Mae llawer o bobl dwi wedi siarad â nhw yn gwybod pan oedden nhw'n blant ifanc iawn. Ond i fi, roedd yn foment benodol iawn. Galla i ddweud fy mod i wedi sylweddoli gyntaf 'mod i'n hoyw ar 26 Ionawr 1989. Yn benodol, rywbryd rhwng 10 ac 11 o'r gloch y noson honno. Ro'n i ar fws yn dod yn ôl o drip ysgol i Lundain, oedd yn beth digon anarferol. Ro'n ni wedi bod i weld *Les Misérables* yn y West End. Weithiau dwi'n tynnu coes bod *Les Misérables* wedi fy ngwneud i'n hoyw, ond beth ddigwyddodd go iawn oedd i fi gwrdd â rhywun ar y bws a newidiodd fy mywyd.

Dechreuais i siarad â merch a oedd yn eitha newydd i'n hysgol ni. Roedd hi flwyddyn yn iau na fi ac ro'n i'n gwybod amdani ers tua mis neu ddau, ro'n i heb gymryd llawer iawn o sylw ohoni. Ac wrth i fi siarad â hi, dwi'n cofio meddwl, 'Pam wyt ti mor wych? Waw, rwyt ti'n berson anhygoel. Waw, dwi eisiau dy gyffwrdd di. O mam bach. Beth yw ystyr hyn? Pam ydw i'n ysu am dy gwmni di? Be sy'n digwydd?'

Roedd fy meddwl ar chwâl gan mai dyna'r tro cyntaf erioed i fi amau fy rhywioldeb. Roedd rhywbeth wedi newid yn llwyr.

Efallai 'mod i'n datblygu'n araf, ond galla i symud yn eitha cyflym. I gadw'r stori'n fyr, gwnes i ei hargyhoeddi hi i aros dros nos gyda fi a rhannu fy ngwely. All neb fy nghyhuddo o fod yn araf.

Yna deffro fore trannoeth ac ro'n i'n meddwl bod fy mywyd ar ben yn hytrach na bod fy mywyd yn dechrau. Ro'n i wir ar chwâl am y peth. Ro'n i'n meddwl bod hon yn gyfrinach feiddiwn i ddim ei dweud wrth bobl. Ro'n i'n teimlo ar ben y byd mewn ffordd achos ro'n i'n teimlo 'mod i mewn cariad go iawn, ond ro'n i hefyd yn teimlo ei bod yn gyfrinach fudr a fy mod yn methu ei rhannu â'r un enaid byw. Roedd fel cael profiad gorau dy fywyd ond Efallai 'mod i'n datblygu'n araf, ond galla i symud.

Digwyddodd hyn yn yr 80au, felly ro'n i wir yn meddwl ei fod yn anghywir. Do'n i ddim yn adnabod neb arall oedd yn hoyw. Roedd papurau newydd Prydain yn llawn storïau yn datgelu cyfunrywioldeb – *homosexuality* – gwleidyddion neu enwogion, fel petai'n gyfrinach fudr roedd angen ei datgelu er budd y cyhoedd. Boy George, Jimmy Somerville ac Andy Bell o Erasure oedd fy unig fodelau rôl hoyw, ac ro'n nhw i gyd yn ddynion. Yn amlwg, roedd Martina Navratilova yn hoyw, ond dyna ni o ran y merched hoyw ro'n i wedi clywed amdanyn nhw. Roedd y cyfan yn cael ei gadw'n dawel. Ac roedd y cyfan braidd yn frawychus. Ac roedd lesbiaid braidd yn frawychus a do'n i ddim eisiau bod yn lesbiad frawychus! Wrth edrych yn ôl nawr, mae hynny'n eitha homoffobig (mae pobl yn cyfeirio at hyn fel homoffobia mewnol; gweler yr Eirfa am ddiffiniad). Do'n i ddim yn adnabod neb oedd yn hoyw ac allan ac yn hapus, felly pam fyddwn i'n dweud wrth unrhyw un?

Roedd fy nghariad yn teimlo'r un peth â fi. Roedd ofn cael ein dal ar y ddwy ohonon ni. Roedd y ddwy ohonon ni'n teimlo y bydden ni'n cadw'r cyfan yn gyfrinach. Felly dyna wnaethon ni, gyda pherthynas gyfrinachol a oedd yn gyffrous iawn a dweud y gwir ac yn teimlo'n ddrwg iawn ac yn anghywir iawn. Ro'n i'n methu bwyta, yn methu cysgu, ac yn methu meddwl am ddim byd arall heblaw amdani hi. Ddywedais i ddim byd amdani am fisoedd. Misoedd o garwriaeth fwyaf anhygoel fy mywyd ond heb deimlo y gallwn ei rhannu ag unrhyw un.

Ond yn anffodus, tua naw mis ar ôl inni ddechrau, daeth y berthynas i ben. Gorffennodd â fi pan oedd *Only You* gan Yazoo yn chwarae, ac mae hynny wedi difetha'r gân i fi am byth!

Ar ôl i fi gael fy nympio, ro'n i'n teimlo trawma mawr, ac felly gofynnodd fy nheulu, 'Beth ddiawl sy'n bod ar Emma?' Wrth gwrs, ro'n i'n mynd trwy drawma. Ro'n i'n hoyw, doedd neb yn gwybod ac ro'n i mewn cariad ac ro'n i wedi dioddef tor calon. Ac mae'n ofnadwy dioddef tor calon am y tro cyntaf. Nid ei fod yn mynd yn haws, ond yn 18 oed gwnaeth tor calon fy nharo i'n galed iawn. Ro'n i'n hollol ddigalon ac yn isel fy ysbryd.

Yn y pen draw, cafodd fy nhad sgwrs dawel â fi. Aeth â fi i'w ystafell wely am sgwrs a dweud, 'Emma, be sy'n bod arnat ti?' Ac yna, oherwydd 'mod i'n methu siarad go iawn ac yn methu dod o hyd i'r geiriau, rhoddodd ddewis o atebion i fi! Adroddodd restr o hunllefau rhieni. Felly, dyma ei union eiriau wrtha i:

'Emma, be sy'n bod arnat ti?!'

'Wyt ti ar gyffuriau?'

'Wyt ti'n feichiog?'

'Neu wyt ti'n lesbiad?'

Ac ro'n i mor ofnus, dywedais i, 'Ydw ... un ohonyn nhw.'

A dweud y gwir, dydw i ddim yn rhiant, ond dwi'n meddwl i fi ddewis yr un gorau! Do'n i ddim ar gyffuriau a do'n i ddim yn feichiog yn fy arddegau. Deallodd ar unwaith beth ro'n i'n ei olygu a beth roedd yr ateb go iawn. Ac roedd yn iawn. Yn amlwg, doedd o ddim yn mynd i ddeall sut byddai'r byd yn symud yn ei flaen yn ystod y 20–30 mlynedd nesaf, felly roedd wedi ypsetio yn fwy nag y byddwn i byth fel rhiant. Roedd yn poeni mwy am fod yn daid. Dwi'n ei gofio'n dweud, 'Wel, gobeithio caiff dy chwaer blant!!'

Felly, gwnaethon ni grio a chofleidio ac yna, oherwydd ein bod ni'n Goswells, aethon ni allan i'r dafarn am beint neu ddau!

Dwi'n meddwl bod Mam yn gwybod beth bynnag. Clywais i yn ddiweddarach ei bod hi wedi edrych ar fy holl lythyrau caru gan fy nghariad cyntaf! Mae'n anodd cadw cyfrinachau oddi wrth rywun o'r fath. Dwi wedi dweud erioed y byddai Mam wedi gwneud newyddiadurwraig ymchwiliol ragorol! Felly, do, fe wnaeth fy rhieni fy nerbyn.

Ond allwn i ddim hyd yn oed dweud 'Dwi'n lesbiad'. Dwi'n meddwl, pryd bynnag y byddwn i'n sôn am y peth, y byddwn i'n dweud 'mod i'n hoyw. Dwi'n casáu'r gair 'lesbiad'. Cymerodd hi tua 30 mlynedd i fi ymdopi â dweud y gair. Mae'n siŵr achos bod ganddo gymaint o gysylltiadau negyddol.

Fyddwn i ddim yn dweud bod fy rhieni wrth eu bodd ac eisiau cynnal parti a gadael i bawb wybod. Yn fy meddwl i, ro'n nhw'n meddwl, 'Iawn, grêt. Ymlaen â ni â'n bywydau, ond paid â dweud wrth y cymdogion.' Dwi'n meddwl ei fod wedi cymryd ychydig o amser iddyn nhw. Roedd fy mam yn argyhoeddedig mai cyfnod dros dro oedd o am y deng mlynedd cyntaf. Dri deg o flynyddoedd yn ddiweddarach, mae'n siŵr ei bod hi'n derbyn nad ydy o'n beth dros dro nawr!

Ar ôl hynny i gyd, es i i deithio am flwyddyn ac wedyn i'r brifysgol. Yn rhyfedd iawn, er 'mod i wedi bod allan yn hoyw ers blwyddyn, pan es i i'r brifysgol yn Lerpwl yn 1990 penderfynais i 'mod i'n mynd i fod yn syth. Alla i ddim credu 'mod i wedi trio gwneud hynny! Ond ro'n i'n dal i deimlo'r cywilydd. Ro'n i'n dal i'w deimlo. Mae'n jôc, yn tydy? Elli di ddim penderfynu bod yn syth, ddim mwy nag rwyt ti'n gallu penderfynu bod yn hoyw, neu ddewis bod! Ar y pryd, ro'n i'n meddwl bod bod yn hoyw yn ormod o waith caled. Ro'n i'n meddwl, 'Dwi eisiau bywyd hawdd. Dwi eisiau bod fel pawb arall. Mae bod yn hoyw yn rhy anodd. Alla i ddim goddef y peth.' Triais i fynd allan gyda dynion am gyfnod yn y brifysgol. Ond gan mai fi yw fi, gwnes i bara am ryw wythnos ac yna yfed potel o fodca, chwydu ar ardd fy nghymydog, a dweud wrth bawb 'mod i'n lesbiad. Ar ôl wythnos!

A wyddost ti be? Doedd dim ots gan neb. Doedd neb yn poeni yn Lerpwl yn y 90au cynnar. Mae'r ffordd y des i allan i fy ffrind gorau, Maria (fy ffrind gorau hyd heddiw) yn arwyddocaol iawn. Ro'n i wir yn poeni am ddod allan iddi hi. Mae'n debyg (ces i wybod yn ddiweddarach), ein bod ni'n destun sawl si ymhlith ein grŵp ffrindiau. Bydden ni'n aml lawr yn Undeb y Myfyrwyr a rywbryd gyda'r nos byddwn i'n diflannu. Y sïon oedd 'mod i'n dianc i fynd i fariau hoyw! Awgrymodd rhywun fod hynny'n beth ofnadwy i'w ddweud amdana i, ond dywedodd Maria, 'Oes ots os yw hi?' Do'n i ddim yn gwybod hyn i gyd, wrth gwrs. Do'n i ddim yn gwybod

bod pobl yn sôn amdana i, ac ro'n nhw'n iawn – ro'n i'n rhy brysur mewn bariau hoyw!

Yn y pen draw, ar noson allan arall yn Undeb y Myfyrwyr, penderfynais ddod allan yn iawn i Maria. Ro'n i wir yn meddwl ei fod yn beth mawr. Ro'n i'n chwysu. Mae'n chwerthinllyd meddwl am y peth nawr, ond mae'n broses mae'n rhaid mynd trwyddi. Rwyt ti am gael dy dderbyn. Rwyt ti eisiau i dy ffrindiau a dy deulu dy garu a dy dderbyn am bwy wyt ti. Dyna pam rydyn ni'n ei wneud o.

Felly, yn fynydd mawr yn fy mhen. Roedd yn faich. Ro'n i wedi cael ychydig o gwrw i ymlacio. Gwnes i droi ati yn Undeb y Myfyrwyr a dweud, 'Mae gen i rywbeth i'w ddweud.' A dywedodd hi, 'Iawn, ocê ... allan â fo.' A minnau'n dweud, 'Maria, dwi'n hoyw.' Hithau'n ateb, 'Wyt, dwi'n gwybod, Emma. Ydy, mae hynny'n iawn. Wnei di symud chydig bach i'r chwith? Achos dwi'n meddwl bod y boi draw fan'na yn trio dal fy llygad i. Ti'n meddwl ei fod o'n fy hoffi i?'

Byddai'n amhosib iddi fod wedi dangos llai o ddiddordeb ynof i wrth i fi ddod allan. Hon oedd fy moment fawr i, ond roedd ganddi gymaint mwy o ddiddordeb yn y ffaith bod rhyw ddyn ar ochr arall y bar yn edrych arni! Ro'n i mor falch – roedd yn wych!

Rydyn ni'n dychmygu bod y pethau hyn mor fawr, a'r rhan fwyaf o'r amser dyna'r math o ymateb gei di. Os wyt ti'n lwcus, does dim ots gan bobl. Mae gan bobl fwy o ddiddordeb yn eu bywydau nhw eu hunain. Mae gan y rhan fwyaf o bobl lawer mwy o ddiddordeb mewn pwy maen *nhw'n* mynd i gael rhyw gyda nhw y noson honno na phwy rwyt *ti'n* mynd i gael rhyw gyda nhw y noson honno!

Ond y peth am ddod allan yw dydy o ddim yn ddigwyddiad unigol. Na, mae'n rhaid i ti ei wneud dro ar ôl tro. Mae'n debyg nad yw Elton John na Tom Daley yn cael eu holi am eu 'gwragedd' yn aml iawn; ond i'r gweddill ohonon ni sydd ddim yn enwog, mae pobl yn gyffredinol yn tybio ein bod ni'n syth. Gall cwestiwn diniwed mewn siop trin gwallt, tacsi neu gan gynorthwyydd til archfarchnad ynglŷn â ble rwyt ti'n mynd neu gyda phwy rwyt ti'n mynd arwain at ddod allan. Ti sydd i benderfynu a wyt ti'n defnyddio rhagenwau wrth gyfeirio at dy bartner neu a wyt ti'n sôn am fynd i glwb hoyw adnabyddus y noson honno. Mae'n rhywbeth y byddi di'n ei wneud yn rheolaidd am weddill dy oes; a mwya'n byd y byddi di'n ei wneud o, hawsa'n byd fydd o. A mwya'n byd y byddwn ni i gyd yn parhau i'w wneud o, mwya'n byd y bydd o'n cael ei normaleiddio mewn cymdeithas.

Gofynnodd gyrrwr tacsi i fi'n ddiweddar a oedd fy nghariad yn ffrind i fi neu'n chwaer i fi. Doedd o'n ddim o'i fusnes ond gofynnodd beth bynnag. Gallwn i fod wedi ei anwybyddu, ond roedd yn gwestiwn uniongyrchol, felly atebais yn uniongyrchol: 'Dim un o'r ddau. Hi yw 'nghariad i!'

Ro'n ni bron â chyrraedd pen ein taith, felly do'n i ddim yn poeni gormod am gael fy nhaflu allan. Rwyt ti'n clywed am droseddau casineb ofnadwy, felly mae'n rhaid bod yn ofalus o hyd a phwyso a mesur pob sefyllfa ar sail ei rhinweddau ei hun. Hyd yn oed heddiw.

Felly, yr unig gyngor sydd gen i ynglŷn â dod allan yw, paid â'i frysio. Meddylia am y risgiau a gwna'n siŵr dy fod yn mynd i fod yn iawn. Tyrd allan ddim ond pan fyddi di'n barod. Pan fyddi di'n gwneud, mae llu o sefydliadau yn barod i dy helpu. Gobeithio y byddi hefyd yn dod o hyd i ffrindiau LHDTC+ anhygoel. A mwynha! Achos dwi wir yn credu y byddi di'n hapusach ac yn fwy bodlon pan fyddi di'n gallu rhoi'r gorau i guddio pwy wyt ti a byw bywyd fel ti dy hun, yn rhyfeddol ac unigryw.

'Bob tro dwi'n dweud fy stori dod allan dwi'n teimlo ychydig bach o euogrwydd am ba mor syml oedd o i fi, a minnau'n gwybod ei bod hi ddim felly i bawb. Diolch byth, mwya'n byd o storïau dod allan dwi'n eu clywed, y mwya positif dwi'n ei deimlo – mae llawer iawn o gariad yn y byd – ym mhob twll a chornel. Cariad teulu weithiau, cariad ffrindiau weithiau. Ond, cofia, bob tro y byddi di'n chwilio amdani, bydd y gymuned LHDTC wych hon yn aros amdanat ti â'i breichiau'n agored.'

Lucy Spraggan, cantores a chyfansoddwraig

Matt

'Roedd fy nheulu cyfan yn credu bod pobl hoyw i gyd yn symud i Lundain, yn cael AIDS ac yn marw. Ro'n nhw wedi dychryn am eu bywydau.'

Ffotograff: Markus Bidaux ac *Attitude*

Magwyd yr awdur Matt Cain yn yr 1980au ac roedd ei rieni'n ofni beth roedd bod yn ddyn hoyw yn ei olygu i ddyfodol eu mab.

Wel, dwi'n un o'r bobl hynny sy'n amlwg yn wahanol. Doeddwn i byth yn pasio fel person syth. Felly, roedd pobl yn arfer dweud wrtha i 'mod i'n hoyw cyn i fi hyd yn oed wybod beth roedd hynny. Mae'n ddiddorol, achos pan on i'n gweithio i'r cylchgrawn *Attitude*, dwi'n ein cofio ni'n cyfweld â thipyn o ddynion, sêr mawr, oedd yn actio'n syth, ac ro'n nhw'n sôn am ba mor anodd roedd hi i fod yn hoyw a pheidio â sylweddoli hynny (achos mae pawb yn tybio dy fod ti'n syth ac rwyt ti'n cymryd yn ganiataol dy fod ti'n syth). Dwi'n meddwl bod hynny'n heriol. Ond i fi, ces i'r drafferth wahanol iawn o fod yn un o'r bobl hynny does ganddyn nhw mo'r fraint o fod â golwg syth arnyn nhw. Ac felly, rwyt ti ar y rheng flaen p'un ai a wyt ti'n hoffi hynny ai peidio.

O tua phump neu chwech oed ymlaen, byddai pobl eraill yn sôn 'mod i'n ferchetaidd. Bydden nhw'n dweud pethau fel,

'Mae'n swnio fel merch, mae'n rhedeg fel merch, mae'n siarad fel merch. Mae'n hoffi pethau merched. Mae'n chwarae gyda phethau merched.'

Galla i ddweud hyn i gyd nawr gyda gwên ar fy wyneb, heb achosi trawma, achos dwi wedi cael llawer o therapi a dwi'n 43 erbyn hyn. Ond roedd o'n ofnadwy ar y pryd!

Wrth gwrs, mae bachgen merchetaidd yn cael ei ystyried yn ffrîc, ond mae tomboi yn cael ei ystyried yn cŵl iawn. Roedd y jôcs arferol yn y maes chwarae am arddyrnau llipa, a phlant yn dynwared Larry Grayson ac yn y blaen.

Yn sgil argyfwng HIV/AIDS, roedd fy nghyfnod i'n arbennig o anodd i fod yn hoyw. Roedden ni'n cael ein portreadu fel ysglyfaethwyr rhywiol peryglus a oedd yn cario clefydau ac yn beryglus i blant, ac roedd llawer o'r sylwadau ar iard chwarae'r ysgol yn adlewyrchu hynny: 'Paid â chyffwrdd ag o, byddi di'n dal AIDS!' Pethau felly.

Mae pobl yn sôn am fwlio nawr ac maen nhw'n defnyddio'r gair yn llac iawn os bydd rhywun yn cael un profiad negyddol gydag un person. Mae gwahaniaeth go iawn rhwng hynny a thyfu i fyny mewn byd lle mae pawb yn dweud dy fod yn berson budr, ffiaidd, gwyrdroëdig. Nid dim ond ychydig o alw enwau ydy o. Hynny yw, mae rhai'n dioddef galw enwau a dwi'n gwybod bod hynny'n peri gofid, ond mae gwahaniaeth rhwng hynny a mynd allan i'r byd a bod yn destun casineb, ofn a ffieidd-dod cyffredinol. Mae hynny'n dy farcio chi, yn marcio'r ffordd rwyt ti'n gweld dy hun, ac mae'n siapio ac yn llywio dy gymeriad a dy ymddygiad.

Felly, ces i fy ngorfodi i feddwl am fy rhywioldeb cyn y byddwn i wedi gwneud hynny mewn amgylchiadau gwahanol. Dwi'n cofio dod i oedran lle sylweddolais i fod y pethau roedd y plant yn eu dweud amdana i'n wir. Sylweddolais i beth oedd ystyr bod yn hoyw. Nid marw o AIDS a gwisgo *chaps* lledr, sef y cyfan ro'n i wedi'i weld erioed yn y papurau newydd pan oedd Gay Pride yn digwydd unwaith y flwyddyn a'r *Guardian* yn rhoi sylw iddo. Sylweddolais ei fod yn golygu dy fod ti'n ffansïo dynion.

Des i allan cyn y rhyngrwyd, cyn y cyfryngau cymdeithasol, cyn ffonau symudol. Roedd hi'n bosib ei gadw'n gyfrinach yn y dyddiau hynny. Gallet ti ei wneud yn raddol iawn. Des i allan i fy ffrindiau yn y chweched dosbarth, ac yn ôl safonau modern, do'n i ddim mor ifanc â hynny. Yna es i i ffwrdd am flwyddyn i Ffrainc, lle ro'n i'n gofalu am blant. Unwaith eto, yn y dyddiau hynny roedd pobl yn meddwl ei bod hi ddim yn bosib ymddiried ynot ti yng nghwmni plant, felly er 'mod i heb fynd yn ôl i'r *closet*, ddois i ddim allan ymhellach chwaith.

Erbyn i fi ddod yn ôl i'r Deyrnas Unedig a mynd i'r brifysgol, ro'n i allan i fy holl ffrindiau ac yn darganfod y sin hoyw. Daeth fy chwaer i ymweld â fi a dywedais i wrthi hi, wedyn wrth fy mrawd, ac yna wrth Mam a Dad. Erbyn i fi ddweud wrth Mam a Dad, roedd hi'n ail flwyddyn y brifysgol, felly ro'n i tua 20 oed.

Mae Mam a Dad yn wych. Ond mae'n anodd mynd dros y pethau hyn heb fod yn feirniadol o bobl, yn enwedig wrth weithio mor galed ar y daith gyda'ch gilydd. Dywedodd fy mam ei bod hi'n gwybod erioed, fel y mae mamau yn aml, ond roedd fy nhad wedi ypsetio'n lân a wnaeth o ddim siarad â fi am rai dyddiau. Yr hyn sylweddolais i'n ddiweddarach oedd eu bod nhw'n cael eu cyflyru gan bopeth ro'n nhw'n ei glywed am ddynion hoyw. Yn gyntaf, ro'n nhw'n meddwl ei fod yn ddewis. Yn ail, ro'n nhw'n meddwl mai'r hyn fyddai'n digwydd, os oeddet ti'n hoyw, oedd dy fod ti'n diflannu i geto yn Llundain ac yn marw o AIDS. Doedd ganddyn nhw ddim enghreifftiau o ddim arall. Yn y bôn, ro'n nhw eisiau i fi fod yn hapus ond ro'n nhw'n cymryd bod bod yn hoyw yn golygu y byddet ti'n anhapus.

Roedd dod i arfer â'r syniad yn broses hir iddyn nhw. Roedd yn cynnwys addysg gen i, ac ar yr un pryd roedd y cyfryngau'n newid. Roedd bod yn hoyw yn cael lle mwy amlwg, roedd agweddau'n newid, a daeth cyffuriau gwrth-retrofeirysol i drin HIV i'w atal rhag achosi AIDS. Yn sydyn dechreuodd y panig leihau.

Dwi'n cofio meddwl pan ddywedodd Mam ei bod yn gwybod erioed, 'Wel, pam ddwedaist ti ddim byd i wneud pethau'n haws?' gan deimlo rywfaint o ddicter am hynny.

Dwi'n cofio ffrind i fi'n dweud wrtha i, pan ddaeth o allan, fod ei fam a'i dad o wedi ymateb yn wael iawn ac wedi dweud wrtho, 'Mae hyn yn anodd iawn i ni! Rhaid i ti ddeall pam mae hi'n anodd i ni.' Ro'n i'n teimlo'n ddig iawn gyda'i rieni, gan feddwl, 'Os ydych chi'n meddwl ei fod yn anodd i chi, pa mor anodd ydych chi'n meddwl mae hynny iddo fo? Os ydych chi'n meddwl bod yr holl bethau drwg hynny am bobl hoyw yn wir, mae o wedi eu clywed nhw hefyd! Sut rydych chi'n meddwl ei fod o'n teimlo, yn credu hynny amdano'i hun?'

Dwi'n gallu sôn am hyn i gyd nawr â gwên ar fy wyneb, achos ces i lawer o therapi a dywedodd fy seicotherapydd wrtha i, 'Os yw rhieni'n adnabod unrhyw arwyddion bod eu plentyn yn hoyw, neu ei fod yn wahanol, eu cyfrifoldeb nhw yw gwneud iddo deimlo ei fod yn cael ei dderbyn a'i feithrin a'i fod yn iawn am hynny, oherwydd mae unrhyw beth ond meithrin yn gam-drin.' Hynny yw, roedd ei bwynt yn reit eithafol, ond gwaith rhieni yw meithrin eu plant a chaniatáu iddyn nhw fod yn hapus fel y dylen nhw fod.

Dwi wedi dysgu llawer amdana i fy hun dros y blynyddoedd. Rwyt ti'n newid, rwyt ti'n aeddfedu, a dwi'n teimlo'n ddoethach.

Mae cymaint ohonon ni'n ofni colli cariad ein teuluoedd a chael ein gwrthod ganddyn nhw, ac roedd yn bwysig iawn i fi roi cyfle i 'nheulu i ddod ar y daith gyda fi a pharhau i fod yn rhan fawr o 'mywyd i. A dwi'n falch iawn 'mod i wedi gwneud hynny.

Os gallwn gael gair yn fy nghlust fy hun yn chwech oed, byddwn yn dweud, 'Paid â phoeni, bydd o'n iawn. Does gen ti ddim syniad faint yn well y bydd pethau, a pha mor wahanol bydd y byd i'r un rwyt ti'n byw ynddo nawr. Dal ati, bydd yn ddewr, a byddi di'n hapus.'

Ro'n i'n arfer gorwedd yn y gwely yn y nos, yn dymuno cael fflicio switsh a pheidio â bod yn hoyw mwyach, neu dorri'r gwenwyn allan ohono i, a'r holl bethau ofnadwy hyn. Dyma fy mendith fwyaf bellach. Dwi'n meddwl mai dyna'r anrheg orau ges i erioed. Mae'n rhan ohono i ac yn rhan o bwy ydw i.

Y plentyn ro'n i yn y gorffennol – yn glynu wrth Madonna am ei fywyd oherwydd bod pawb yn ei gasáu – fyddai ganddo fo ddim syniad sut byddai fy mywyd erbyn heddiw! Hoffwn i allu dweud wrtho gymaint gwell y byddai pethau yn y pen draw.

Charli

'Os wyt ti'n panrywiol, mae pobl yn meddwl dy fod ti mewn rhyw fath o gwlt rhyw.'

Daeth Charli allan yn ddeurywiol yn gyntaf ond mae bellach yn uniaethu fel panrywiol, ac mae'n dweud nad oes llawer o bobl yn deall hyn. Mae hi'n briod ond hefyd mewn perthynas amlgarwriaethol.

Gwnes i ddyweddïo â dyn pan o'n i'n 16 oed, ond tua'r un amser sylweddolais i 'mod i ddim yn syth. Ro'n i'n gweithio i asesydd colledion ac roedd ganddyn nhw nyrs a fyddai'n asesu pobl fel rhan o'u hawliad yswiriant. Nyrs o Newcastle oedd hi ac roedd hi'n fenyw dal, dywyll, hyfryd, brydferth. Roedd hi'n gynnes ac agored iawn, a dyna'r tro cyntaf i fi ffansïo menyw go iawn. Ro'n i wedi ffansïo pobl ar y teledu, ond gwnaeth hi'r peth yn real iawn. Sylweddolais i'n gyflym fod fy nheimladau tuag ati yr un peth â fy nheimladau tuag at ddyn. Ro'n i'n dal i fod mewn perthynas, felly dechreuais i drafod y peth â fy nywedi. Gofynnais iddo sut byddai'n teimlo petawn i'n gwneud rhywbeth am fy nheimladau. Bydden ni'n aml yn cael sgyrsiau fel hyn a byddai'r syniad yn ei gyffroi, felly byddai hynny'n arwain at ychydig o hwyl. A dyna'r unig beth fyddai'n digwydd. Dwi ddim hyd yn oed yn siŵr a yw'n sylweddoli, ond fo oedd yr un cyntaf i fi ddod allan iddo yn ddeurywiol i bob pwrpas. Gwnes i ei ddefnyddio fel seinfwrdd a dweud y gwir, rhywun i daflu syniadau ato.

Y person cyntaf i fi ddod allan iddi'n iawn oedd Mam. Ei hymateb hi oedd, 'Ie, ry'n ni'n gwybod. Iawn. Ocê.' Dwi ddim yn gwybod sut roedd hi'n gwybod. Yna siaradodd hi â fy modryb, a oedd yn byw gyda ni am gyfnod, ac mae'n debyg ei bod hi'n gwybod hefyd! Dyma fi'n meddwl, 'Iawn, felly dim ond fi oedd yn ddi-glem, ac roedd pawb arall yn gwybod!' Dywedodd Mam wrth Dad, gan arbed y sgwrs honno, ond roedd o'n iawn. Dydyn ni ddim yn ffrindiau gorau ond ry'n ni'n deall ein gilydd yn well o lawer nag ro'n ni'n arfer ei wneud. Dywedais i wrth fy chwiorydd a fy mrawd, a'u hymateb nhw oedd, 'Iawn, ocê.' A dyna ni! Ro'n i'n agored ac allan.

Ar ôl hynny, aeth pethau ychydig yn fwy aneglur. Daeth y berthynas flaenorol honno i ben. Dechreuais i weithio yn y brifysgol yn 2001 a dwi'n gallu cofio cwrdd â'r boi sydd bellach yn ŵr i fi ar y diwrnod cyntaf. Gadawodd i'r drws gau yn fy wyneb – dyw e ddim yn cofio hyn o gwbl! Bydden ni wedyn yn cyfarfod am sigarét neu ginio ac yn sgwrsio. Daethon ni'n ffrindiau. Ar y pryd ro'n i'n gweld merch o'r enw Sharon, a oedd yn 28, yn dal ac yn hardd, â gwallt melyn. A byddwn i'n sôn wrtho fo amdani hi. Ro'n i'n dechrau archwilio ochr honno fy rhywioldeb o'r diwedd. Pan ddechreuais i berthynas â *fo*, doedden ni ddim o ddifrif o gwbl i ddechrau. Ffrindiau oedden ni i ddechrau, a nawr ro'n ni'n ffrindiau oedd yn gweld ein gilydd. Yn *friends with benefits*! Ond yn weddol gynnar, dywedais y byddwn i'n dal i hoffi archwilio ochr arall fy rhywioldeb. Gofynnais i, 'Alla i wneud hynny o hyd? Fyddet ti'n iawn â hynny? Fyddai hynny'n broblem?' Meddyliodd am y peth a dweud, 'Na, mae'n iawn.' Roedd hyn 17 o flynyddoedd yn ôl.

Dywedais i wrtho hefyd, petai o am archwilio'r ochr honno o'i rywioldeb, byddwn i'n hapus iddo wneud hynny. Ond dydy o ddim wedi gwneud hynny a dydy o ddim eisiau gwneud hynny. Mae'n gwybod bod rhywioldeb yn eitha hylifol, felly os bydd pethau'n newid a'i fod o am fynd y ffordd honno, mae rhyddid iddo wneud hynny. Dwi ddim mewn sefyllfa i wrthod, a fyddwn i ddim! Fyddai gen i ddim unrhyw broblem iddo fod gyda dyn. Ond menyw ... byddai'n rhaid i ni drafod y peth. Achos dyna beth ry'n ni'n ei wneud os bydd rhywbeth yn newid – newid swydd neu beth bynnag, ry'n ni'n sôn am y peth.

Dwi mor lwcus. Mae'n foi mor hamddenol braf. Y peth diddorol yw ei fod ddim ond yn eiddigeddus o fy nghyfeillgarwch i â dynion. Dydy o ddim yn genfigennus ohono i'n gweld merched eraill. Felly, ein trefniant amlgarwriaethol ydy o, dwi'n briod ag o, ond galla i gael perthynas â merched. Dwi wedi cael ambell affêr neu berthynas fyrrach, sydd wedi para ychydig fisoedd. Efallai ein bod ni wedi gweld ein gilydd ddwywaith neu dair y mis. Dydy o ddim yn beth pob dydd. Mae'n tueddu i fod gyda merched sydd mewn sefyllfa debyg – eraill sydd â'r un math o drefniant gyda'u partner neu eu gŵr. Byddai perthynas hirdymor gyda menywod yn wahanol, a dwi'n amau y byddai'n rhaid i ni sôn amdano. Dydy o ddim wedi digwydd.

Dwi'n gwbl agored am y peth gyda 'ngŵr i, ond os nad yw'r fenyw dwi'n ei gweld wir eisiau i fi sôn am beth ry'n ni'n ei wneud yn yr ystafell wely, ddyweda i ddim byd. Ond byddai'n well o lawer gen i fod yn agored ac yn onest am y cyfan. Ry'n ni'n agored am y peth gyda'n ffrindiau a'n teuluoedd hefyd. Dwi'n gwybod bod rhai o ffrindiau fy ngŵr i ddim yn hoffi'r peth a'u bod yn anghytuno. Ry'n ni wedi trafod y peth yn y dafarn. Galla i ddeall yn llwyr nad yw'n iawn i bawb. Felly, dwi wedi gorfod dod allan yn amlgarwriaethol hefyd – yn cael perthynas â mwy nag un partner, a phob un yn gwybod am ei gilydd ac yn fodlon â hynny. Mae bod yn agored amlgarwriaethol yn gwneud synnwyr – oherwydd petai rhywun yn fy ngweld i gyda menyw mewn sefyllfa gariadus, gallai fynd yn ôl yn eitha hawdd at fy mhartner, a byddai hynny'n ei roi mewn sefyllfa letchwith. Byddai'n rhaid iddo ddweud, 'Mae'n iawn – paid â phoeni!' Felly, byddai'n well o lawer gen i fod yn agored ac osgoi'r sefyllfa chwithig honno rhag codi.

Roedd Mam yn dweud wrtha i bob amser dy fod ti'n methu barnu perthynas neb arall, gan fod pawb yn wahanol. Mae gan bawb nodweddion gwahanol i'w perthynas. Ry'n ni'n hoffi BDSM (*Bondage/Dominance/Sadism/Masochism*]. Dy'n ni ddim yn y sin na dim byd felly, ond mae cincs gynnon ni ac ry'n ni'n eitha hapus gyda nhw. Rwyt ti'n dod ar draws cymaint o wahanol bobl â chymaint o wahanol lefelau o ginc. Nid fy newisiadau i'n unig ydyn nhw; fe wna i amddiffyn dewisiadau bron unrhyw un, achos os nad wyt ti'n brifo neb (heb eu caniatâd), gwna fel y mynni!

Dydy dod allan ddim yn opsiwn i bawb bob amser a dwi'n deall yn llwyr, os wyt ti'n poeni am dy les; neu os wyt ti'n wirioneddol bryderus am yr effaith y bydd yn ei chael ar dy deulu, mae hynny'n iawn. Mae gen i berthynas sy'n hoyw. Mae'r teulu cyfan yn gwybod ei fod o'n hoyw, ond dydy o byth yn cael ei drafod. Soniodd o erioed am y peth. Wnaethon ni erioed sôn amdano. Dim gair. Ac os mai dyna sydd orau gen ti, os mai dyna sut rwyt ti eisiau byw, ti sydd i benderfynu'n llwyr. Wrth gwrs, byddai'n well gen i petai pawb yn gallu yn nhw'u hunain, a mwynhau hynny. Byddai'n fyd braf petaen ni i gyd yn gallu gwneud hynny. Petaen ni'n gallu derbyn bod pawb yn wahanol a bod cincs gan bawb a bod pawb braidd yn od, bydden ni'n iawn. Mae'n gas gen i'r syniad o roi pobl mewn bocsys a'u gorfodi i ffitio delfryd rhywun arall.

Bydda i yn cael fy meirniadu bob amser am fod yn agored am fy rhywioldeb a bod yn amlgarwriaethol. Dwi'n meddwl ei fod yr un peth â bod yn berson tew. Rwyt ti'n cael dy feirniadu am fod yn dew a byddi di yn cael hynny bob amser. Dwi'n un o'r bobl dew 'dda' yna, gan 'mod i'n gwneud llawer o ymarfer corff. Ond mae'r stigma yr un peth gan fod gan bobl syniadau amdanat ti oherwydd y label. Felly, os wyt ti'n dweud dy fod ti'n lesbiad, mae pobl yn dychmygu bwtsh neu ffem. Byddan nhw bron yn awtomatig yn dy ddychmygu'n gwisgo pâr o Doc Martens neu'n glam i gyd, ond y rhan fwyaf o'r amser pobl yw pobl, a byddan nhw'n gwisgo beth bynnag maen nhw ei eisiau. Ac mae'r un math o beth yn wir gyda phobl sy'n dew. Mae pobl yn dew am lu o resymau gwahanol. Weithiau mae pobl ar steroidau, sy'n gwneud i ti fagu pwysau. Weithiau rwyt ti'n dew, dyna'r cwbwl. Dwi wedi bod yn ferch fawr ers pan o'n i'n wyth oed (neu rywbeth felly) ac wedi cael fy mwlio erioed achos fy maint. Bydd pobl yn dod atat ti ac yn dweud, 'O, rwyt ti mor dew!'

Dwi erioed wedi cael fy mwlio am fod yn ddeurywiol ond dwi wedi cael llawer o gwestiynau ac ymholiadau a phobl yn ceisio deall. Yna mae gynnon ni bobl yn trafod ac yn ailddiffinio deurywioldeb o gymharu â phanrywioldeb. A dweud y gwir, dwi'n meddwl 'mod i fwy na thebyg yn fwy panrywiol na deurywiol. Fy marn i yw, os wyt ti'n ddeurywiol, rwyt ti'n cydnabod bod dau rywedd a dy fod yn cael dy ddenu at y ddau, ond os wyt ti'n panrywiol, rwyt ti'n cydnabod bod mwy na dau rywedd. Galli di gael rhywedd anneuaidd, ac ati, a phopeth yn y canol, ac rwyt ti'n cael dy ddenu at bob un ohonyn nhw. Felly, dwi'n hoffi pobl. Mae'n dibynnu ar y person a phwy dwi'n cael fy nenu ato yr adeg benodol honno. Ond mae'n haws o lawer dweud 'deurywiol' achos ei fod gymaint yn haws i bobl ei ddeall. Cyn gynted ag y byddi di'n dechrau defnyddio'r gair 'pan' neu 'panrywiol', mae rhai pobl yn meddwl dy fod yn sôn am ryw gwlt rhyw rhyfedd!

Yna mae'r elfen TERF (*Trans Exclusionary Radical Feminist*) yn codi nawr hefyd. Y rhai sydd ddim yn credu bod rhyweddau eraill yn bod. Y rhai sydd ddim hyd yn oed yn derbyn pobl draws. Pam allwn ni ddim derbyn mai pobl yw pobl a bod sawl math o bobl a sawl math o rywedd a does dim ots?! Mae harddwch mewn amrywiaeth. Mae'n beth mor braf i'w ddweud. Peth brafiach fyth i'w dderbyn.

'Un bywyd sydd gynnon ni, a gallu rhyfeddol i garu a chael ein caru. Rhaid i ni ddechrau trwy garu ein hunain – mae hynny'n golygu derbyn pwy ydyn ni yn llwyr. Dyna ran gyntaf dod allan; yr ail yw cydnabod bod rhaid i ni gymryd ein lle yn y byd ac nid benthyg lle trwy fod yn rhywun arall. Byw. Caru a chael ein caru.'

Michael Cashman, gwleidydd

GJ

'Papur newydd owtiodd
fi fel lesbiad.'

Cafodd GJ drafferth yn dod allan fel
lesbiad oherwydd ei ffydd Rastaffaraidd. Daw ei rhieni o Barbuda,
ger Antigua. Cafodd ei owtio yn ddiarwybod iddi gan bapur newydd
y Caribbean Times a bu'n rhaid iddi gael sgwrs ffôn anodd â'i rhieni
rhieni.

Dwi'n fy ngalw fy hun yn 'ddeic Ddu'. Dwi wir yn hoffi hynna. Ond
ydw, dwi'n hoyw. Dwi ddim wir yn hoffi'r gair 'lesbiad', felly dwi'n
dweud 'hoyw'.

Dwi'n meddwl 'mod i wedi bod yn hoyw erioed, achos dwi'n
cofio trio cusanu fy nghymydog drws nesaf pan o'n i tua wyth
neu naw oed. Ro'n i'n meddwl bod hynny'n normal. Ro'n i'n arfer
ffansïo fy ffrindiau. Roedd gen i ffrindiau oedd yn fechgyn hefyd,
ond merched ro'n i'n eu ffansïo – ro'n i'n cael teimladau pili-pala.
Do'n i ddim yn eu cael nhw gyda'r bechgyn. Dim ond chwarae
pêl-droed ro'n i eisiau ei wneud gyda'r bechgyn, neu ymladd gyda
nhw neu ddim ond bod yn eu cwmni.

Cefais fy magu yng Nghaerlŷr yn y 70au, ac yn ddiddorol
ddigon, roedd gan fy nhad lawer o ffrindiau hoyw. Roedd ewyrth
a modryb fy mam hefyd yn agored hoyw. Roedd hi'n wahanol iawn

i'r genhedlaeth hon. Mae Dad yn dweud, 'Dyw e ddim yn dod o fy ochr i o'r teulu – mae'n dod o dy ochr di.'

Mae fy rhieni'n dod o ynys o'r enw Barbuda. Mae hi'n ynys fach iawn a phan dwi'n mynd yno mae pawb yn gwybod 'mod i'n hoyw a dydy hynny ddim yn broblem. Maen nhw'n ei dderbyn, ond dwi'n meddwl bod hynny oherwydd 'mod i ddim yn gwneud môr a mynydd o'r peth. Fel dwi'n dweud, roedd pawb yn gwybod bod ewyrth a modryb fy mam yn hoyw, ond doeddech chi ddim yn defnyddio geiriau fel 'lesbiad' neu 'hoyw' yr adeg honno.

Dwi'n cofio pan o'n i tua 15 oed, roedd fy ffrindiau i gyd yn ffansïo bechgyn, ond do'n i ddim. Es i allan gyda bachgen yn y pen draw, nid oherwydd 'mod i'n ei ffansïo fo, ond achos bod pawb yn meddwl 'mod i'n lesbiad ac ar y pryd do'n i ddim yn credu 'mod i. Do'n i ddim yn gwybod pa enw i'w roi ar rai o'r teimladau ro'n i'n eu cael. Ro'n i'n meddwl bod pawb yn teimlo felly am eu ffrindiau. Felly es i allan gyda'r bachgen yma. Wnaeth pethau ddim mynd yn rhy dda achos yn amlwg doedd gen i ddim diddordeb mewn dynion.

Yna, fel mae'n digwydd, dechreuais i weithio mewn canolfan i fenywod a merched, ac yna cwrdd â dwy fenyw Ddu a oedd yn digwydd bod yn hoyw. Dechreuais i dreulio amser yn eu cwmni a dechrau cwrdd â menywod hoyw, ac yna ces i eiliad a gwawriodd y cyfan arna i. Roedd o fel 'Waw! Dyna ydw i!' Ro'n i tua 19 oed ar y pryd ac yn Rastaffariad. Byddwn i'n lapio fy ngwallt ac yn gwisgo print Affricanaidd. Yn amlwg, roedd bod yn hoyw yn cael ei ystyried yn bechod gan y Rastaffariaid, felly roedd gen i wrthdaro mewnol go iawn am fy nghrefydd.

Yn y pen draw, damwain oedd dod allan. Es i ar orymdaith brotest yn Llundain. Dwi ddim yn cofio'r achos erbyn hyn, ond ro'n i'n cerdded o flaen baner 'Du, Lesbiaidd a Hoyw' a thynnodd rhywun o'r *Caribbean Times* fy llun. Bryd hynny yng Nghaerlŷr, roedd pawb Du yn arfer darllen y *Caribbean Times*. Roedd hynny ar y dydd Sadwrn ac erbyn y dydd Mercher dwi'n meddwl bod y gair wedi mynd ar led am fy llun ... ac o, mam bach!

Daeth y boi 'ma i fyny ata i a thaflu'r papur ar y bwrdd a dweud, 'Be mae hyn i gyd yn ei feddwl?' Atebais i, 'Pwy wyt ti? 'Nhad i?' Roedd pawb yn gwybod. Do'n i ddim yn flin fel y cyfryw, ond yn fwy pryderus achos do'n i ddim allan. Ro'n i'n dal i ddod i delerau gyda fy rhywioldeb. Ro'n i'n gwybod bod fy rhieni yn darllen y *Caribbean Times*, felly ffoniais i nhw. A dyma fi'n dweud, 'Goeliwch chi fyth, dwi yn y papur newydd!' Ac ro'n nhw'n credu 'mod i yno oherwydd fy marddoniaeth, achos ro'n i'n arfer bod yn eitha adnabyddus o gwmpas Caerlŷr am fy marddoniaeth. Ond wedyn dyma fi'n dweud, 'Dwi'n cerdded o flaen baner "Du, Lesbiaidd a Hoyw".' A dwi'n cofio Mam yn gofyn i fi, 'Wyt ti'n hoyw?' a dwi'n cofio dweud, 'Na.' Do'n i ddim yn barod. Do'n i ddim yn barod.

Dwi'n credu eu bod nhw'n gwybod – do'n nhw ddim yn sôn am y peth, dyna'r cwbwl. Roedd hi'n gyfnod anodd. Ces i lwyth o hasl ac yn y pen draw torrais fy *dreadlocks* a symud i Lundain. Oedd, roedd hi'n anodd. Ces i gymaint o hasl. Yn bennaf gan fenywod, yn rhyfedd iawn – menywod syth o fewn fy nghymuned. Roedd symud i Lundain yn agoriad llygad. Ro'n i fel plentyn mewn siop da-da! Roedd o'n wallgo. Roedd o'n neis. Prynais i bâr o Doc Martens, Levi's du, siaced denim – wyt ti'n cofio'r steil yr adeg honno? Tyfais y *dreadlocks* yn ôl, ond mewn mwy o steil *funky dread*, wedi'i eillio ar yr ochrau. Ro'n i'n gallu bod yn hoyw a pheidio â phryderu am y peth.

Roedd cael fy owtio yn fendith gudd. Mae perthynas dda â 'nheulu wedi bod gen i erioed, felly ro'n i'n arfer mynd yn ôl bob hyn a hyn. Ro'n nhw'n ei dderbyn rywsut ond i fi beidio â'i wthio gormod arnyn nhw. Dwi ddim yn gwybod os mai nhw'n derbyn y peth oedd hynny ai peidio! Byddwn i wastad yn mynd â ffrindiau oedd yn ferched adre gyda fi a bydden nhw'n iawn am y peth, ar wahân i'r adeg pan es i adre gyda ffrind benywaidd a oedd yn amlwg yn hoyw. Cwrddais i â lesbiad o Wyddeles yn Lesbos a diwedd y stori oedd 'mod i wedi dechrau perthynas â hi ac es i â hi adre i Gaerlŷr. Roedd hi'n wirioneddol bwtsh ac roedd hyn yn broblem i 'nhad, er ei fod yn ffrindiau mawr â lesbiad bwtsh iawn flynyddoedd yn ôl. Ond doedd hi ddim yn ferch iddo nac yn bartner i'w ferch. Dwi'n meddwl bod gan fy nhad broblemau gyda fi o hyd.

Dwi wedi bod allan ers 30 mlynedd bellach ac es i ffwrdd gyda fy mam y llynedd. Dyna'r tro cyntaf i Mam a fi gael 'y sgwrs'. Roedd yn rhyfedd iawn. A dywedodd hi, 'Ro'n ni'n gwybod erioed dy fod ti'n tomboi, ond do'n ni ddim yn meddwl dy fod ti'n hoyw nes i ti ddod â'r fenyw 'na adre.' Dyw Dad ddim yn barod am y sgwrs honno eto. Hyd yn oed ar ôl yr holl amser, dyw e ddim yn barod. Maen nhw'n gwybod, felly dwi ddim eisiau gwthio'r peth arnyn nhw.

Dwi'n gweithio gyda phlant a wnes i ddim dod allan yn y gwaith. Wnes i ddim ei guddio na'i wadu, ond wnes i ddim dweud yn bendant. Yna ces i wahoddiad gan un o'r rhieni i'w pharti hi, ac roedd rhai o'r plant yno. Meddai un ohonyn nhw, 'Pam wnaeth ei mam hi dy wahodd di i'w pharti hi?' Dywedais i, 'Dwi ddim yn gwybod.' Wedyn dywedodd un arall o'r plant, 'Achos ei bod hi'n dy ffansïo di!' A dyma fi'n dweud, 'Pam byddai ei fam yn fy ffansïo i?' Atebodd hi, 'Ty'd o 'na! Ry'n ni i gyd yn gwybod dy fod ti'n hoyw!' Plentyn 12 oed! Mae plant heddiw mor graff.

I unrhyw un sy'n ystyried dod allan, byddwn i'n dweud 'Tria fod mor driw i ti dy hun â phosib, dim byd mwy.' Deilliodd llawer o fy mhryderon i o ofn a pharanoia ac o beidio â gwybod. Ond dydy o byth mor wael ag rwyt ti'n ofni y bydd o.

Dwi ddim yn teimlo unrhyw ddicter tuag at y *Caribbean Times* – mae bywyd yn rhy fyr. Efallai mai bendith gudd oedd beth ddigwyddodd achos roedd hynny'n help i fi ddod allan. Dwi wedi cael 30 mlynedd o fod yn ddeic Ddu allan a balch a dwi wedi cwrdd â llwyth o fenywod hyfryd yn sgil hynny!

Ellen

'Dyw bod yn ddeurywiol ddim y dewis y mae llawer o bobl yn ei feddwl ydy o.'

Mae'r cynhyrchydd radio Ellen yn sôn yn agored am ddod allan (neu beidio!) a'r heriau y mae hi'n eu hwynebu oherwydd rhagdybiaethau pobl am bobl ddeurywiol.

Ro'n i'n osgoi ei wneud, â bod yn onest. Wnes i ddim dod allan yn yr ysgol nes ro'n i'n 16 oed. Roedd hi'n broses raddol iawn gyda fy ffrindiau ac mae'n debyg y gallet ti ddweud nad ydw i wir wedi dod allan i 'nhad o gwbl. Mae gen i a Dad y math o berthynas sydd ddim yn trafod rhai pynciau, dyna'r cwbl. Fydden i byth yn ei holi am ei berthnasoedd o, a dydy o ddim yn fy holi am fy rhai i. Dyna'r ddealltwriaeth. Gyda Mam, dyma'r stori fwyaf 'peidio â dod allan' dwi wedi'i chlywed erioed! Dwi'n gwybod 'mod i mor lwcus achos mae pobl eraill wedi cael amser anodd iawn. Proses raddol iawn oedd hi i fi.

Merch oedd y person cyntaf i fi fynd allan gyda hi erioed a dechreuon ni weld ein gilydd pan o'n i'n 15 oed. Roedd y ddwy ohonon ni yn yr ysgol a dechreuon ni gadw cwmni i'n gilydd ac yna cusanu, a datblygodd pethau o fanno. Roedd hi'n treulio tipyn o amser yn fy nhŷ i ac ro'n i'n mynd yn eitha aml i'w chartre hi.

Un tro ro'n ni'n cusanu yn fy stafell wely ac aeth pethau braidd yn boeth a thrwm, felly roedd y ddwy ohonon ni'n eitha coch! Daeth hi'n amser i'w mam ddod i'w nôl hi. Cerddodd Mam heibio i ni wrth i ni ddod allan o fy stafell ac wrth iddi ddweud, 'Iawn, hyfryd dy weld di ...' edrychodd hi ar y ddwy ohonon ni a dweud 'O!' Roedd fel petai hi wedi sylweddoli beth oedd yn digwydd. Ro'n ni'n gallu ei weld o ar ei hwyneb hi! Rhedon ni allan i gyfarfod mam fy ffrind, a dyna ni.

Dwi'n meddwl bod Mam wedi cymryd yn ganiataol 'mod i'n hoyw achos 'mod i a 'nghariad wedi bod gyda'n gilydd ers blwyddyn, ond chawson ni ddim sgwrs am hyn. Mae'r math o berthynas sydd gen i gyda fy rhieni yn un dosbarth canol iawn, yn un o ffrwyno teimladau, 'Paid â sôn am y peth.' Ond wedyn, ar y llaw arall, mae Mam yn berson sy'n derbyn pethau'n dda. Felly doedd dim sgwrs fawr a dwi'n teimlo 'mod i wedi bod yn ffodus i osgoi hynny achos dwi'n berson eitha preifat. Dyna'r math o beth dwi ddim eisiau sôn amdano mewn gwirionedd – ddim gyda fy rhieni o leiaf.

Ond derbyniodd Mam hi ac roedd hi'n iawn amdani o'r cychwyn. Mae hi wedi cyfarfod cariadon sy'n ferched ers hynny. Roedd hi wedi cymryd yn ganiataol 'mod i'n lesbiad ... ac yna ces i gariad gwrywaidd. Ond eto, doedd dim sgwrs go iawn am y peth. Dwi'n teimlo 'mod i wedi twyllo'r system rywfaint pan dwi'n clywed am bobl eraill a'u storïau dod allan sydd naill ai wedi bod yn llawn embaras neu'n lletchwith neu sydd wedi arwain at ganlyniadau gwirioneddol ofnadwy.

Ddywedais i ddim wrth neb yn yr ysgol chwaith, er bod gen i gariad oedd yn ferch. Do'n i ddim eisiau sefyll allan. Do'n i ddim yn adnabod neb arall yr un fath â fi. Doedd dim modelau rôl. Dwi ddim hyd yn oed yn meddwl 'mod i'n gwybod beth ro'n i'n ei feddwl fy hun. Ro'n i'n gwybod ei fod yn teimlo'n naturiol iawn i fi. Ro'n i'n gwybod sut ro'n i'n teimlo ond do'n i ddim eisiau 'uniaethu' a chodi fy mhen uwchben y parapet yn yr ysgol – do'n i ddim eisiau cael fy ystyried yn wahanol. A do'n i ddim yn adnabod neb fel fi y gallwn i fod wedi siarad â nhw. Ond dwi erioed wedi bod yn ddryslyd ... dwi ddim yn cofio teimlo fel yna. Dwi erioed wedi'i amau, dyna'r cwbwl.

Y person cyntaf i fi ei ffansïo oedd bachgen o New Kids on the Block, ac roedd o'n eitha merchetaidd! Ond pan ddaeth fy nghariad, a hithau'n ferch, roedd hynny mor naturiol i fi, wnes i ddim amau hynny o gwbl. Erbyn i fi gyrraedd 15 oed ro'n i'n gwybod 'mod i'n hoffi bechgyn *ac* yn hoffi merched ac y gallwn i gael perthynas gyda'r naill neu'r llall. Roedd yn teimlo'n naturiol iawn y tu mewn i fi, ond yn allanol roedd o'n rhywbeth do'n i ddim eisiau ei rannu â ffrindiau yn yr ysgol achos do'n i ddim eisiau bod yn wahanol. Yn raddol, daethon nhw i wybod dros y blynyddoedd.

Dwi'n meddwl ei bod hi'n siŵr o fod yn anoddach dod allan yn hoyw achos efallai fod rhieni'n meddwl, 'O wel, mae hynny'n golygu nad ydw i'n mynd i gael wyrion,' ond gyda bod yn ddeurywiol, mae'n siŵr eu bod nhw'n meddwl bod rhyw hanner cyfle o hyd. Er nad ydw i wir yn ffansïo cael plant fy hun, dwi'n meddwl petawn i wedi bod yn lesbiad, byddai Mam yn siŵr o fod wedi cael sgwrs â fi rywbryd mewn rhyw ffordd: 'Ydy hyn yn golygu na fydda i'n cael wyrion?'

Dwi'n dal i feddwl bod dim llawer o fodelau rôl deurywiol. Rydyn ni wir wedi ein tangynrychioli! Efallai fod hyn yn ddadleuol, ond dwi wir yn amau rhai sêr pop sydd wedi ymddangos ar y sin ac yn defnyddio'r label yma. Dwi ddim yn siŵr ydyn nhw'n ei ddefnyddio fel ffordd i werthu recordiau neu i fod yn cwyrci ac ychydig yn wahanol ac er mwyn uniaethu'n wahanol i sêr pop eraill. Ond yn bendant mae rhai wedi dweud, 'O ie, ro'n i'n ddeurywiol ond nawr dwi wedi penderfynu mai dim ond bechgyn bydda i'n mynd allan gyda nhw.' Felly mae hi'n anodd iawn i bobl ddeurywiol achos mae hynny'n awgrymu dy fod ti'n gallu gwneud y dewis hwnnw. Dwi ddim yn meddwl y gelli di ddiffodd teimladau a dweud, 'Dwi ddim yn mynd i ffansïo merched ddim eto, neu dwi ddim yn mynd i ffansïo bechgyn eto.'

Dwi'n meddwl yn y gorffennol bod y 'D' yn LHDT wedi bod yn rhyw atodiad ac wedi cael ei anghofio. Efallai ei fod o'n dechrau gwella erbyn hyn a dwi'n teimlo'n rhan o'r gymuned. Dwi'n hoffi mynd i Pride. Mae wir yn rhan ohono i. Dwi'n teimlo'n gryf iawn amdano fo. A dwi'n teimlo'n gryf iawn y dylai pobl allu uniaethu yn y ffordd maen nhw eisiau uniaethu a pheidio â dioddef unrhyw ganlyniadau gwael oherwydd hynny yn eu bywyd bob dydd.

Ac eto does dim digon o fodelau rôl ar gael. A'r broblem arall gyda bod yn ddeurywiol yw'r math o bethau dwi'n eu clywed gan bob math o bobl. Er enghraifft, 'O dwi'n deall chi bobl ddeurywiol, 'dach chi wrth eich bodd gyda rhyw!' a dwi'n ateb bob tro, 'Dim mwy na ti, fwy na thebyg!'

Mae yna ryw syniad fod pobl ddeurywiol yn fwy rhywiol, eu bod nhw'n chwarae o gwmpas. Dwi'n clywed y gair 'barus' hefyd. Mae pethau fel hyn wir yn fy ypsetio i achos mae cymaint o gamddealltwriaeth o'r ffaith mai'r cyfan yw bod yn ddeurywiol yw gallu cael perthynas gyda menyw neu gyda dyn. Dwi ddim yn farus. Mae hyn wir yn fy nghorddi i!

Byddwn i wrth fy modd yn gweld person deurywiol yn cael ei gynrychioli'n iawn ar un o'r prif operâu sebon fel *EastEnders* neu *Emmerdale*. Pam lai? Rydyn ni'r un mor ddilys a byddai wedi bod yn werthfawr iawn i fi fel person ifanc yn tyfu i fyny i gael y cadarnhad hwnnw. Petai hynny wedi bod gen i efallai y byddwn i wedi gallu dod allan yn yr ysgol, dweud wrth fwy o ffrindiau a chael rhwydwaith cymorth yn lle ymbalfalu ar fy mhen fy hun. Fedra i ddim pwysleisio hynny ddigon.

Os wyt ti'n meddwl ei bod hi'n bosib dy fod ti'n ddeurywiol a dy fod ti efallai ychydig yn iau, neu dy fod ti mewn sefyllfa sy'n dy roi di mewn lle agored i niwed, byddwn i'n argymell dy fod yn chwilio am ffrind y gelli di siarad â nhw. Gallai fod drwy ffonio llinell gymorth neu mewn grŵp LHDTC+, ond tria chwilio am ffrind. Dwi'n difaru 'mod i heb drio'n galetach i chwilio am ffrind, rhywun i sôn am y peth â nhw yn gynt o lawer. Dwi'n meddwl bod hynny'n bwysig iawn.

Paid byth â theimlo dy fod ti ar dy ben dy hun a phaid byth â theimlo dy fod yn wahanol.

'Cofia, dy fusnes di a neb arall yw dy rywioldeb a dod allan. Bydd pwysau arnat ti o sawl cyfeiriad, ond yn y pen draw, dy fusnes di ydy o, neb arall. Efallai dy fod ti eisiau bod allan, yn amlwg ac yn falch, ac mae hynny'n cŵl, ond efallai dy fod ti am ei gadw rhwng grŵp bach neu i ti dy hun, ac mae hynny'n iawn hefyd. Does dim brys. Bydd yn garedig wrthot ti dy hun.'

Joe Lycett, digrifwr a chyflwynydd

Martin

'Ro'n i yn Stonewall.'

*Roedd Martin Boyce yn fab i fewnfudwyr
o'r Eidal a chafodd ei fagu yn Efrog
Newydd. Daeth allan yn y 60au ar adeg pan oedd hi'n beryglus iawn i
fod yn hoyw yn y ddinas. Roedd o yn y Stonewall Inn ar 28 Mehefin
1969 a safodd yn herfeiddiol wrth i'r heddlu ruthro i mewn.*

Ro'n i'n gwybod erioed.

Yn Efrog Newydd bryd hynny, yn yr 1950au, byddai pobl
efallai'n byw yn yr un ardal am ryw 50 mlynedd. Roedd y ddinas
yn gasgliad o bentrefi mewn gwirionedd, felly roedd dod allan
yn anodd iawn achos roedd pawb yn nabod dy rieni, pawb yn
gwybod dy hanes. Roedd pawb yn gwybod popeth amdanat o'r
eiliad y cest di dy eni.

Dyn dosbarth gweithiol oedd fy nhad a gyrrwr tacsi. Roedd
hefyd yn hyfforddi bocswyr ac yn hyfforddi cŵn ymladd. Pan ges
i fy ngeni, dywedodd fod pawb wedi gweiddi hwrê yn y bar am
eu bod nhw'n meddwl y byddai'r hogyn bach yma'n mynd ymlaen
i fod yn dipyn o ymladdwr ac y byddai ben ac ysgwydd uwchlaw
pawb arall.

Roedd gan fy nhad jar bisgedi lle roedd o'n rhoi pres mechnïaeth.
Roedd o'n adnabod Efrog Newydd ac yn gwybod pwy ro'n i'n treulio

amser yn eu cwmni ac roedd o'n credu y byddai trwbwl yn siŵr o ddod i fy rhan i. Roedd o'n meddwl y byddwn i'n cael fy arestio. Yn anhygoel, ar ôl dau ddwsin o ddigwyddiadau, ches i erioed fy arestio. Roedd pobl o 'nghwmpas i yn cael eu harestio – am gardota, am loetran, am darfu ar yr heddwch, am ba droseddau bynnag roedd yr heddlu am gyhuddo pobl ohonyn nhw. Yn enwedig gyda lleiafrifoedd. Ro'n nhw'n galed iawn iawn ar leiafrifoedd.

Beth gadwodd fi'n ddiogel, yn drist, oedd y ffaith fod fy mam yn anabl, felly ro'n i'n cael cryn dipyn o raff yn y gymdogaeth. A dweud y gwir, y peth gwaethaf y gallet ti alw rhywun – hyd yn oed yn waeth na llofrudd – oedd 'ffag'. Roedd hyd yn oed bobl oedd yn cael eu rhyddhau o'r carchar yn fwy uchel eu parch na ffags. Hyd yn oed os oedden nhw wedi llofruddio rhywun, roedden nhw'n fwy uchel eu parch, achos bod, achos roedd y byd yn un bwtsh.

Roedd dod allan yn hoyw ddim yn opsiwn yn y 50au. Roedd yn golygu cael dy ynysu a bywyd hollol erchyll os oeddet ti'n gwneud hynny.

Roedd gan fy chwaer glogyn glas hardd gyda leinin coch. Gan fod Mam mewn cadair olwyn, un diwrnod ces i fy anfon i'r siop. Roedd pawb wedi mynd allan heblaw am Mam, gan ei bod hi yn y gadair, a dyma fi'n meddwl, 'Wel, dyma fy nghyfle i.' Dyma fi'n gwisgo'r clogyn! Doedd Mam prin yn gallu siarad ond triodd hi fy stopio. Ond doedd dim yn mynd i fy stopio i. Es i i siop Emma, y groser Eidalaidd, oedd yn lle gwych. Ddywedodd hi ddim byd, dim ond edrych arna i. Roedd gen i fy mhwrs bach a defnyddiais fy mhres i dalu am gnau pistasio a salami o Sicilia. Anghofia i byth mo'r peth. Erbyn i fi gyrraedd adre roedd y ffôn yn canu ac fe ganodd o fore gwyn tan nos. Roedd y gymdogaeth gyfan yn ffonio! Daeth Dad adre, a dywedodd, 'Wel, be sy'n digwydd?' A minnau'n ateb, 'Dim ond gwisgo'r clogyn wnes i.' Meddai yntau, 'Wel, chei di ddim gwisgo'r clogyn. Clogyn merch ydy o.' Atebais innau, 'Wel, do'n i ddim yn gwybod. Gwisgais i'r clogyn, dyna'r cwbwl. Doedd gen i ddim siaced. Do'n i ddim yn gwybod ble roedd hi.'

Wel, maddeuodd fy nhad i fi, tawelodd y gymdogaeth a throdd y peth yn ddim ond digwyddiad bach digon di-nod. Ond ro'n i'n gwybod. Ro'n i wedi dysgu rhywbeth, hyd yn oed os nad oedden nhw: paid â gwneud hynny eto, byth! Cadw fo'n gyfrinach. Bod yn fwy gofalus gyda fi fy hun, gwneud yn siŵr nad oedd fy mys bach i'n codi wrth yfed coffi. Gofalu 'mod i'n edrych ar ewinedd fy nwylo fel mae bachgen yn ei wneud, nid fel merch. Edrych ar gefn fy nhroed fel mae bachgen yn ei wneud, nid fel merch. Achos ro'n i'n cael fy magu gan bobl syth a sylweddolais eu bod nhw yn fy hyfforddi i i fyw yn eu byd nhw. Waeth i fi gymryd mantais ddim, a dysgu, a chuddio.

Un tro prynodd fy nhad set o Indiaid bach haearn. Ro'n i'n hapus nes i fy chwaer agor ei hanrheg hi – tŷ dol! Bues i'n beichio crio yn fy ngwely am 48 awr, gyda fy nain o Sicilia, â'i siôl a'i chlustdlysau aur, yn aros uwchben y gwely ac yn gweddïo gyda'i rosari. Doedd fy nhad ddim yn gwybod beth i'w wneud! Yn y pen draw, rhoddodd bres i fi a dweud wrtha i am fynd i'r siop a phrynu unrhyw beth ro'n i ei eisiau. Prynais i wagen a cheffylau, ac roedd gan y wagen le bach lle gallet ti roi bwyd ffug. Cymerais i ddodrefn doliau fy chwaer a gwneud ystafell fyw a chegin fach a rhoi rhaff arni. Roedd gen i gartref symudol! Dyna pryd dwi'n cofio fy nhad yn dweud, 'Dyna ni, dwi'n rhoi'r ffidil yn y to!'

Roedd gynnon ni gytundeb dieiriau wedyn. Fyddwn i ddim yn creu trafferth, fyddwn i ddim yn creu helynt a byddai fy nhad yn byw gyda hynny. A chadwodd at y cytundeb hwnnw.

Roedd yn rhaid i fi ddod allan yn swyddogol ryw ddydd. Os oedd pawb arall yn gwybod, ddylai fy rhieni i wybod, does bosib? Penderfynais i yn 1966 pan o'n i'n 16 oed y byddai'n rhaid i fi gyhoeddi hyn!

Dywedais i wrth fy nhad – roedd o'n wych. Dywedais i wrth fy mam – roedd hi'n wych. Dywedais i wrth fy chwaer – roedd hi'n gwybod erioed.

Roedd yn rhaid i fi ddweud wrth fy nain – roedd hi'n *zingara* (fel sipsi). Roedd hi'n debyg i lun ar hen dun olew olewydd o'r Eidal. Fyddet ti ddim eisiau tolcio un o'r tuniau hynny, a fyddet ti ddim chwaith eisiau achosi niwed i fy nain. Roedd hi'n fatriarch go iawn gyda'i siôl a'i chlustdlysau aur, ei chroen tywyll a'i gwallt du fel y frân. Dywedais wrthi, 'Nain, ti ydy'r un olaf mae'n rhaid i fi ddweud wrthi 'mod i'n *homosexual.*' Atebodd, 'Beth yw hynny?' Atebais, 'Dwi'n hoyw.' Meddai, 'Wel, pam? Beth yw hynny? Pam lai?' Atebais, 'Ti ddim yn deall. Dwi'n bwff.' Meddai, 'O! Dywedais i wrth dy fam pan gest ti dy eni. Dywedais i wrth dy fam y byddet ti wedi dy fendithio. Dywedais i wrth dy fam na fyddet ti byth yn mynd i drafferthion gyda menywod!'

Ro'n i'n lwcus iawn, iawn. Byddai breninesau drag yn dod i'r tŷ ac yn perfformio ar gyfer fy mam anabl. Ro'n nhw'n gwisgo blodau gardenia yn eu gwallt ac ro'n nhw'n gantorion gwych, teimladwy. Ro'n i'n gwybod 'mod i eisiau bod yn rhan o'r elfen ddiwylliannol wych yma, y byd diwylliannol gwych yma.

Dwi'n cofio mynd i Ewrop pan on i yn fy arddegau. Es i Dachau, i'r amgueddfa yno, a'r tro cyntaf i fi weld y clwt pinc ro'n i'n methu credu'r peth. Sylweddolais i fod erlid pobl hoyw ddim yn beth damweiniol. Roedd hyn yn systematig. Dywedodd y dyn wrth fy ymyl wrth ei wraig, 'Wel, doedd Hitler ddim yn anghywir am bopeth.' Roedd cymaint o gydymdeimlad tuag at y rhai a oedd yn lladd a'r rhai a oedd yn casáu. Ro'n i'n methu credu beth ddywedodd o! O'r pwynt hwnnw mlaen, ro'n i eisiau brwydro, a'r unig ffordd y gallwn i frwydro oedd gorliwio fy hun, eu gorfodi nhw i 'ngweld i fel person hoyw.

Gwnes i gyfarfod criw o bobl hoyw eraill am y tro cyntaf yn Central Park pan o'n i yn fy arddegau. Roedd yn gyffrous, yn gyfareddol. Roedd yn ardal goediog, felly allai hyd yn oed fy nhad yn ei dacsi ddim dod o hyd i fi! Roedd yn wych. Roedd yn gymdeithas wych lle dysgais i lawer o bethau, achos roedd yr holl freninesau yma'n gwybod rhywbeth am ddiwylliant neu gelf neu opera. Ond do'n ni ddim eisiau cuddio yn y llwyni am byth.

Bydden ni'n mynd i gownter colur Macy's ac yn gwisgo colur. Doedd y swyddogion diogelwch ddim yn gwybod sut i ymateb! Ro'n i'n methu credu bod rhimyn o finlliw coch llachar yn gallu gwneud hyn iddyn nhw. Do'n nhw ddim yn gwybod p'un ai galw'r heddlu neu drio siarad â ni. Ro'n ni'n arfer dod at ein gilydd a mynd ar deithiau fel ymweld â'r sw. Neu bydden ni'n mynd i'r amgueddfa gelf, ond doedd neb yn edrych ar y darluniau! Roedd tua 14 ohonon ni, felly roedd hi'n anodd iawn ymosod arnon ni erbyn hyn. Po fwyaf y nifer, y mwyaf diogel oedden ni – roedd hynny'n sicr yn wir.

Mae pobl hoyw yn reddfol yn gwybod llawer iawn am oroesi – ac os dydyn nhw ddim, maen nhw'n dysgu'n gyflym.

Roedd y Pentref fel nirfana. Cymaint o bobl ddiddorol a ninnau'n gallu bod yn agored. Ar noson 28 Mehefin, 1969 ro'n i'n mynd i'r Stonewall Inn. Hwn oedd y bar mwyaf poblogaidd yn y ddinas hoyw oherwydd bod dawnsio yno. Roedd ganddyn nhw ddyn diogelwch wrth y drws a'r noson honno dyma fi'n cyfarfod ffrind i fi a ddywedodd, 'Ei di ddim i mewn, bues i yno gynna.' Roedd y ddau ohonon ni mewn *scare drag* (rhywbeth fel Boy George, felly nid drag llawn) a do'n nhw ddim eisiau mwy o *scare drags* i mewn yno. Felly roedd hi bron yn hanner nos yn barod a dyma ni'n penderfynu, 'Wel, beth am gynllunio be 'dan ni'n mynd i'w wneud,' achos megis dechrau roedd y noson i ni.

Ro'n ni i fyny'r bloc o'r Stonewall Inn ar feranda pan glywson ni sŵn cynnwrf. Soniodd rhywun am gyrch a bod torf yno. Aethon ni i Stonewall, a'r eiliad y cyrhaeddais i yno, roedd helynt.

Roedd fan heddlu yno a phlismon yn gwthio brenhines ddrag i mewn. Welais i mohoni, ond gwelais ei hesgidiau hi – ro'n nhw fel pymps enwog '*come fuck me*' Joan Crawford. Roedd gemau, roedd strapiau, roedd sodlau uchel. Anghofiais i fyth mohonyn nhw achos 'mod i wedi cael fy nghyfareddu ganddyn nhw. Ciciodd hi'r plismon a'i wthio'n ôl, a chafodd yntau ei ddial. Aeth yn ôl i mewn i'r fan heddlu ac roeddet ti'n gallu clywed sŵn asgwrn yn erbyn metel. Caeodd y drws ac edrychodd arnon ni, fel y bydden nhw yn ei wneud bob tro, a dweud, 'Iawn, y ffagots, ffwciwch hi o 'ma, 'dach chi 'di gweld y sioe.'

Digwyddodd rhywbeth. Wnaethon ni ddim symud modfedd. Roedd o'n blismon hyll ac roedd ganddo fo wyneb ofnadwy a oedd yn dangos ei fod yn gwybod beth roedd o'n ei wneud. Roedd o'n drahaus ac yn mwynhau'r hyn roedd o'n ei wneud er ei fod yn waith arferol iddo fo. Roedd o'n meddwl ei fod o'n gallu troi ei gefn arnon ni a dyna ni.

Ond digwyddodd rhywbeth. Wnaethon ni ddim symud o 'na. Cymeron ni gam ymlaen, pob un ohonon ni, heb gyfathrebu. Cymeron ni gam arall ymlaen ac wedyn un arall. Ro'n i'n gallu gweld y blew'n codi ar ei war. Trodd rownd i ddweud y gorchymyn eto, ond mae'n rhaid bod rhyw olwg ar ein hwynebau ni. Roedd hi bron fel petaen ni wedi cael ein rhyddhau o Dachau a bod ein gormeswyr dan ein rheolaeth ni bellach. Roedd cymaint ohonon ni. Llyncodd yn galed, blinciodd, a dyna'r terfysg yn dechrau. Roedd hi'n uffern ar y ddaear. Roedd pawb wedi dechrau taflu ceiniogau, ceiniogau copr. Taflon ni bopeth oedd gynnon ni (ar wahân i bethau gwerthfawr fel ein hallweddi). Roedd y terfysg yn digwydd.

Tywalltodd yr holl ddicter allan. Yn sydyn, ac yn gwbl ddirybudd, cododd arweinwyr. Y breninesau drag caletaf oedd yn arwain. Roedd un frenhines ro'n i'n ei hedmygu i fyny ar ffenest y Stonewall Inn, yn ein hannog ymlaen, ei hwyneb yn gadarn. Do'n i erioed wedi gweld wyneb fel hwnnw gyda chymaint o angerdd. A chofia, breninesau tlawd iawn oedd y rhain.

Roedd yr adrenalin a'r angen i ymateb i'r ymosodiad hwn yn bwysig iawn, a rywsut ro'n ni'n sylweddoli mai'r peth pwysig oedd dal ati. Ti'n gweld, ro'n nhw'n ymosod arnon ni o hyd – roedd ymosod ar bobl hoyw yn gêm boblogaidd yn y ddinas. Ar ôl i ni wasgaru, ro'n ni bob amser yn gwybod sut i ailgynnull a dod at ein gilydd. Do'n ni ddim yn gwybod cymaint y byddai hyn yn ein helpu ni yn ystod y terfysg achos daethon ni'n herwfilwyr dinesig da iawn.

Y peth gwaethaf mewn terfysg yw tawelwch, ac aeth y terfysg yn dawel. Dim smic, dim sŵn o gwbl, ond sŵn troedio, sŵn cyrchfilwyr. Ac yn sydyn, gwahanodd y dyrfa ac roedd patrol heddlu tactegol, wedi eu harfogi'n llawn. Ro'n i'n methu credu'r peth. Allet ti ddim cyffwrdd ag unrhyw ran o'u cyrff petaet ti'n taflu rhywbeth. Ro'n nhw wedi eu hamddiffyn ac roedd ganddyn nhw bob darn posib o offer. Do'n nhw ddim yn gwybod beth i'w wneud! Gwelson nhw ni, y breninesau, ac ro'n ni yn y canol achos mai ni oedd yr ymladdwyr gorau, a dyma nhw'n sefyll yno, a dyma ni'n sefyll yno. Do'n ni ddim yn gwybod beth i'w wneud chwaith. Roedd o fel petai pobl o ddwy blaned estron wedi gweld ei gilydd am y tro cyntaf.

Yr hyn y gallen ni ei wneud oedd ffurfio llinell gicio, fel y Rockettes, ac fe ganon ni un o'n caneuon: 'We are the village girls, we wear our hair in curls, we wear our dungarees above our nelly knees and when it comes to boys we really ...' A dyna mor bell ag y cyrhaeddon ni, achos dyma nhw'n rhuthro. Beth allen nhw ei wneud? Roedd yn rhaid iddyn nhw wneud rhywbeth – roedd yn codi gormod o gywilydd arnyn nhw. Felly roedd y bwtsh cryfaf yn wynebu'r ffem cryfaf. Roedd yn fyd oedd yn mynd i greu cylch neu syrthio'n ddarnau.

Roedd y wawr ar dorri, roedd newid yn y gwynt. Roedd y cyfan drosodd. Eisteddais ar y feranda wedi blino'n lân. Edrychais draw. Roedd brenhines yn eistedd ar y feranda, wedi blino'n lân hefyd. Chwe throedfedd i ffwrdd roedd plismon, wedi blino'n lân. Do'n nhw ddim yn elynion bellach, ond fydden nhw byth yn ffrindiau. Wrth i'r awyr oleuo roedd yr holl falurion, y gwydr wedi chwalu, yn edrych fel diemwntau yn dal pelydrau cyntaf yr haul. Roedd yn un o'r golygfeydd harddaf i fi eu gweld erioed.

Dywedodd yr ymgyrchydd hoyw profiadol arall, Danny Garvin, ein bod ni'n bobl yn dilyn hynny. Dwi'n credu bod hynny'n wir. Dyna beth newidiodd mewn gwirionedd: newidiodd ein hagwedd. Hyd yn oed pan gyrhaeddais i adre, dywedodd fy nhad, 'Mae'n bryd i chi bobl wneud rhywbeth.'

Ond diolch yn fawr i bobl ifanc heddiw am gynnal y fflam honno ac am ddal ati. Mae'r frwydr mor fawr ag erioed.

'Mae dod allan ychydig bach fel cael rhyw rhefrol – anal sex – am y tro cyntaf. Mae'n codi arswyd arnat ti, ond fel arfer dydy o ddim hanner mor boenus ag roeddet ti'n ei ddisgwyl. Mae'r cyfan am fod yn driw i ti dy hun. Dwyt ti ddim yn byw dy fywyd dros eraill. Ond byddan nhw'n dal i dy garu. Bydd ddewr, fy ffrind.'

Iain Dale, awdur a darlledwr

Sophie

'Gwnaethon ni addo na fydden ni byth yn sôn ein bod ni wedi gweld ein gilydd mewn clwb i bobl hoyw.'

Daeth Sophie allan yn hoyw yn 17 oed. Roedd ei mam yn methu ymdopi, ac fe wnaeth fygwth ysgaru tad Sophie. Mae hon, fodd bynnag, yn stori o ddealltwriaeth yn y pen draw a sylweddoli bod pethau yn gwella, bron bob amser.

Ro'n i tua 15 oed, yn cerdded i'r dref gyda fy ffrindiau ac roedd merch o'n blaenau ni. Roedd hi'n gwisgo sgert weddol fyr ac roedd ganddi goesau hir iawn, a dyma fi'n troi ac yn dweud wrth fy ffrindiau, 'O mam bach, mae coesau'r ferch yna'n gorjys!' Dyma un o fy ffrindiau yn troi ata i wedyn ac yn dweud, 'Wyt ti'n lesbiad neu rywbeth?' A dyma fi'n ateb, 'Nadw siŵr!' Doeddwn i ddim wedi meddwl am y peth o gwbl!

Wrth dyfu i fyny, byddai Dad bob amser yn fy ngalw i 'y ferch lesbiaidd' fel jôc, gan na fyddwn i byth yn dangos diddordeb mewn bechgyn. Ro'n i'n helpu fy nhaid gyda'r DIY neu'r garddio bob amser. Byddai Nain a Mam yn mynd i siopa ac yn fy ngadael i efo Taid a byddwn i'n gwneud yr holl waith DIY efo fo. Felly gwnes i gymryd yn ganiataol 'mod i'n tomboi a doeddwn i ddim yn meddwl am fechgyn o gwbl.

Wedyn, pan o'n i tua 15 oed, dechreuais i sylweddoli bod fy ffrindiau i gyd yn dilyn boi bands. Ro'n nhw'n dweud wrtha i, 'Mae'n rhaid i ti hoffi un ohonyn nhw. Pa un wyt ti'n hoffi?' A dywedais i, 'Dwi ddim yn gwybod.' Felly dyma nhw'n dweud, 'Cei di hoffi hwn. Dyma dy ffefryn di!' A dywedais i, 'Iawn, Ocê, cŵl.' Felly roedd rhaid i fi gymryd arna i 'mod i'n gwirioni ar Zayn o One Direction!

Ond yn gyfrinachol, roedd gen i bosteri Lady Gaga ar ddrws cwpwrdd (mae'n fwy doniol fyth mai drws *closet* oedd o) yn fy stafell wely. Doedd Mam ddim yn fodlon i fi gael posteri ar y wal, felly mae lluniau noeth o Lady Gaga hyd heddiw ar ddrws yr hen gwpwrdd gartre.

Roedd o'n amser rhyfedd iawn i fi achos doedd gen i ddim diddordeb mewn bechgyn. Wedyn es i i'r chweched dosbarth a dod yn ffrindiau gyda grŵp o lesbiaid. Ond doedd o ddim wir yn gwneud synnwyr yn fy mhen. Dwi'n gallu edrych yn ôl rŵan a gweld yr holl arwyddion, ond doedd y darnau ddim wedi disgyn i'w lle.

Dwi'n meddwl mai'r peth wnaeth i fi ddeall fy hun o'r diwedd oedd bod 'na foi yn y gwaith oedd yn fy ffansïo i. Roedd o'n anfon negeseuon ata i o hyd ac yn gofyn i fi fynd allan gydag o, ac ro'n i'n gwrthod drwy'r amser yn dweud 'mod i'n rhy brysur. 'Mae gen i waith, mae gen i ysgol, rhaid i fi gael fy ngraddau!' Yn y diwedd derbyniais i a mynd allan ar ddêt gydag o.

Ro'n ni wedi bod yn mynd allan am ychydig, a bob tro ro'n i'n ei gyfarfod o, ro'n i'n dechrau crio. Roedd o'n gofyn 'Be sy'n bod?' a byddwn i'n ateb, 'O, dwi jest dan straen. Mae cymaint ar fy mhlât ar hyn o bryd.' Dwi'n meddwl ei fod o'n credu 'mod i'n rhyw ferch emosiynol dros ben roedd angen cwtshys a sylw arni hi, dyna'r cwbwl. A'r mwyaf o gwtshys byddwn i'n eu cael ganddo fo, lleia'n byd ro'n i eisiau bod gydag o. Fyddwn i ddim yn dweud wrth neb yn y gwaith ein bod ni'n mynd allan gyda'n gilydd. Gofynnodd i fi oedd gen i gywilydd 'mod i'n mynd allan gydag o a byddwn i'n dweud na bob tro. Ond do'n i wir, wir ddim eisiau bod gydag o, felly gorffennais i gydag o ac mae'n debyg 'mod i wedi torri ei galon wrth wneud hynny. Dwi'n teimlo mor flin 'mod i wedi gwneud hynny. Ro'n i mor ddryslyd.

Es i allan i glwb hoyw pan o'n i gartref yng Nghaint gyda rhai o'r lesbiaid ro'n i'n cadw cwmni iddyn nhw yn yr ysgol. Byddwn i'n sleifio i mewn, yn 17 oed. Des i ar draws un o fy athrawon yno unwaith. Tapiodd fi ar fy ysgwydd, heb sylweddoli mai fi oedd hi, a dweud, 'Wyt ti'n dod yma'n aml?' Dyma fi'n troi ati ac edrychon ni ar ein gilydd, ac meddai hi, 'Os pryna i ddiod i ti, gawn ni beidio â sôn am hyn byth eto?'

Meddwodd y merched fi unwaith a gofyn a o'n i'n lesbiad, a minnau'n ateb, 'Ydw, ond peidiwch â dweud wrth neb!' Ro'n i'n dal i edrych ar fechgyn ar yr un pryd, felly dwi'n meddwl 'mod i'n trio fy narbwyllo fy hun fel arall.

Pan o'n i'n chwilio am brifysgol, edrychais i ar Salford ac ar Fanceinion a'r Pentref Hoyw ac roedd hynny'n help i fi benderfynu ble i ddewis. Tua'r adeg honno daeth *Banana* a *Cucumber*[1] ar y teledu. Ro'n i wedi gweld yr hysbysebion ac roedd Mam a Dad yn tynnu coes amdanyn nhw drwy'r amser. Mae'n debyg mai dyna oedd un o'r prif resymau pam ro'n i heb ddod allan mor gynnar, ond gosodais y peiriant i'w recordio. Des i adre o'r ysgol un diwrnod a chlywed Mam yn galw ar Dad, 'Pam ar y ddaear rwyt ti'n recordio *Cucumber*?' Dywedodd nad fo wnaeth, felly meddai hi, 'Pwy ar y ddaear yn y tŷ yma sy'n recordio *Cucumber*?' Atebais i mai fi wnaeth, a gofynnodd hi, 'Pam ar wyneb daear rwyt ti'n gwylio hwn?' A'r unig beth ro'n i'n gallu meddwl am ei ddweud oedd bod y rhaglenni wedi'u ffilmio ym Manceinion ac ro'n i eisiau gweld sut le roedd Manceinion. Ac meddai Mam, 'Pam na 'steddi di a gwylio *Coronation Street* efo fi?' Felly roedd yn rhaid i fi eistedd drwy hynny!

Yn y pen draw, symudais i'r brifysgol a byw mewn neuadd breswyl. Roedd tri bachgen a thair merch yn ein fflat ni, ac roedd dau o'r bechgyn yn fy ffansïo i. Gadawais i hynny ddigwydd gan

---

1 Roedd *Cucumber* a *Banana* (a *Tofu*) yn gyfres deledu a gafodd ei darlledu ar Channel 4 yn 2015. Wedi eu creu gan Russell T Davies, roedd y dramâu yn archwilio agweddau ar fywyd LHDT ym Mhrydain yr Unfed Ganrif ar Hugain.

'mod i'n trio fy argyhoeddi fy hun 'mod i'n syth er 'mod i'n gwybod 'mod i ddim i pan o'n i gartref.

Des i'n ffrindiau gyda dau fachgen ar fy nghwrs i, y ddau yn hoyw, ac aethon nhw â fi i'r Pentref Hoyw un noson. Ces i amser cwbl anhygoel a dwi ddim yn gwybod beth wnaeth i fi ddweud hyn wrthyn nhw, ond y cwbl wnes i oedd troi atyn nhw a dweud, 'Dwi'n lesbiad!' O'r diwrnod hwnnw ymlaen treuliais i fy holl amser gyda nhw a bydden ni'n mynd i'r Pentref. Des i i adnabod llawer o bobl yno ac roedd gen i grŵp agos o ffrindiau a oedd i gyd yn hoyw neu'n lesbiaid. Byddwn yn eu gwahodd yn ôl i'r fflat a byddai fy nghyd-letywyr yn dweud, 'Pwy ydy'r holl bobl yma? Dydyn nhw ddim yn dod i'r brifysgol yma. Pam rwyt ti'n dod â nhw'n ôl yma o hyd?'

Dechreuodd ambell frenhines ddrag ddefnyddio'r fflat i baratoi ac roedd fy nghyd-letywyr yn gegrwth wrth i ddynion chwe throedfedd stompio o gwmpas y fflat, nes iddyn nhw ddechrau casáu'r peth. Felly penderfynais i ddweud wrthyn nhw 'mod i'n lesbiad a wnaethon nhw ddim ymateb yn dda o gwbl. Ro'n nhw'n anghwrtais iawn tuag ata i a gwnaethon nhw hyd yn oed daflu rhai o 'mhethau i allan drwy'r ffenest. Felly dechreuais i guddio yn fy stafell yn amlach, neu beidio â dod adre a mynd i dai ffrindiau yn lle hynny. Gwnaethon ni ddatrys popeth yn y pen draw a dod yn rhyw fath o ffrindiau eto. Tua diwedd y flwyddyn honno, meddyliais i, 'Iawn, dwi wedi llwyddo i fynd trwy un frwydr o ddweud wrth fy nghyd-letywyr. Mae'n debyg y dylwn i ddechrau dweud wrth bobl eraill nawr.'

Ro'n i'n gwybod yn iawn fod gan fy chwaer syniad, achos roedd rhywun wedi postio llun ohono i'n cusanu merch. Ond do'n i ddim yn gwybod a oedd unrhyw un arall yn y teulu wedi gweld hwnna, felly gwnes i ddal yn ôl a pheidio â dweud dim byd. Un diwrnod ro'n i ar y ffôn gyda fy rhieni ac roedd Dad yn siarad â fi am fy mywyd ac yn y blaen. Soniais am un o fy ffrindiau a dywedodd Dad, 'Mae Sarah yn lesbiad on'd yw hi?' A minnau'n ateb, 'Ydy.' Ac wedyn, dyma Dad yn gofyn, 'Wyt ti'n lesbiad?', a minnau'n ateb, 'Yym, falle.' A dyma fo'n dechrau chwerthin! Ac wedyn dywedais i, 'Ydy hynny'n mynd i fod yn broblem?' Atebodd yntau, 'Wrth gwrs nad ydy hynny'n broblem. Yn bendant ddim. Dwi'n dy garu di beth bynnag. Sophie wyt ti o hyd i fi!' Roedd Mam yn dal i fod ar y ffôn drwy hyn i gyd a ddywedodd hi'r un gair. Dywedais i, 'Iawn, hwyl, caru chi'ch dau.' A dyma Dad yn dweud, 'Hwyl, caru ti,' a rhoi'r ffôn i lawr. Ro'n i'n teimlo rhyddhad enfawr 'mod i wedi dweud wrthyn nhw. Ro'n i'n teimlo mor hapus.

Ffoniais i fy ffrind a dweud, 'Goeli di byth! Dwi newydd ddod allan i fy rhieni ac fe gymeron nhw'r peth yn dda iawn!' Meddai fy ffrind, 'Llongyfarchiadau, ry'n ni mor falch ohonot ti!' Wedyn rhoddais y ffôn i lawr a gweld neges gan fy chwaer yn dweud, 'Mae Mam yn gandryll efo ti. Dydy hi ddim yn hapus dy fod ti'n hoyw. Mae hi'n gweiddi arna i ac yn gofyn o'n i'n gwybod amdanat ti.'

Ro'n i wedi dod allan ychydig ddyddiau ar ôl fy mhen-blwydd a'r diwrnod cyn pen-blwydd priodas Mam a Dad. Felly dyma Mam yn bygwth ysgaru Dad ar ben-blwydd eu priodas. Dechreuais i grio. Do'n i ddim wir yn gwybod beth i'w wneud, achos yn fy mhen ro'n i wedi tybio erioed mai Mam fyddai'n derbyn y peth orau, ac mai Dad fyddai'n cael trafferth ymdopi ag o. Felly pan ddigwyddodd y gwrthwyneb yn union, ces i ergyd galed, galed iawn.

Gwnes i drio ffonio Mam ychydig ddyddiau yn ddiweddarach a sylwais ei bod hi'n blocio fy ngalwadau. Yn y pen draw atebodd hi un ohonyn nhw a dweud, 'Dwi ddim yn derbyn hyn. Dwi ddim yn cymeradwyo hyn. Dwi ddim yn credu'r hyn rwyt ti'n ei gredu.' Ar y pwynt yna, do'n i ddim yn gwybod beth i'w wneud. Felly ffoniais i Dad a dywedodd o, 'Mae'n wir ddrwg gen i. Fedra i ddim siarad efo ti rŵan.' Ces i wybod wedyn bod Mam i yno a'i bod hi wedi dweud, 'Paid â derbyn yr alwad yna.'

Ffoniodd Dad fi yn ddiweddarach a dweud, 'Dydy dy fam ddim eisiau i fi siarad efo ti eto. Felly os ydyn ni'n siarad, bydd rhaid i fi ddileu'r holl alwadau a dileu'r negeseuon i gyd.' (Roedd hi'n edrych ar ei ffôn i weld a oedd o'n siarad â fi.)

Yr unig berson oedd gen i mewn gwirionedd i roi gwybodaeth i fi oedd fy chwaer, achos yn amlwg doedd Mam ddim yn edrych ar ei ffôn hi nac yn cadw llygad ar ei negeseuon. Felly roedd fy chwaer yn dal i allu siarad â fi.

Ac roedd hyn ychydig cyn y Dolig hefyd. Felly roedd gen i dipyn o broblem, sef, 'Ydw i'n mynd adre dros y Dolig ai peidio?' Ro'n i'n ifanc iawn – ddim ond yn 18 neu 19 – ac ro'n i'n meddwl, 'Mae angen i fi fynd adre dros y Nadolig. Fedra i ddim peidio â mynd adre.' Dyna'r tro cyntaf i fi weld Mam ers i fi ddod allan a dywedodd Dad wrtha i, 'Paid â sôn am y peth. Os na ddwedi di air am y peth, bydd hi'n iawn.' Ac roedd Mam yn iawn gyda fi tan un noson. Ro'n ni'n eistedd gyferbyn â'n gilydd ar y soffa a dyma fi'n sôn am y peth ac achosodd o ddadl enfawr. Roedd hi'n gweiddi, 'Dwi ddim yn credu yn y peth. Dwi ddim yn gwybod pam rwyt ti fel hyn. Wnes i ddim dy fagu di i fod fel hyn. Roedd gen i freuddwydion a dyheadau ar dy gyfer di. Ro'n i eisiau i ti dyfu i fyny a chael dy deulu dy hun a phriodi.' A dyma fi'n dweud, 'Mam, medra i wneud y pethau yna i gyd 'run fath.' Ac meddai hi, 'Na, fedri di ddim! Fyddi di byth yn gallu cael swydd rŵan. Does neb yn mynd i dderbyn dy CV di pan ffeindian nhw allan dy fod ti'n hoyw! Dyna ni, rwyt ti'n mynd i ddal HIV rŵan!' Ac ro'n i'n dal i ddweud wrthi hi, 'Mae pethau wedi newid. Dydy pethau ddim yn gweithio fel 'na.' Yn llythrennol, dim ond diffyg addysg oedd yn achosi iddi fod â barn mor llym. Ond roedd hi'n anodd, achos doedd hi ddim yn deall y peth o gwbl. Doedd hi ddim eisiau clywed dim am y peth neu doedd hi ddim eisiau gwybod, ac mae'n anodd addysgu rhywun sydd ddim eisiau dysgu.

Pan ddechreuodd Mam dderbyn o'r diwedd 'mod i ddim yn mynd i newid, dywedodd Dad wrthi, 'O ie, mae'n bosib ei bod hi'n ddeurywiol.' Dywedodd wrtha i, 'Os rhown ni lygedyn o obaith iddi hi, gall hi wedyn gymryd pethau'n araf, a dod i dderbyn y syniad.' Felly dwi'n meddwl bod Mam yn credu hyd y dydd heddiw 'mod i'n ddeurywiol.

Dydy llawer o'r teulu ddim yn gwybod o hyd achos bod Mam wedi dweud, 'Dwi ddim eisiau i neb ohonyn nhw wybod am Sophie.' Ond mae Dad yn tueddu i sôn am y peth achos mae o'n teimlo balchder 'mod i'n lesbiad. Mae'n gweithio gyda llawer o lesbiaid ac mae o yn eu cyflwyno nhw i fi bob tro. Meddai wrtha i, 'Mae'n wych dy fod ti wedi dod allan fel lesbiad. Mae o fel pan ti'n prynu car newydd a ti'n dechrau sylweddoli bod pawb o dy gwmpas di'n berchen ar yr un car. Dwi wedi bod yn gwneud yr un peth ers i ti dod allan fel lesbiad. Y cyfan dwi'n ei weld ydy lesbiaid o 'nghwmpas i!' Roedd o mor gefnogol.

Mae pethau'n well gyda Mam erbyn hyn. Graddiais i eleni a daeth Mam a Dad, fy chwaer a'i chariad i'r seremoni raddio. Wedyn aethon ni am bryd o fwyd a phenderfynu mynd am ddiodydd lle dwi'n gweithio yn y Pentref Hoyw. Aeth Dad adre ar ôl sbel, ond meddwodd Mam ychydig, a gofynnais iddi, 'Pam na wnei di aros allan efo ni? Dwi erioed wedi bod allan am ddiod efo ti!' Felly arhosodd hi allan! Llwyddais i'w chael hi i fynd i G-A-Y,[2] cawson ni ychydig o ddiodydd a dywedais i wrthi hi, 'Mam. Dwi'n iawn! Dwi'n gwneud yn dda. Ti'n gallu gweld bod gen i ffrindiau.' Ac atebodd hi, 'Ydw, dwi jest eisiau i ti fod yn hapus.' Dwi'n credu mai dyna'r eiliad y gwnaethon ni glosio. Mae lluniau ar gael o Mam dros y blynyddoedd ac mae ganddi'r hanner gwên yma bob tro mae hi'n cael tynnu ei llun. Mae gen i lun o'r noson honno ohono i, Mam a fy chwaer yn G-A-Y, ac mae gan Mam y wên fwyaf dwi erioed wedi'i gweld ar ei hwyneb hi.

Y noson honno, aethon ni i far arall lle roedd fy nghariad yn gweithio, ac fe dalodd hi am ein diodydd ni. Gofynnodd Mam pam roedd hi wedi talu a dywedais i wrthi mai hi oedd fy nghariad i. Meddyliais i ar unwaith, 'Be dwi wedi'i wneud?' Ond atebodd mam, 'O, be ydy ei henw hi? Faint yw ei hoedran hi?' ac roedd hi'n derbyn popeth. Gwnaeth hi hyd yn oed wahodd fy nghariad i ddod am bryd o fwyd gyda ni i gyd drannoeth er mwyn dod i'w hadnabod hi.

Dyma fi'n sylweddoli fod Mam efallai'n dechrau deall yn raddol.

---

2 Bar a chlwb nos i bobl hoyw ydy G-A-Y ym Mhentref Hoyw Manceinion. Mae'r bar G-A-Y wedi'i leoli yn Soho, Llundain.

Dros y blynyddoedd, dwi wedi meddwl am gymaint o ffyrdd gwahanol i ddod allan. Meddyliais am newid fy ngwely i fod yn enfys enfawr ac esbonio pethau fel hynny, pobi cacen ... cymaint o syniadau. Dwi'n drist na ches i ei wneud e fel 'na ac mai dros y ffôn y digwyddodd o a minnau'n methu gweld ymateb fy rhieni. Mae'n bosib y gallai pethau fod wedi bod ychydig yn wahanol petawn i wedi gweld eu hymateb, oherwydd efallai y gallwn i fod wedi trafod y peth yn gynt â Mam, yn hytrach na chael yr holl fisoedd hynny ohoni hi'n fy anwybyddu i.

Mae hi'n dal i gael ambell bwl. Pan orffennais i â 'nghariad i, trodd Mam rownd a dweud wrth Dad, 'Ro'n i'n meddwl y basa hynny'n digwydd. Mae hi'n bendant yn ddeurywiol, yn tydy?' Felly camau bach, ond mae pethau'n gwella.

'Pan fyddwn ni'n dod allan, mae'n bosib ein bod ni'n newid y sgript y mae ein rhieni wedi'i hysgrifennu ar ein cyfer. Weithiau mae'n iawn i ni roi ychydig o amser iddyn nhw. Gwnes i'r gwrthwyneb yn llwyr: pan ofynnodd fy mam i fi fod yn dawelach rhag ofn i'r cymdogion glywed, sgrechiais i "DWI'N HOYW" drwy ffenest agored.'

James Barr, digrifwr, actor, awdur

JJ

'Ro'n i wir yn disgwyl colli fy ngwraig pan ddes i allan, ac ro'n i wir yn ei charu hi.'

Mae JJ, neu Jessie, yn ffitiwr nwy o Fanceinion sy'n briod yn hapus â menyw ac mae ganddyn nhw ddau o blant. Mae JJ yn uniaethu fel anneuaidd neu ryweddhylifol ac ro'n nhw'n arswydo y bydden nhw'n colli eu teulu wrth ddod allan.

Dydw i byth yn teimlo'n gwbl wrywaidd nac yn gwbl fenywaidd unrhyw bryd. Byddwn i'n dweud 'mod i'n uniaethu fel person anneuaidd, rhyweddhylifol – *gender fluid*. Fi ydw i, dyna'r cwbwl.

Dwi'n ystyried rhywedd fel cae chwarae agored. Mae llawer o bobl sy'n anneuaidd sy'n edrych yn wych gyda barf ac sy'n gwisgo colur llawn a ffrog. Dwi'n meddwl bod gan bawb ei steil ei hun, ond nid dyna fi go iawn.

Yn fiolegol, ces i fy ngeni'n wryw. Yn amlwg dwi wedi bod trwy lasoed – *puberty* – gwrywaidd, ac erbyn hyn dwi'n oedolyn gwryw yn y bôn. Ond efallai, mewn bywyd gwahanol, petawn i wedi bod yn ymwybodol o beth dwi'n ei wybod nawr, efallai y byddwn i wedi trawsnewid yn blentyn ifanc ac felly nawr y byddwn i'n fwy benywaidd. Ond dwi'n dal yn credu y byddwn i wedi bod yn anneuaidd. Dwi'n 27, felly na, dyw hi ddim yn rhy hwyr i drawsnewid. Ond dwi ddim eisiau dilyn y trywydd hwnnw erbyn hyn achos dwi'n hapus gyda phethau fel y maen nhw.

Dwi ddim yn digio os wyt ti'n defnyddio'r rhagenwau 'hi' neu 'fe', achos dwi'n gallu fy nghyflwyno fy hun fel y naill neu'r llall. Ond mae gen i ffrindiau sy'n benodol yn 'nhw'. Dydyn nhw ddim eisiau uniaethu'n fenywaidd nac yn wrywaidd achos maen nhw'n bendant yn anneuaidd.

Mae'n eitha diddorol bod llawer o ieithoedd heb eiriau i gyfleu cenedl. Dwi'n credu bod Twrceg yn un sydd heb 'hi' na 'fo'. Does dim rhagenwau ar gyfer cenedl. Ond i fi, er bod llawer o 'mywyd i wedi bod yn wrywaidd ar y cyfan, dwi'n hapus i dderbyn 'fo', 'hi', 'nhw', unrhyw beth.

Ro'n i'n gwybod 'mod i'n wahanol pan o'n i'n ifanc iawn. Daliodd Dad fi'n gwisgo dillad Mam pan o'n i'n blentyn bach. Ro'n i tua thair neu bedair oed mae'n debyg. Gan mai ei ymateb cyntaf oedd gwneud hwyl o'r peth o flaen pawb, gyrrodd hynna fi i lawr llwybr go wahanol. Fel plentyn, rwyt ti wedyn yn meddwl bod hyn yn anghywir. Dwi ddim yn cael gwneud hyn. Ddylwn i ddim gwneud hynny.

Ond roedd gwisgo dillad merch yn teimlo fel rhywbeth ro'n i'n gwybod bod rhaid i fi ei drio a'i brofi. Ro'n i'n cael fy nenu ato fel dwi'n cael fy nenu at chwarae pêl-droed neu wylio bocsio. Waeth pa mor bell y byddwn i'n mynd, ro'n i yn cael fy nenu bob amser at ochr fenywaidd pethau yn ogystal â'r ochr wrywaidd.

Gwnes i beth mae llawer o bobl LHDTC+ yn ei wneud, sef dianc oddi wrthyn nhw'u hunain. Mae'n debyg 'mod i wedi treulio 'mywyd i yn trio bod y gwrthwyneb llwyr i'r hyn ro'n i mewn gwirionedd. Dim ond yn y flwyddyn neu ddwy ddiwethaf y gwnes i benderfynu, 'Na, dwi wedi tyfu i fyny, dwi'n oedolyn, dwi *yn* gallu wynebu pwy ydw i!'

Y broblem oedd, roedd yn rhaid i fi ddod allan i fi fy hun cyn i fi allu dod allan i neb arall. Roedd hi'n dal yn frwydr i fi achos ro'n i'n meddwl, 'Nid dyma pwy ydw i. Fedra i ddim gwneud hynny.' Ro'n i wedi fy llethu gan euogrwydd a chywilydd ac yn ofni beth byddai pobl eraill yn ei feddwl. Ac wedyn cyrhaeddodd y pwynt lle ro'n i'n sylweddoli 'mod i'n gwneud dim byd o'i le, do'n i ddim yn brifo neb, ro'n i'n bod yn fi fy hun ac yn fy mynegi fy hun, dyna'r cwbwl!

Dwi ddim wir yn gwybod pryd roedd yr union eiliad pan ddeallais i hyn, ond es i i barti gwisg ffansi gyda ffrindiau, fel menyw. Ro'n i'n gwybod ar y pryd bod popeth yn teimlo'n rhy dda ac mae'n debyg 'mod i'n hapusach y noson honno nag ro'n i wedi bod ers talwm iawn. Ar ôl hynny, sylweddolais i fod angen i fi gael sgwrs onest â fi fy hun yn ogystal ag â phobl eraill.

Noson gwisg ffansi oedd hi i fod, ond roedd yn teimlo'n fwy o lawer i fi na hynny. Ro'n i'n chwarae'r ffŵl yn y grŵp ac yn chwerthin am y ffaith 'mod i wedi ei fwynhau ormod! A dweud y gwir, ro'n i yn fy elfen ac yn meddwl, 'Wel, mae hyn yn teimlo'n wahanol, ond yn braf!'

Tua dwy flynedd yn ôl roedd fy noson allan gyntaf fel Jessie dwi'n meddwl, a hynny ar Canal Street yn y Pentref Hoyw ym Manceinion. Ac roedd hi'n wych, roedd yn teimlo'n anhygoel. Ro'n i'n cyfarfod ffrindiau; ro'n ni wedi trefnu bod colurydd yn ein cyfarfod ni ac aethon ni amdani a chael colur llawn. Ro'n i mor ofnus, ro'n i'n meddwl efallai y byddwn i'n aros yn y gwesty ac na fyddwn i'n ddigon dewr i fynd allan.

Dwi'n dweud 'ffrindiau' - ffrindiau newydd oedden nhw ro'n i wedi eu cyfarfod ar y cyfryngau cymdeithasol ac oedd yn mynd trwy rywbeth tebyg i fi. Pan ymunais i â'r cyfryngau cymdeithasol rhoddodd hyn fyd newydd o gysylltiadau i fi. Roedd yn help i fi ddod i delerau â fi fy hun, oherwydd ar y cyfryngau cymdeithasol mae pobl yn nhw eu hunain, hyd yn oed os nad oes neb arall yn gwybod am y peth. Dwi'n adnabod llawer o bobl sy'n cuddio pwy ydyn nhw yn y byd go iawn ond yn agored ar y cyfryngau cymdeithasol.

Ar ôl yr holl flynyddoedd o ofni dweud wrth ffrindiau neu deulu, rhoddodd Twitter ac Instagram le i fi berthyn. Ymunais â Twitter i ddechrau i weld a oedd pobl eraill fel fi yn bod, ac agorodd y llifddorau! Mae gen i dros 80,000 o ddilynwyr erbyn hyn! Roedd Twitter yn rhoi lle i fi berthyn a oedd yn help i fi ddod yn fwy hyderus. Hefyd, drwy'r platfform hwnnw, dwi wedi cael cymaint o bobl yn anfon negeseuon ata i yn dweud pethau fel, 'Dwi'n briod â menyw brydferth, mae gen i blant, dwi'n eu caru nhw, ond mae'r ochr yma i fi ac rwy'n methu dweud wrthyn nhw. Rwyt ti wedi llwyddo i'w wneud o. Fedri di helpu fi i wneud hynny?' Mae hi wedi bod yn eitha diddorol gweld faint o bobl mae angen cefnogaeth arnyn nhw.

Mae'r senario arbennig hwnnw'n debyg i fy stori i. Dwi'n briod yn hapus â menyw hardd. Mae gen i ddau blentyn hardd ac mae gen i deulu rhyddfrydig a gwirioneddol gefnogol. Mae Mam yn wych, mae fy mrodyr yn wych. Mae pawb wedi bod yn wych mewn gwirionedd, ond dwi'n meddwl 'mod i wedi bod yn gaeth yng ngharchar fy meddwl fy hun. Am gyfnod hir ro'n i'n ofni dod allan iddyn nhw.

Felly des i allan i fy ngwraig yn gyntaf. Roedd hynny ar ôl y parti gwisg ffansi, ac ar y pryd ro'n i'n hollol barod i'w cholli hi. Do'n i ddim yn gwybod sut byddai hi'n cymryd y peth. Mae dweud wrth rywun ei bod hi'n bosib dy fod ti'n rhyweddhylifol yn beth mawr. Do'n i ddim yn gwybod beth byddai ei hymateb hi, ond ro'n i'n gwybod bod rhaid i ni fod yn onest er mwyn symud ymlaen.

Do'n i ddim hyd yn oed yn gwybod pa eiriau i'w defnyddio. Hynny yw, do'n i erioed wedi clywed termau fel 'anneuaidd' neu 'rhyweddhylifol' ar y pryd. Esboniais i fod beth wnaethon ni yn y parti gwisg ffansi yn teimlo'n anhygoel. Esboniais i 'mod i'n teimlo ychydig yn wahanol erioed. Roedd fy nghalon yn curo fel gordd. Do'n i ddim yn gwybod sut byddai hi'n cymryd y peth, ond a bod yn deg, roedd hi'n anhygoel. Yn fras, dywedodd hi, 'Ti wyt ti o hyd. Dwi'n dal i dy garu di fel rwyt ti, felly awn ni ar y daith yma gyda'n gilydd.'

Bues i'n dwyn ei dillad hi, ac erbyn hyn mae hi'n dwyn fy rhai i! Mae hi wedi bod yn graig anhygoel. Hyd yn oed wrth ddod allan i bobl eraill, mae hi wedi bod yno erioed ac wedi cynnig siarad â phobl ar fy rhan i, hyd yn oed. Mae hi wedi bod yn wych, achos mae'n beth mawr. Nid Jessie ydy'r person y gwnaeth hi ei chyfarfod ar y dechrau, ond mae hi wedi derbyn y peth. Mae wedi peri syndod i lawer o bobl achos dwi ddim yn ecsentrig nac yn ferchetaidd nac yn grand. Dwi'n beiriannydd nwy, dwi'n reidio beic modur, mae gen i stybl yn amlach na pheidio.

A bod yn onest, dwi'n dal yn y camau cyntaf o weithio allan ble mae angen i fi fod a ble mae'n mynd i fynd. Dwi'n cadw Jessie a JJ ychydig ar wahân am y tro.

Yn ddiweddar, cafodd criw o hen ffrindiau wybod, ond wnaethon nhw ddim cymryd y peth cystal ag y gwnaeth rhai o fy ffrindiau agos. Ond yn ffodus mae gen i gymaint o gariad a chefnogaeth o 'nghwmpas i – y rhai sydd wedi fy ngwatwar i sydd ar eu colled rŵan. Felly does dim llawer o ots gen i am hynny.

Mae fy mhlentyn ieuengaf yn ddwy oed. Mae hi'n angel a dydy hi ddim yn deall, felly dwi ddim yn mynd i sôn am y peth wrthi eto. Mae fy mhlentyn hynaf yn wyth oed a dwi wedi cael y sgwrs â hi. Cyn i fi ddod allan yn iawn gyda phawb, gwnes i sesiwn tynnu lluniau gyda ffrind i fi. Tynnodd hi luniau anhygoel ohona i fel Jessie. Penderfynais i eu dangos nhw i bobl fel fy mam yng nghyfraith ac ambell berson arall cyn iddyn nhw wybod yr union sefyllfa. Dywedais i ryw gelwydd golau wrthyn nhw, 'mod i'n helpu ffrind a oedd yn ceisio dechrau busnes. Felly dyma ni'n dangos llun ohona i i fy merch wyth oed, a dywedodd hi, 'Waw, mae hwnna'n anhygoel!' Mae plant yn ddiniwed. Dim ond beth maen nhw'n cael eu dysgu maen nhw'n ei wybod. Felly roedd hi'n wych. Wedyn ces i sgwrs go iawn â hi ac roedd hi'n anhygoel. Dim ond dweud, 'Does dim ots gen i. Cyn belled â dy fod ti'n hapus, Dadi, does dim ots gen i! Mae'n iawn.' Mae plant fel sbwnjys: maen nhw'n sugno popeth i mewn. A dyna pam mae cael addysg LHDTC+ yn ifanc yn bwysig – os byddwn ni'n dangos iddyn nhw ei bod hi'n iawn i fod yn ti dy hun ac i dy fynegi dy hun, dwi'n meddwl y bydd hynny'n helpu lot o bobl.

Mae Dad yn eitha anodd achos dydy o ddim yn agor i fyny ar y gorau. Mae o'n cadw popeth iddo fo'i hun. Dydyn ni ddim yn osgoi'r pwnc. Dwi'n meddwl bod rhaid i Dad fod mewn man lle mae o'n iawn i sôn am y peth, dyna'r cwbwl. Dwi'n gwybod bod ganddo fo ddim problemau o gwbwl, ond dwi heb gael y sgwrs honno ag o eto. Ar y llaw arall, dwi wedi siarad â fy mrodyr a dwi wedi siarad â Mam. Mae Mam yn wych. Dwi wedi ei chyflwyno hi i Jessie, a rŵan rydyn ni'n mynd allan am goffi ac mae hi'n gefnogol iawn. Anogodd hi fi i ddod allan i weddill y teulu. Doedd dim pwysau, ond dywedodd y dylwn i wneud yn hytrach na gadael i rywun sôn heb feddwl neu i rywun gael gwybod yn ddamweiniol. Dyma'r dyfyniad gwych yma ganddi. Dywedodd, 'Fydd y rhai sy'n bwysig ddim yn hidio, a bydd y rhai sy'n hidio ddim yn bwysig!' A meddyliais i, 'Mae hi yn llygad ei lle go iawn,' ac roedd yn gyngor da.

Roedd yn wych mynd allan fel Jessie am y tro cyntaf. Ro'n i'n teimlo fel fi fy hun. Ro'n i'n teimlo wedi fy rhyddhau, yn rhydd am y tro cyntaf i fod yn fi fy hun. Rhoddodd hynny'r hyder i fi beidio â phoeni am farn pobl eraill. Dwi'n teimlo bod pawb yn mynd i dipyn o dwll yn poeni am farn pobl eraill amdanyn nhw. Ond go iawn, pan wyt ti allan yna, mae gan bawb ei fywyd ei hun i boeni amdano fo a does dim affliw o ots gan neb arall beth rwyt ti'n ei wneud. Dwi wedi bod allan cymaint o weithiau yn y dydd fel Jessie erbyn hyn a does neb yn cymryd affliw o ddim sylw.

Dwi'n dysgu amdano o hyd ac yn tyfu gyda fo a dwi'n meddwl 'mod i'n magu mwy o hyder bob dydd. Mae gen i ffrindiau, er enghraifft, sy'n uniaethu fel trawswisgwyr. Bydden nhw'n dweud does ganddo ddim byd i'w wneud â'u hunaniaeth rhywedd oherwydd dydyn nhw ddim yn teimlo fel menyw y tu mewn. Maen nhw'n mwynhau gwisgo dillad merched a dyna ni.

Dwi wedi ystyried trawsnewid, dwi wedi ystyried cymryd hormonau a gwneud y gwahaniaeth rhwng y ddau yn llai amlwg. Fyddwn i ddim yn disgrifio fy hun fel person cydryweddol – *cisgender* – beth bynnag. Petai *raid* i fi lenwi ffurflen swyddogol a thicio bocs am rywedd, byddwn i'n ticio 'arall' neu 'MX'. Mae hon yn raddfa fwy na dim ond 'gwryw' neu 'fenyw'. Mae hynny'n sicr. Mae'n sbectrwm eang. Mae lle i ni i gyd yn rhywle.

Cymerodd lawer o amser i fi sylweddoli ei bod hi'n iawn i mi fod yn ddau rywedd. Doedd dim rhaid i fi drwsio'r peth. Pan ddes i ar draws y termau 'anneuaidd' a 'rhyweddhylifol', roedd hyn wir yn taro deuddeg. Sylweddolais i o'r diwedd, 'Does dim rhaid i fi ddewis i fod yn hyn neu'r llall. Dwi'n gallu bod yn fi fy hun, dyna'r cwbwl!'

Fy nghyngor i fyddai hyn: paid â chuddio oddi wrtho, tyrd allan i ti dy hun. Dysga beth rwyt ti, ble rwyt ti am fod a ble rwyt ti eisiau ffitio i mewn iddo. Yna, unwaith y bydd gen ti bopeth mae angen i ti ei wybod, gelli di ddechrau rhannu â phobl eraill.

Dwi'n dal i fod ar y daith, dwi'n dal i dyfu. Dwi'n credu bod mwy o lawer i ddod.

Dwi'n teimlo erbyn hyn fod gen i ryw fath o blatfform i wneud rhywfaint o ddaioni, felly dwi eisiau gwneud hynny. Dwi'n ddigon hyderus ynof i fy hun i fod yn agored nawr a dweud wrth bobl pwy ydw i. Gobeithio y bydd hynny'n ysbrydoli ambell un arall i ddod allan a dweud wrth bobl pwy ydyn nhw, heb deimlo ofn a braw.

'Mae gen i ddau air o gyngor y gallaf eu rhannu o 'mhrofiad i o "ddod allan". Y cyntaf a'r pwysicaf yw: yn bendant paid ag ofni derbyn pwy wyt ti i ti dy hun. Unwaith rwyt ti wedi derbyn pwy wyt ti i ti dy hun, rwyt ti wedi cymryd y cam mwyaf yn barod! Yr ail yw: paid â mynnu y dylai pawb ddeall ar unwaith, tria gael dy dderbyn, dyna'r cwbwl. Unwaith y bydd dy ffrindiau, dy deulu a dy gyd-weithwyr yn derbyn pwy wyt ti, byddan nhw'n deall wedyn.'

Zach Sullivan, chwaraewr hoci iâ

Yvy

'Pan sylwodd pobl 'mod i'n draws,
ro'n i'n teimlo'n ofnus iawn
ynghylch be gallen nhw ei wneud.'

Yvy De Luca yw awdur y cofiant Tainted Beauty. *Mae hi'n uniaethu
fel menyw draws Indiaidd sydd hefyd yn banrywiol. Cafodd drafferth
enbyd i ddod allan yng nghymuned Fwslimaidd Blackburn yn yr 1990au
ac am gyfnod bu'n byw dau fywyd.*

Mae'n debyg mai yn fy arddegau cynnar y ces i'r syniad neu'r
teimlad mod i'n fenywaidd. Ond do'n i ddim yn gwybod sut
roedd hynny'n mynd i weithio neu sut gallwn i fod y person yna
mewn gwirionedd. Dwi'n cofio pan o'n i'n ifanc iawn iawn, 'mod
i'n gwneud rhyw bethau bach, ac wrth edrych yn ôl erbyn hyn,
ro'n nhw'n ddadlennol dros ben. Pethau fel rhoi siwmperi ar fy
mhen a smalio fod gen i wallt hir. Ac yn chwarae gyda theganau
fy chwaer bob amser a pheidio â defnyddio'r teganau roedd Mam
yn eu prynu i fi. Mae'n gyffredin iawn ein bod ni fel pobl draws
yn gweld yr arwyddion hyn yn gynnar iawn.

Ces i fy magu yn Blackburn, tref fach, Asiaidd yn bennaf, yn
Sir Gaerhirfryn. Dechrau'r 90au oedd hi ac roedd pobl yn dweud
wrtha i ddylwn i ddim ymddwyn mewn ffordd arbennig achos
ro'n i'n ymddwyn fel '*Khusra*' (sarhad homoffobaidd yn Wrdw),

sy'n golygu pwff neu hoyw. Ro'n i'n cael fy sarhau â geiriau hoyw. Dyna sut tyfais i fyny. Erbyn hyn mae cymaint o wybodaeth ar flaenau ein bysedd, ond ar y pryd ro'n i'n gwybod diawl o ddim byd am unrhyw beth am bobl LHDTC+.

Ond do'n i ddim eisiau cyfaddef dim, achos ro'n i'n gweld beth oedd yn digwydd i fi yn y cae chwarae. A dyma fi'n meddwl, 'Os mai dyma sut mae pobl yn fy nhrin i wrth iddyn nhw ddim ond meddwl 'mod i'n hoyw, dychmyga sut bydden nhw'n fy nhrin i petawn i'n dweud *bod* bechgyn yn ddeniadol i fi.' Do'n i ddim yn credu y byddwn i'n byw drwy hynny, felly cadw'n dawel wnes i.

Yn Blackburn yr adeg honno do'n i ddim yn nabod neb hoyw o gwbl, heb sôn am berson traws. Pan o'n i'n 18 oed a newydd ddechrau yn y coleg, triais i fod yn rhan o'r diwylliant hoyw. Dim ond un clwb oedd yn Blackburn, a'i enw addas oedd 'Never Neverland'. Doedd o ddim yn glwb hoyw mewn gwirionedd ond roedd yn cynnal noson hoyw, a dyna oedd fy unig ddihangfa. Dwi'n cofio gorfod mynd i'r clwb mewn dillad a oedd yn cuddio pwy o'n i (siaced hwdi fawr) ac osgoi edrych i lygaid neb. Roedd gan y clwb ddrws dur mawr, wedi'i gloi, ac roedd yn rhaid i ti guro'r drws, chwifio llaw a dweud, 'Haia! Dwi'n cwiar, gadewch fi i mewn!' Roedd o'n rhywbeth 'dan fantell y nos' rywsut. Pan o'n i yno roedd yn wych achos ro'n i'n cael profiad o ddiwylliant hoyw ac yn gwneud ambell ffrind. Ond unwaith y gwelais i sut roedd pawb yn ymddwyn, sylweddolais i fod neb wir yn meddwl fel fi. Doedd neb eisiau bod yn fenyw. Doedd neb yn teimlo fel merch. Ro'n nhw i gyd yn teimlo fel dynion hoyw oedd eisiau bod gyda dynion eraill. A dyna pryd y sylweddolais i nad dyna'r lle i fi. Ond ces i rywfaint o hwyl hefyd – wrth gwrs!

Wrth i fi dyfu'n hŷn, sylweddolais fod fy rhywioldeb yn fwy na chael fy nenu at rywun. Does dim ots gen i wir pa lestr neu gasin allanol sydd gennyt ti – os oes gennyt ti bersonoliaeth sy'n ddeniadol i fi, dwi'n cael fy nenu tuag atat ti, dyna'r cwbwl. Ac mae hynny'n cynnwys dynion, menywod – unrhyw un, a dweud y gwir. Mae'n debyg y byddwn i'n fy niffinio fy hun fel person panrywiol. Dwi'n fy ngweld fy hun fel Yvy, ac os dwi'n dy hoffi di, dwi'n dy hoffi di. Os dydw i ddim yn dy hoffi di, dydw i ddim.

Dwi wedi bod mewn perthynas â dynion ac â menywod. Dwi heb gael perthynas lawn, hirdymor â menyw, ond dwi wedi cael perthnasoedd. Dwi'n meddwl ei bod hi'n bwysig gadael i bobl wybod na ddylen ni gyfyngu ein hunain a meddwl bod rhaid i ni ffitio rhyw fowld arbennig neu i focs arbennig. Gad i ti dy hun fod yn agored a rhydd a byddi di'n gallu dechrau dysgu mwy amdanat ti dy hun wedyn. Ar ôl i fi drawsnewid, dechreuais i sylweddoli 'mod i nawr yn gallu archwilio fy rhywioldeb mewn perthynas â menywod. Do'n i ddim yn barod am hynny pan o'n i'n iau.

Des i allan pan o'n i tua 19 neu 20 oed, ac wrth Mam y dywedais i gyntaf. Wedyn dywedais i wrth rai o fy ffrindiau. Roedd hi'n eiliad wnaeth wir fy rhyddhau achos am flynyddoedd do'n i ddim hyd yn oed yn gwybod bod 'trawsryweddol – yn air. Ac wedyn i gael yr eiliad honno o sylweddoliad, y math yna o ddeffroad – roedd fel petai popeth ro'n i wedi bod trwyddo yn gwneud synnwyr. Sylweddolais i 'mod i'n gallu gwneud rhywbeth am y peth yn hytrach na'i fod yn troi a throi yn fy mhen heb wybod beth i'w wneud ag o. Felly roedd o wir yn wych, ac roedd Mam mor gefnogol am y peth hefyd. Dywedais wrthi 'mod i'n teimlo 'mod i'n ferch a nawr ro'n i'n gwybod y gallwn i fod yn ferch go iawn. Yr unig beth ddywedodd Mam oedd, 'Ro'n i'n gwybod y basat ti'n dweud rhywbeth fel hyn wrtha i ryw ddiwrnod. Ro'n i jest yn aros i dy glywed ti'n ei ddweud o!'

Ro'n i wedi dod allan yn hoyw i Mam yn barod rai blynyddoedd cyn hynny. Ar y pryd roedd yn fater o geisio ffitio'r mowld yna. Ro'n i'n meddwl, wel, os ydw i'n hoyw, rhaid i fi drio bod yn hoyw neu fod y mwyaf hoyw y galla i fod. Ond doedd o ddim yn ffitio. Ond pan ddywedais i wrthi 'mod i'n hoyw, digwyddodd y sgwrs mewn canolfan siopa yn Preston! Ond yn lle dweud, 'Wyt ti'n siŵr?', yr hyn ddywedodd hi oedd, 'Felly, pan oeddet ti'n mynd i Oswaldtwistle yr holl droeon yna gyda'r ffrind do'n ni'n gwybod dim amdano, ai cariad oedd hwnna mewn gwirionedd?' Ac ie, dyna oedd o! Roedd ganddi fwy o ddiddordeb yn ble ro'n i'n mynd a beth ro'n i'n ei wneud nag yn fy rhywioldeb i. A dyna'n hanes ni erioed. Mae hi'n gwbl wych!

Cafodd Mam ei geni yn Tanzania yn Affrica ac mae Dad yn dod o India, ond daeth y ddau i Brydain pan oedden nhw yn eu harddegau cynnar. Mam yw'r ieuengaf o'i brodyr a'i chwiorydd, ond mae hi wedi dod yn agored iawn ei meddwl ac mae hi'n oddefgar iawn ac yn derbyn pawb. Dwi'n meddwl bod honna'n agwedd dda iawn, yn enwedig o ystyried o ble mae hi'n dod a sut mae hi wedi cael ei magu. Dwi mor ffodus i gael rhywun tebyg iddi hi yn fy mywyd.

O ran fy mrodyr a fy chwiorydd, dywedodd fy chwaer, 'Ie, jest gwna be rwyt ti isio'i wneud.' Pan adawais i'r cartre, doedd hi ddim yn fater o beidio â siarad â nhw byth wedyn. Roedd yn fwy o fater 'maen nhw'n byw eu bywydau nhw a dwi'n byw fy mywyd i'. Gyda fy mrawd, doedd hi ddim fel bod gynnon ni ryw berthynas gref iawn beth bynnag, felly ar ôl gadael cartre, welais i mohono fo am amser hir iawn. Ond mae ein perthynas ni erbyn hyn yn wirioneddol dda. O ran Dad, dydy'r mater ddim wir wedi codi ei ben achos doedd o ddim yn bresennol mewn gwirionedd. Dwi'n ei gofio fo fel rhywun a oedd yn byw gyda ni ac a benderfynodd hel ei bac un diwrnod.

A bod yn onest, gyda fy mherthnasau a'r gymuned Fwslimaidd y ces i fy mhroblemau. Ces i fy magu yn y grefydd Fwslimaidd. Mae fy nheulu i gyd yn Fwslimiaid, ac mae Blackburn yn dre Fwslimaidd iawn hefyd, felly ro'n i wedi fy amgylchynu gan bobl o'r ffydd honno. Roedd hi'n anodd iawn, iawn i fod yn Asiaidd, yn Fwslim ac yn cwiar. Do'n i ddim yn mynd i fosg na dim byd fel yna. Roedd fy nheulu'n mynd, ond dysgodd Mam ffyrdd Islam i fi ac wedyn rhoi'r dewis i fi a o'n i eisiau ei ddilyn ai peidio.

Roedd y problemau ro'n i'n dod ar eu traws gan y gymuned ehangach yn digwydd bob dydd. Doedd dim diwrnod yn mynd heibio heb i rywun ddweud wrtha i fod y person o'n i, a'r ffordd ro'n i'n ymddwyn a phwy ro'n i am fod, yn mynd i ddwyn gwarth. Ro'n nhw'n dweud wrtha i'n gyson i beidio ag ymddwyn fel ro'n i, neu y byddwn i'n cael fy niarddel. Dywedodd fy meddyg teulu fy hun hynny wrtha i hyd yn oed! Pan es i ato fo ac esbonio sut ro'n i'n teimlo, dywedodd wrtha i am beidio â dwyn cywilydd ar y teulu. Awgrymodd y dylwn i dreulio mwy o amser gyda 'mrawd i, yn chwarae pêl-droed ac yn gwneud pethau arferol i fechgyn!

A dyna'r math o bethau dwi wedi tyfu i fyny gyda nhw. Roedd yr un peth yn wir yn yr ysgol hefyd. Roedd y rhan fwyaf o'r bwlio yn dod gan bobl Asiaidd eraill achos do'n nhw ddim yn hoffi sut ro'n i'n ymddwyn. Gwnaethon nhw i fi feddwl bod pwy ydw i yn anghywir ac na ddylwn i hyd yn oed fodoli oherwydd pwy ydw i. Roedd Mam yn torri ei chalon, ond yn y pen draw gwnes i'r penderfyniad i adael Blackburn achos ro'n i'n gwybod 'mod i'n methu bod yn draws ac aros yno.

Ro'n i'n byw bywyd dwbl cyn i fi symud. Dewisais i drawsnewid gartref a mynd i Fanceinion i weithio fel menyw. Gwnes i hynny bob dydd heb i fy mrawd na fy chwaer hyd yn oed wybod 'mod i'n draws. Yr unig berson oedd yn gwybod beth ro'n i'n ei wneud oedd Mam. Byddwn i'n deffro'n gynnar iawn, yn gwisgo ychydig o golur syml, yn rhoi fy ngwisg amdana' i, yn tycio'r cyfan i mewn ac yna'n gwisgo siaced bomyr hir, enfawr â hŵd. Byddwn yn cyrraedd yr orsaf drenau heb edrych i lygaid neb, yn cyrraedd fy ngwaith, ac yna'n mynd i'r toiledau hygyrch. Byddwn yn twtio gweddill fy ngwisg yn fanno – gosod y 'ffiledi cyw iâr', gwisgo'r sodlau ac wedyn mynd i'r gwaith i wneud shifft wyth awr. Wedyn byddwn i'n gwneud popeth o chwith i fynd adre!

Gwnes i hynny am fisoedd tra oeddwn i'n cynilo er mwyn symud i Fanceinion – ro'n i'n methu aros. Roedd hi mor anodd ac weithiau pan o'n i ar y trên byddai rhywun yn sylwi arna i. Dyma rai o gyfnodau mwyaf brawychus fy mywyd i. Roedd hi mor anodd achos ro'n i'n eistedd yno ar y trên â hanner fy ngholur ar fy wyneb (ro'n i methu tynnu popeth i ffwrdd) ac yn gwneud fy ngorau i fod â golwg fel dyn, ond doedd o ddim yn gweithio o gwbl. Es i drwy hynny i gyd ddim ond er mwyn cael bod yn fi. Roedd o mor anodd. A bod yn berson Asiaidd hefyd – roedd hynny bron fel petai'n rhwystr ychwanegol, rhagor o bwysau.

Ro'n i'n chwarae rôl. Wrth gyrraedd y gwaith, roedd yn rhaid i fi ymddwyn fel mai fi oedd yr un oedd wrth ei bodd yn gwisgo pedair haen o *foundation* a cholur llygaid a minlliw pan do'n i ddim go iawn. Dwi'n fwy o ferch jîns a chrys-t â 'ngwallt i wedi'i glymu'n ôl a heb golur. Ond ro'n i'n methu gwneud hynny achos bod yn rhaid i fi guddio'r stybl. Felly roedd yn rhaid i fi chwarae'r rhan honno hefyd.

Roedd ambell un yn y gwaith yn iawn am y peth, eraill ddim. Roedd hyn ar ddechrau'r 2000au ac roedd gynnon ni'r un problemau â'r rhai rydyn ni'n eu gweld rŵan, sef pobl yn cwyno 'mod i'n defnyddio toiledau'r menywod. Ac ymosododd rhywun arna i yn y gwaith. Ces i rywfaint o gefnogaeth gan fy rheolwr, ond wedyn ces i fy ngalw i mewn yn dilyn cwyn a gafodd ei gwneud yn fy erbyn i am ddefnyddio'r toiledau anghywir. Roedd o'n un o'r rhwystrau yna roedd yn rhaid i fi weithio drwyddyn nhw, dyna'r cwbwl. Mae'n hurt, erbyn meddwl, dwi ddim ond yn byw fy mywyd. Dwi ddim yn creu trafferth i neb o gwbl, ond mae'n debyg fod gan bobl broblem.

Yn ddiweddar es i'n ôl i Blackburn ar ôl peidio â bod yno am flynyddoedd, ac roedd pethau i'w gweld mor gadarnhaol. Gwelais fy nheulu ac roedd hyn yn brofiad calonogol. Ac wrth i fi gerdded o gwmpas y dref a gweld yr holl bethau ro'n i'n eu cofio o fy mhlentyndod, a oedd bryd hynny'n eitha negyddol, ro'n i'n gallu edrych arnyn nhw a dweud, 'Waw! Dysgais i gymaint o'r profiad yna.' Dwi'n falch iawn 'mod i yn y cyflwr meddyliol yma rŵan gan fod hyn wir yn dangos dy fod ti'n gallu dysgu o bob un dim rwyt ti'n mynd trwyddo fo a gollwng dy afael ynddo a'i droi'n rhywbeth cadarnhaol.

Dwi'n meddwl ei bod hi'n bwysig 'mod i allan ac yn falch fel menyw draws rŵan, achos am amser hir dwi wedi bod yn pasio¹. Dwi'n gallu cerdded i lawr y stryd a does neb wir yn gwybod. Does neb yn syllu arna i a dwi'n meddwl 'mod i wedi cymryd y math yna

---

1   Pan fydd rhywun yn cael eu hystyried, ar gipolwg, yn ddyn cydryweddol neu'n fenyw gydryweddol. Cydryweddol yw'r term am rywun a'u hunaniaeth rhywedd yr un peth â'r categori rhyw adeg eu geni.

o fantais yn ganiataol am flynyddoedd lawer. Pan ddechreuais i drawsnewid, doedd hi ddim fel hynny achos bod yna arwyddion amlwg. Ac wrth i'r blynyddoedd fynd heibio, ddechreuais i fynd i'r arfer o balu mlaen. Ro'n i'n teimlo nad oedd wir raid i fi gyhoeddi'r peth i bawb. Ac yna dechreuais i feddwl, 'Dwi fel taswn i'n cymryd y fantais o basio yn ganiataol ac mae llawer o bobl allan fanna sy'n mynd trwy'r broses, sydd efallai wedi bod yn mynd trwyddi am flynyddoedd lawer, ac sy'n dal i fethu cael eu derbyn mewn cymdeithas.'

Wedi dweud hynny, ddylen ni ddim gorfod teimlo mai dyna ydy'r nod. Ddylen ni ddim gorfod pasio ar gyfer dim byd ar wahân i ni'n hunain. A dyna pam ro'n i eisiau dod allan a bod yn fenyw draws gwbl agored a balch. Dydw i ddim am i bobl feddwl bod angen i ti basio oherwydd bod angen i ti wneud i bobl eraill deimlo'n gysurus. Na! Edrycha fel ti dy hun a dyna'r unig beth sy'n bwysig.

I unrhyw un sydd heb ddod allan eto, byddwn i'n dweud wrthot ti am fod yn driw i ti dy hun bob amser, achos mae beth rwyt ti'n ei deimlo ac yn gwybod ei fod yn wir y tu mewn i ti, *yn* wir ac yn gywir. Felly, dos amdani a phaid ag ofni achos bydd y bobl sydd i fod i aros yn dy fywyd di yn gwneud hynny. Efallai dy fod ti fel fi ac y byddi di'n colli dy deulu estynedig ond byddi di'n cadw'r rhai sydd i fod yn dy fywyd di, a dyna'r cyfan sy'n bwysig. A hyd yn oed os wyt ti'n colli aelodau o dy deulu, byddi di'n cyfarfod pobl a fydd yn dy fywyd di, fel fi, a fydd yn gallu bod yn deulu i ti ac yn gefn i ti.

Dwyt ti ddim ar dy ben dy hun. A phaid â meddwl bod angen i ti gydymffurfio â neb. Un peth ddywedodd Mam wrtha i oedd: 'Paid byth â meddwl bod angen i ti fod yn rhywun arall i 'mhlesio i. Achos pan fydda i wedi mynd, pwy ddiawl fyddi di'n ei blesio bryd hynny?'

'Er does dim "adeg iawn" i ddod allan, cyn gynted ag y byddi di wedi gwneud, byddi di'n sylweddoli'n gyflym mai hanner byw yw byw'n gudd – y gwahaniaeth rhwng byw dy fywyd mewn du a gwyn a byw dy fywyd mewn lliw llawn. Cofia dwyt ti ddim ar dy ben dy hun a dim ond drwy fod yn onest a charu dy hun y gelli di ddechrau newid dy fywyd er gwell.'

Jen Brister, digrifwr, actor, awdur

Enoch

'Trion nhw 'nghael i i drosi fy rhywioldeb drwy weddi.'

Bu'n rhaid i Enoch ddioddef therapi trosi
a chael ei daflu allan o'i brifysgol am fod yn hoyw.

Haia, Enoch Miller ydw i. Yn swyddogol fi yw Ymerodres answyddogol Gorllewin Hollywood. Dwi'n frodor o Orllewin Hollywood. Wel, dwi wedi bod yma ers naw mlynedd bellach.

Mae gen i waed Sbaenaidd, felly dwi'n gwybod yn iawn bod y gymuned Latino yn cael amser anodd iawn wrth ddod allan, oherwydd Catholigiaeth. Dydy o byth yn ddewis hawdd, ond wir yr, fyddi di byth yn hapus yn dy fywyd nes y byddi'n onest â ti dy hun ac â'r bobl o dy gwmpas.

Ro'n i'n gwybod 'mod i'n hoyw pan o'n i tua 13 i 15 mlwydd oed.

Gyda ffrind y ces i'r sgwrs gyntaf am fod yn hoyw. Roedd yn frawychus, a dweud y gwir, achos ro'n i wir yn ofni y byddai fy rhieni'n cael gwybod. Ond roedd hi'n sgwrs doedd dim modd ei hosgoi, gan ei fod o'n gwybod 'mod i'n hoyw ac yn gwybod 'mod i'n gwybod ei fod o'n gwybod. Ro'n i'n methu ei guddio o gwbl. Roedd llawer mwy o bobl yn dod yn ymwybodol o fy rhywioldeb. Y jôc oedd 'mod i mor hoyw, roedd y waliau'n gwybod!

Roedd hyn mewn ysgol uwchradd yn Texas. Yn y gymuned honno roeddet ti'n cael dy labelu fel naill ai 'steer' neu 'queer'. Mae'n ardal homoffobig iawn. I'r graddau y byddet ti'n ofni rhywfaint am dy fywyd, petaet ti'n dod allan yn hoyw.

Roedd rhywun ar fy nhîm pêl fas oedd yn amau 'mod i'n hoyw a ches i fy erlid allan o'r pafiliwn gan y tîm pêl fas cyfan â batiau pêl fas. Roedd yn rhaid i fi ddweud celwydd er mwyn byw, a dweud nad oedd o'n wir. Ond o'r diwrnod hwnnw ymlaen, gwnes i 'ngorau i gadw'r peth yn dawel iawn. Petawn i heb ei wadu, bydden nhw'n bendant wedi ymosod arna i. Mewn lle fel Lubbock yn Texas dydyn nhw ddim yn groesawgar o gwbl i unigolion LHDTC+. Dydy hi ddim yn dref fechan, ond mae'n dref llawn meddyliau bychain.

Ces i fy owtio i fy rhieni yn ddamweiniol, diolch i MySpace, o bopeth! Ro'n i yn fy mlwyddyn olaf yn yr ysgol uwchradd a phostiodd ffrind i fi luniau ohono i a oedd yn dangos fy rhywioldeb yn amlw. Dwi ddim hyd yn oed yn gallu cofio beth ysgrifennodd o, ond gwelodd fy rhieni'r neges a holon nhw fi amdani hi. Roedd hyn yn ystod fy wythnos olaf yn yr ysgol uwchradd ac roedd yn rhaid i fi ddweud wrthyn nhw 'mod i yn hoyw. Am brofiad brawychus!

Ond do'n i ddim wir yn gallu gwadu'r peth. Roedd ganddyn nhw ddigon o brawf, diolch i MySpace. Mae Dad yn weinidog gyda Bedyddwyr y De, felly roedd hi'n amlwg yn hollol annerbyniol i fi ddod allan yn hoyw. Mae fy rhieni'n grefyddol iawn a ches i fy enwi ganddyn nhw ar ôl un o'r unig ddau berson yn y Beibl i gael ei godi o farw'n fyw. A fi yw'r hynaf o chwech o blant hefyd. Mae'n gymuned grefyddol iawn, iawn felly doedd hi ddim yn syniad da i fi ddod allan. Ond clywon nhw amdana i ac ar unwaith dechreuon nhw sôn am i ble gallen nhw fy anfon i er mwyn fy iacháu. Roedd yn rhaid i fi ddilyn therapi trosi. Ces i fy ngyrru i 'straight camp' am ychydig yn 2007 i drosi fy rhywioldeb drwy weddi, neu 'pray the gay away'.

Dwi ddim yn meddwl ei fod cynddrwg â rhai o'r pethau mae fy ffrindiau eraill wedi bod drwyddyn nhw. Roedd gen i ffrindiau a oedd yn rhan o Eglwys y Mormoniaid. Ro'n nhw ychydig yn fwy eithafol. Roedd rhai ohonyn nhw wedi cael therapi bath iâ neu therapi sioc drydan – y math o bethau ro'n nhw'n ei wneud i garcharorion yn y gorffennol. Mae therapi dŵr oer yn rhan o'r therapi amddifadedd maen nhw'n ei ddefnyddio i dy gywiro di'n feddyliol. Mae'n hen arferiad ro'n nhw'n arfer ei wneud mewn ysbytai meddwl i wella salwch meddwl. Wir i chi, dwi wedi dod ar draws llawer o bobl sy'n dal i gredu fod bod yn hoyw yn salwch meddwl.

Does dim llawer o bobl yn sylweddoli bod llefydd sy'n cael eu galw'n 'safleoedd du' yn Ne'r Unol Daleithiau. Maen nhw'n dy anfon di i'r llefydd hyn a does neb yn poeni go iawn am beth sy'n digwydd i ti achos rwyt ti'n mynd yno i gael dy drwsio. Eu cred nhw ydy, os wyt ti'n hoyw, mae rhywbeth yn bod arnat ti! Dydy o ddim yn beth arferol a dydy o ddim yn digwydd drwy'r amser. Ond mae yna enghreifftiau o deuluoedd sy'n credu dy fod ti'n aflan, bron, felly maen nhw'n trio gwneud popeth o fewn eu gallu i dy gywiro di.

Roedd fy therapi trosi i'n fwy cynnil. Ces i lawer o bobl yn rhoi eu dwylo arna i ac yn gweddïo. Y cyfan wnes i oedd dweud celwydd noeth a dweud wrthyn nhw yr hyn ro'n nhw eisiau ei glywed. Gwnes i hynny er mwyn i fi beidio â gorfod delio â'r peth ddim mwy. Ro'n i eisiau symud fy mywyd i yn ei flaen, dyna'r cwbwl!

Ac yna, flynyddoedd lawer yn ddiweddarach, pan o'n i'n 22, dyma fi'n cyfarfod fy mhartner Doug. Dwi wedi bod gyda Doug ers naw mlynedd erbyn hyn. Ar y pryd, ro'n i'n mynd i Goleg Cristnogol a gwelson nhw ar Facebook 'mod i'n mynd allan gydag o. Gofynnon nhw i fi a oedd hynny'n wir a ches i fy niarddel o'r coleg. Felly ces i fy nhaflu allan o'r brifysgol am fod yn hoyw!

Tan yr adeg honno, ro'n i wedi trio gwneud beth roedd fy rheini am i fi ei wneud. Trio peidio â thynnu sylw ata i fy hun a pheidio â chyfaddef i fi fy hun pwy o'n i go iawn. Ond pan wnes i gyfarfod Doug, sylweddolais i 'mod i'n methu gwadu'r ffaith mai dyma'r dyn ro'n i eisiau bod gydag o am weddill fy oes.

Ro'n i'n methu dal ati i esgus 'mod i'n rhywun do'n i ddim, felly o'r diwedd cyhoeddais i'n swyddogol, 'Hei – dwi'n hoyw!' O'r eiliad honno ymlaen dywedais i, 'Os dwyt ti ddim yn hoffi'r peth, mae'n ddrwg gen i. Ond dyma sut mae pethau'n gorfod bod!'

Ac oherwydd hynny trodd fy rheini eu cefnau arna i. Roedd hynny'n anodd. A dweud y gwir, cymerodd hi tua thair blynedd i fi ddeall a phrosesu'r peth yn iawn. Y peth olaf i fi ei ddweud wrth fy rhieni oedd, 'Dyma be rydach *chi* eisiau ei wneud. Dyma eich dewis *chi*. Dwi'n gwybod pwy ydw i. Dwi'n gwybod beth ydw i. A waeth beth byddwch chi'n ei feddwl neu'n ei ddweud, dwi'n gwybod mai dyma ydw i.'

Hefyd dywedais i wrthyn nhw mai nhw oedd i benderfynu a oedden nhw am gysylltu, 'Dwi yma os hoffech chi siarad. Mae 'nrws i ar agor bob amser tan yr eiliad rydych chi'n barod i wneud hynny. Fe wna i aros.'

Felly, nhw sydd i benderfynu a ydyn nhw byth eisiau siarad â fi eto. Ond roedd hynny naw mlynedd yn ôl ac maen nhw'n dal i fod heb godi'r ffôn i siarad â fi. Erbyn hyn, dwi ddim yn meddwl y gwnân nhw hynny byth.

Am y flwyddyn neu ddwy gyntaf roedd hi'n anodd iawn. Fel soniais i, fi ydy'r hynaf o chwech. Felly, pan mae'r teulu i gyd, yr holl bobl rwyt ti wedi tyfu i fyny gyda nhw, yn troi eu cefnau arnat ti, mae'n debyg i gael slap ar draws dy wyneb!

Gwnes i drio siarad â fy mrodyr a fy chwiorydd. Mae gen i un brawd sy'n dal i siarad â fi. Bydda i'n ei weld o ddiwedd y flwyddyn gyda'i deulu. Ara deg mae dal iâr! Mae gan y lleill gymhelliad cudd. Maen nhw'n siarad â fi ond yn bennaf ddim ond er mwyn iddyn nhw allu dweud wrtha i bod angen i fi droi at Iesu. A does gen i ddim amser ar gyfer hynny. Hynny yw, os nad ydyn nhw'n mynd i fod yn gefnogol i fi a phoeni go iawn amdana i ac am fy nyfodol, does dim eisiau eu negyddiaeth nhw arna i yn fy mywyd.

Ond wedyn sylweddolais i fod gen i deulu newydd. Mae gen i fy mhartner, fy chwaer-yng-nghyfraith, ac mae gen i bob ffrind dwi wedi'i wneud yma yng Ngorllewin Hollywood. Nhw ydy fy nheulu maeth i. Nhw ydy'r bobl sy'n fy ngharu i ac yn fy nghefnogi i'n ddiamod. Nhw ydy'r rhai dwi'n eu gwerthfawrogi fwyaf.

Yn enwedig yma yng Ngorllewin Hollywood, ond hefyd yn Los Angeles, dwi'n teimlo bod rhaid i ni ddod o hyd i'r bobl i ddod yn deulu i ni. Mae gan LA, er ei bod yn ddinas mor flaengar, tua 8,000 o bobl ifanc LHDTC+ digartref – plant sy'n cael eu taflu allan am ryw reswm neu'i gilydd neu sy'n cael eu gwrthod gan eu teuluoedd. Dydy hynny ddim yn anghyffredin o gwbl. Felly dwi eisiau i bobl wybod, waeth pwy wyt ti neu o ble rwyt ti'n dod, bydd gen ti deulu yma bob amser gyda phobl sy'n dy garu di ac yn dy barchu di ac sy'n gallu dy ddeall di.

Dwi'n gwybod bod fy stori'n eitha digalon. Ond – dwi ddim yn difaru dod allan o gwbl. Wir i ti, ro'n i'n fwy anhapus yn dweud celwydd wrtha i fy hun ac yn dweud celwydd wrth bawb arall. Roedd esgus bod yn rhywun ro'n i'n gwybod do'n i ddim, yn beth mor anodd ei wneud. Yn amlwg, doedd y dewis ddim yn un hawdd. A bod yn gwbl onest, yr eiliad y dechreuais i fod yn fi fy hun a chyfaddef i fi fy hun bod dim byd yn bod arna i, fy mod i'n hardd ac mai dyma pwy ro'n i i fod, dyna'r eiliad y daeth fy mywyd i'n haws o lawer.

Doedd fy mywyd ddim yn llwyddiant dros nos, ond dwi wedi cael popeth sydd gen i rŵan o ganlyniad i fod yng nghwmni pobl sydd wedi fy nghefnogi, wedi cofleidio fy natur wallgo', sut bynnag y byddai hynny'n ei amlygu ei hun, ac yn fy ngharu i'n ddiamod.

Os byddi di'n dod allan, mi gei di dy siomi ar yr ochr orau gan y bobl fydd yn camu i'r bwlch i dy gefnogi di – pobl fyddet ti byth wedi dychmygu y bydden nhw'n malio. A dyna'r bobl fydd yn deulu go iawn i ti o hyn ymlaen.

Bill

'Dywedodd wrtha i nad oedd bod yn hoyw yn achos cywilydd.'

Cafodd Bill ei fagu mewn cartref gofal i blant yn Southport a daeth allan pan oedd yn ddyn ifanc ar ôl cael ei fwlio. Aeth yn ei flaen i gael gyrfa lwyddiannus, yn gweithio fel model ac yn y byd ffasiwn.

Ro'n i tua 13 oed ac yn mynd i ysgol i fechgyn yn unig yn Southport, lle ges i fy magu. (Ro'n i'n byw yn un o gartrefi gofal Dr Barnado's am 17 mlynedd). Yr adeg honno, do'n i ddim yn gwybod 'mod i'n hoyw na beth oedd ystyr y gair 'hoyw' hyd yn oed, ond dechreuais i ffansïo bachgen arall oedd flwyddyn neu ddwy yn hŷn na fi. Daethon ni'n ffrindiau. Doedd hi ddim yn berthynas rywiol, ond ro'n i'n gwybod 'mod i dros fy mhen a 'nghlustiau mewn cariad â'r person yma.

Sylwodd rhai o'r bechgyn eraill fod rywbeth braidd yn od, yn eu golwg nhw, am y cyfeillgarwch hwn. Ro'n i'n arfer mynd draw i dŷ fy ffrind drwy'r amser a des i i adnabod ei deulu. Bydden ni'n mynd allan gyda'n gilydd ar benwythnosau ac es i ar wyliau gyda nhw. Erbyn i fi droi'n 18 oed, ro'n nhw'n gwneud sylwadau slei amdana i, yn defnyddio termau fel 'cwiar', *'shirt lifter'*, *'bum boy'*. Ac i fi, oherwydd 'mod i wedi clywed y geiriau hynny â goblygiadau negyddol, roedd y peth yn eitha dychrynllyd.

Un diwrnod, ro'n i'n methu ymdopi na delio â'r peth mwyach, felly penderfynais i ddianc o'r ysgol. Diflannais i am chwe neu saith awr – gan dreulio fy amser ym Mharc Victoria, sy'n agos at fy nghartre. Yn y pen draw es i i fy *Boys' Brigade*, chwilio am fy nghapten i ac esbonio iddo fo beth oedd wedi digwydd. Bues i'n siarad â fo a'i wraig ac wedyn aethon nhw â fi i weld fy ngweinidog. Roedd o'n ddyn anhygoel. Cysyllton nhw â'r cartref plant a daeth rheolwr y cartref draw a chawson nhw drafodaeth. Do'n i ddim yn y cyfarfod hwnnw, ond wedyn gofynnon nhw gwestiwn penodol i fi. Wrth edrych yn ôl rŵan fel dyn 60 oed, roedd beth ddigwyddodd yn anhygoel. Gofynnon nhw i fi a o'n i'n 'homosexual' – a dyna'r gair ddefnyddion nhw. Ac wedyn dywedodd y gweinidog fod hyn yn eitha normal i fachgen fy oed i. Dywedodd wrtha i ein bod yn mynd trwy'r newidiadau hyn a doedd dim angen i fi ddiffinio fy hun fel dyn hoyw yr adeg yma yn fy mywyd. Wedyn ychwanegodd, os o'n i'n hoyw, dyna fo, a doedd dim angen bod â chywilydd.

Roedd hynny 'nôl yn y 70au, felly roedd yn ymateb anhygoel – yn enwedig gan rywun yn yr Eglwys. Cafodd pennaeth yr ysgol wybod – roedd o'n ddyn da – a'i farn o oedd mai'r peth gorau a allai ddigwydd oedd i fi drafod pethau â rhai o'r bechgyn eraill. A dyna wnes i.

Ces i ychydig bach o negyddiaeth, ond chymrodd y rhan fwyaf o bobl ddim iot o sylw a dweud y gwir. Chafodd y peth ddim ei drafod hyd yn oed. Ro'n i'n eitha da mewn chwaraeon yn yr ysgol ac yn boblogaidd iawn, ac roedd hynny'n help, yn bendant. Ro'n i'n gallu gwneud i bobl chwerthin, felly yn y pen draw diflannodd y negyddiaeth yn eitha naturiol. Ond unwaith i mi wneud y penderfyniad hwnnw a gwybod beth o'n i, wnes i ddim ei guddio.

Dwi'n cofio'r berthynas gyntaf ges i pan o'n i tua 16 oed. Ac erbyn 'mod i'n 17, ro'n i'n mynd lawr i Lundain nawr ac yn y man.

Ond i fynd yn ôl at yr hogyn y syrthiais i mewn cariad ag o yn 13 oed, ddywedais i erioed wrtho fo am fy nheimladau. Dwi'n meddwl ei fod o'n gwybod a dwi'n meddwl mai dyna pam newidiodd ein perthynas. Tynnodd yn ôl rywsut a symud ymlaen at bobl eraill oedd yn nes at ei oed o. Wnes i ddim dweud wrtho fo ar y pryd achos ro'n i ofni cael fy ngwrthod. Ond roedd yn foment allweddol. Fo oedd fy nghariad cyntaf a hyd heddiw, os dwi'n cyfarfod pobl a'r un natur neu sy'n debyg iddo fo o ran pryd a gwedd, dwi'n cael fy nenu atyn nhw. Es i chwilio ar y we i weld beth oedd ei hanes flynyddoedd yn ddiweddarach. Roedd o wedi ymuno a'r Awyrlu Brenhinol, yn briod ac yn dad bellach.

Pan ddes i allan yn y cartref gofal doedd rhai o'r bechgyn hŷn ddim yn hoffi'r peth. Roedd yn gyfnod anodd. Cafodd y cartref ei gau oherwydd cam-drin rhywiol. Y plant achosodd iddo gael ei gau, oherwydd rhedodd pob un ohonon ni i ffwrdd un diwrnod. Ro'n i'n un o'r rhai hŷn a drefnodd y digwyddiad. Fedri di ddychmygu'r holl weithwyr cymdeithasol yn rhedeg o gwmpas rhwng Southport a Lerpwl yn ceisio dod o hyd i ni? Yn y pen draw caeodd Barnado's y cartref. Gwnaethon nhw'r peth iawn. Cawson nhw ymchwiliad a chafodd rheolwr y cartref ei symud. Roedd hi'n gyfnod anodd ac yn gyfnod trist. Os wyt ti'n tynnu hynny i gyd o'r darlun, mae'n rhaid i fi ddweud bod y cartref wedi dysgu llawer o bethau gwerthfawr i ni o ran ein haddysg, ein hymddygiad a'n datblygiad.

Ychydig wedi hynny symudais i Fanceinion. Es i i glwb o'r enw DeVilles, oedd wir yn glwb tanddaearol. Byddai pobl fel Morrissey a'r Smiths yno, ac roedd gwahanol steiliau, gwahanol ffasiynau a gwahanol fathau o gerddoriaeth o *Northern soul* i ffync i ddisgo i beth rydyn ni'n ei alw'n gerddoriaeth *indie* erbyn hyn. A des i o hyd i grŵp o bobl oedd yn rhan o hyn i gyd, oedd yn hoyw ac yn syth, ac fe drodd yn ddiwylliant go iawn. Wedyn des i ar draws bariau eraill a aeth â fi i mewn i'r sin hoyw. Ro'n i'n gweithio yng nghanol y ddinas ac ro'n i'n adnabyddus, felly ches i erioed broblemau i gael mynd i mewn i fariau a chlybiau, fel roedd rhai pobl yn eu cael.

Dydy bod allan, yn hoyw ac yn Ddu erioed wedi bod yn broblem i fi. Dwi'n meddwl y gwnaiff unrhyw un sy'n fy adnabod i ddweud 'mod i'n rhywun sy'n fy amddiffyn fy hun ar unwaith o flaen pobl os dwi'n teimlo bod unrhyw beth yn seiliedig ar hil. Os oes unrhyw beth yn cael ei ddweud, dwi'n ymateb ar unwaith ac yn herio. Er hynny, dwi hefyd yn deall ei bod hi'n anodd i lawer o fechgyn ifanc Du ddod allan oherwydd y pethau sy'n digwydd o fewn eu cymunedau eu hunain. Mae'n gallu bod yn frawychus iawn iddyn nhw. Dwi wedi cyfarfod unigolion sydd wedi dweud wrtha i am eu profiadau a fyddai neb eisiau cael profiadau fel y rheini. Felly, mae dod allan yn wahanol i bawb. Mae pobl eraill o 'nghenhedlaeth i wedi cael profiadau erchyll yn dod allan. Dwi'n un o'r storïau lwcus iawn, dyna'r cwbwl. Ro'n i'n lwcus iawn o'r hyn oedd gen i o 'nghwmpas i.

Dywedais i wrth Mam yn ddiweddarach yn fy mywyd. Ro'n i wedi bod allan i glwb ac wedi meddwi. Roedd hi yn ei gwely yn darllen llyfr ac ro'n i'n eistedd ar ymyl y gwely ac ro'n i'n dweud drosodd a throsodd, 'Mam, mae gen i rywbeth i ddweud wrthot ti!' ac roedd hi'n dweud 'Beth ydy o?' Ac ro'n i'n dweud, 'Wel, alla i ddim dweud wrthot ti,' ac es i ymlaen ac ymlaen fel yna. Yn y pen draw dyma hi'n dweud, 'Er mwyn dyn, beth ydy o?' Yn y diwedd ro'n i'n methu dweud y gair llawn. Roedd yn rhaid i fi ei sillafu. Dywedais 'Dwi'n H...O...Y...W.' Ac atebodd hithau, 'O, dim ots. Dos i dy wely. Trafodwn ni'r peth yn y bore.'

Ac wrth gwrs, wnaethon ni ddim sôn am y peth yn y bore. Doedd dim angen ei drafod. Dwi'n meddwl mai'r unig beth oedd yn bwysig iddi hi oedd 'mod i ddim yn dod â neb adre gyda fi. Dwi ddim yn meddwl bod hyn oherwydd rhywbeth drwg – roedd oherwydd bod gen i frodyr a chwiorydd iau. Dwi'n meddwl ei bod hi ddim eisiau iddyn nhw ddod i gysylltiad â hynny. Dwi'n deall bod hynny'n fwy i wneud â pharchu ein cartref ni. Dydy hi erioed wedi cael problem gyda fi a fy rhywioldeb. Mae hi'n 85 erbyn hyn ac yn byw gyda fi yn fy nhŷ, felly dylai hynny ddweud llawer wrth bobl.

Dwi'n caru fy nheulu a dwi wedi bod yn lwcus iawn, iawn, achos maen nhw wedi bod yn agored ac yn groesawgar iawn. Mae fy holl neiaint a nithoedd wedi cael y profiad hwnnw o 'nghael i fel ewyrth felly mae eu hagwedd nhw tuag at y gymuned LHDTC+ yn gwbl agored. Maen nhw wedi bod i'r bariau a'r clybiau hoyw, mae ganddyn nhw ffrindiau hoyw, a dwi wrth fy modd â hynny. Normaleiddio'r peth oedd y nod, ac roedd hynny'n bwysig iawn, iawn i fi.

O ystyried 'mod i wedi tyfu i fyny mewn cartref plant, dwi wedi cael gyrfa eitha anhygoel. Dwi wedi modelu i C&A ac M&S. Ces i fy hyfforddi yn y theatr (Ysgol Theatr Arden yn wreiddiol) ac wedyn gwnes i gwrs ôl-radd mewn ysgrifennu dramâu. Do'n i ddim yn gwybod a o'n i eisiau bod yn actor. Yn y pen draw, defnyddiais i'r hyn ro'n i wedi'i ddysgu yn yr ysgol theatr ac es i yn fy mlaen i hyfforddi modelau ac i ddatblygu modelau ar gyfer un o brif asiantaethau Manceinion. Dwi'n dal i gynhyrchu sioeau ffasiwn. Yn y 90au ro'n i'n gwneud sioeau rhyngwladol. Ond dwi wedi gwneud sawl peth yn ystod fy ngyrfa. Dwi wedi gweithio i British Airways fel stiward awyrennau, dwi wedi rhedeg fy musnes fy hun, dwi wedi rhedeg clybiau, dwi wedi bod yn DJ. Wna i drio rhywbeth!

Dwi'n credu roedd hi'n gymharol hawdd i fi ddod allan, ond dwi'n gwybod ei bod hi'n gallu bod yn anodd iawn, iawn i eraill yn y gymuned Ddu Garibïaidd. Yn fy mhrofiad i mae llawer o bobl yn y gymuned yn ei chael hi'n anodd iawn i drafod materion LHDTC+. Dwi'n meddwl mai'r rheswm am hynny yw bod y gymuned wedi'i gwreiddio'n ddwfn yn yr Eglwys, yr hen Eglwys. Yn benodol, mae dynion Du ifanc sy'n byw mewn dinasoedd yn y Deyrnas Unedig yn dod yn rhan o'r holl frawdoliaeth yna. Byddwn i wrth fy modd yn gweld dynion Du hŷn hoyw yn mentora dynion Du iau hoyw, achos mae angen yr arweiniad hwnnw arnyn nhw. Mae angen help arnyn nhw ac mewn rhai achosion dydyn nhw ddim wedi cael esiamplau da gwrywaidd cryf yn eu bywydau. Yn enwedig un sy'n hoyw. Efallai fod angen y cymorth a'r sylfaen hynny arnyn nhw, rhywbeth y gallan nhw afael yn dynn ynddo.

Ond dwi weithiau'n poeni am y rhagfarn sydd yn ein cymuned ni tuag at bobl hŷn, achos mae llawer o ddynion hoyw hŷn sydd wedi'u hynysu. Hoffwn i weld rhywbeth yn cael ei wneud i bontio rhwng y to ifanc a'r gymuned hŷn. Dydy agwedd y sin neu'r ochr fusnes ohoni at ddynion hŷn ddim yn dda iawn. Rydyn ni'n mynd yn amherthnasol ar adegau, oni bai bod gen ti bres.

O ran cyngor, dwi'n meddwl bod gwybod i bwy i ddod allan yn bwysig iawn, iawn. Dyna'r peth cyntaf, yn fy marn i. Dwi'n meddwl bod angen rhywun rwyt ti'n ymddiried yn llwyr ynddyn nhw, rhywun y gelli di rannu cyfrinachau â nhw ac yna defnyddio hynny fel dy blatfform. Ond dwi'n meddwl bod angen i ti edrych ar dy rwydwaith allanol hefyd. Achos mae storïau erchyll yn bod am deuluoedd sy'n llythrennol yn taflu'r person yna allan a does ganddyn nhw ddim cefnogaeth. Dwi wedi cyfarfod pobl y mae hynny wedi digwydd iddyn nhw ac maen nhw'n methu dibynnu ar eu teulu o gwbl.

Felly mae'n rhaid i ti greu dy deulu di o'r newydd. Dy deulu fydd y gymuned LHDTC+. Dyna ble bydd y teulu cadarn hwnnw i ti.

'Mae unigrwydd ac unigedd yn broblemau enfawr i bobl LHDTC+, yn enwedig cyn dod allan. Paid ag aros yn sownd yn dy ben: estynna allan at bobl, yn ddienw neu'n gyhoeddus, ond paid ag ynysu dy hun. Y tu hwnt i dy feddyliau a dy ofnau dy hun, mae 'na bobl fel ti sydd i gyd wedi gorfod mynd trwy benderfyniad tebyg a chymryd y naid gyntaf. Byddan nhw i gyd yn gallu dy helpu i chwilio am dy ddewrder ac yn y pen draw, dy bobl.'

Bright Light Bright Light, canwr-gyfansoddwr

Kerry

'Ro'n i yn fy 30au cyn i fi sylweddoli 'mod i'n lesbiad.'

Roedd y berfformwraig a'r ddigrifwraig Kerry Leigh mewn perthynas heterorywiol gydol ei hoes cyn iddi sylweddoli ei bod hi'n hoyw. Beth oedd ymateb ei ffrindiau a'i theulu?

Wnes i ddim sylweddoli 'mod i'n hoyw tan ganol fy nhridegau.

Ro'n i wedi bod mewn perthynas â dyn am ddeng mlynedd ac roedd gynnon ni ddau o blant, ac yn sydyn, fe sylweddolais i.

Do'n i wir ddim yn disgwyl y peth. Doedd dim byd wedi arwain ato fo, ond pan ddigwyddodd o roedd llawer o bethau'n gwneud synnwyr. Er enghraifft, dwi'n cofio'n dda am ferch hardd oedd yn fy mlwyddyn gyntaf yn y brifysgol a bob tro y byddai hi'n cerdded i mewn i ystafell, ro'n i'n methu siarad! Ro'n i'n arfer chwerthin am hyn gyda ffrind. Feddyliais i ddim am eiliad 'mod i'n hoyw a gwnes i ddal i fynd allan gyda dynion.

Do'n i ddim yn teimlo 'mod i wedi bod yn byw bywyd dwbl na dim byd, ond yr hyn ddigwyddodd oedd bod yr un y gwnes i ei phriodi yn y pen draw (ond yn anffodus dwi ddim gyda hi bellach) wedi dod yn sengl a dechreuais i ei dilyn hi i bobman. Yn llythrennol! A do'n i ddim yn deall pam. Ro'n i'n cael fy nenu ati hi, dyna'r cwbwl, ac ro'n i'n gofalu 'mod i yn yr un lle â hi bob amser.

Felly, syrthiais i mewn cariad ag un person, a byddai hi bob amser yn tynnu coes, 'Dwyt ti ddim yn hoyw, rwyt ti mewn cariad efo fi oherwydd 'mod i'n anhygoel!' Ond mi rydw i. Dwi'n gwybod 'mod i.

Dwi ddim hyd yn oed yn uniaethu fel deurywiol, er i fi gael perthynas hir â dyn. A dwi wedi cael fy herio ar hyn ambell waith gan un yn benodol: dyn hoyw. Dydy o ddim yn derbyn y peth ac mae'n dweud, 'Na – rwyt ti *yn* ddeurywiol!' Ond dwi'n credu mai fi sydd i ddweud hynny, ac nid fo! Mi rydw i 'n hoyw, dyna dwi'n ei deimlo, a dyna ni.

Pan o'n i gyda menyw am y tro cyntaf, roedd hynny fel dod adre. Dyna'r ffordd orau i fi ei fynegi. Roedd o'n gwneud synnwyr. Meddyliais i, 'Pam na wnes i sylweddoli hyn yn gynt?!'

Ydw i'n difaru nawr ei bod hi wedi cymryd mor hir i fi? Dwi wedi meddwl am hynny cryn dipyn a dwi ddim yn credu mai 'difaru' yw'r gair. Os dwi'n gwbl onest, mae'n debyg y byddwn i wedi hoffi ffwcio mwy o fenywod o lawer, achos byddwn i wedi gwneud yn fy nauddegau a fy nhridegau!

Ond trwy'r berthynas â thad fy mhlant, ces i ddwy ferch fach anhygoel a fyddwn i byth yn gallu difaru hynny.

Roedd dod allan yn fy nhridegau – a dwi'n mynd yn emosiynol yn sôn am hyn – mor hawdd. A dwi'n meddwl bod hynny achos bod cymaint o bobl eraill wedi paratoi'r ffordd o 'mlaen i, felly dwi heb gael unrhyw broblemau o gwbl.

Mae fy rhieni wedi gwahanu, felly dywedais i wrthyn nhw ar wahân i'w gilydd. Pan ddywedais i wrth Dad, gwenodd yn llydan ac estyn am wydraid o wisgi, ac roedd o'n hapus. Roedd o mor hapus! Dwi'n meddwl bod hynny achos ei fod o'n hapus i 'ngweld i'n hapus. hapus i 'ngweld i'n hapus.

I Mam, roedd hi'n anoddach, ac nid oherwydd unrhyw homoffobia – roedd yn llythrennol oherwydd y pellter rhyngon ni gan ei bod hi'n byw yn Awstralia. Mae dweud wrth rywun dros y ffôn yn wahanol. A chafodd hi drafferth â'r peth. Dywedais i, 'Dwi wedi cwrdd â rhywun ac mae'r rhywun yna'n fenyw.' A dwi'n meddwl bod y llinell ffôn wedi mynd yn dawel am ychydig. Chafodd hi ddim trafferth â'r peth yn yr ystyr ei bod hi'n negyddol. Y cyfan roedd hi'n gallu ei ddweud oedd, 'Beth? Beth?!' Roedd hi'n meddwl mai rhyw chwiw oedd hi, achos iddi hi, ro'n i wastad wedi bod gyda dynion. Dyma beth dywedodd hi – ac roedd y peth mor emosiynol: 'Mae o'n anodd iawn gwybod dy fod ti'n nes at fenyw arall nag wyt ti ata' i.'

Felly pan syrthiais i mewn cariad â menyw, dwi'n credu bod Mam wedi torri'i chalon, os ydy hynny'n gwneud synnwyr, achos ro'n i wedyn yn nes at rywun arall oedd yn fenyw. Ro'n ni wedi closio wrth drafod perthnasoedd gwael â dynion erioed, a bod yn deg. Ar ôl iddi gwrdd â 'ngwraig i, syrthiodd mewn cariad â hi cymaint ag ro'n i wedi gwneud, ac roedd popeth yn dda.

Dwi wedi trafod hyn â phobl. Mae'n swnio braidd yn wirion, dwi bron yn teimlo'n euog 'mod i heb gael gormod o drafferth, achos dwi'n gwybod nad dyna fel roedd hi i lawer. Dwi'n ffodus dros ben.

Pan ddes i allan yn y gwaith, dyna oedd y dod allan mwyaf doniol erioed achos dwi'n hoffi bod yn ganolbwynt y sylw! Ro'n i'n cynnal fy noson gomedi reolaidd a cherddais ar y llwyfan i gyfeiliant y gân *I'm Coming Out!*

A doedd dim ots gan neb. Neb! Ddwedon nhw ddim byd ond, 'Dwed jôcs wrthon ni, does gynnon ni ddim diddordeb a dweud y gwir.' Dwi'n cofio dweud wrth un ffrind agos, a ddywedodd 'Kerry, ro'n i wedi gweithio hynny allan flynyddoedd yn ôl. Pam mae hi wedi cymryd mor hir i ti ddweud wrthon ni?' Felly yr unig beth ar fy meddwl oedd, 'Ble mae fy moment i? Dwi eisiau fy moment!' a doedd neb yn becso dam.

Mae dod allan yn daith unigryw iawn i'r unigolyn, a fedrwn i ddim rhoi cyngor i neb a dweud 'dyma sut dylet ti ei wneud o'. Byddwn i'n dweud wrthot ti am ddewis yn ofalus i bwy rwyt ti'n dod allan gyntaf. Os wyt ti'n teimlo bod rhywun yn mynd i fod yn heriol, tyrd allan gyntaf i rywun rwyt ti'n teimlo'n ddiogel gyda nhw.

Dwi ddim yn siŵr a oes ffordd gywir neu anghywir, ond mae'n siŵr gen i mai'r unig gyngor y byddwn i'n ei roi yw hyn – os ydyn ni'n teimlo braidd yn ofnus, mae tuedd ynon ni i oedi cyn gwneud dim byd, a dydy hynny'n dda i ddim i neb. Felly, dos amdani!

Chris

'Dwi eisiau bod y dyn cryf hoyw cyntaf yn Iwerddon.'

Daeth y berthynas gyntaf a gafodd Chris McNaghten (neu Chris Bear Strong fel mae'n cael ei adnabod yn y byd dynion cryf) i ben gyda Chris yn cael ei flacmelio. Mae'n sôn yn agored am ei frwydr ag iechyd meddwl a mynd i'r afael â homoffobia ym myd codi pwysau.

Dwi'n 30 oed erbyn hyn a dwi'n cofio bod gen i lawer o feddyliau dryslyd mor bell yn ôl â 12 neu 13 oed. Ces i fy magu ar gyrion Belfast a'r adeg honno, doeddwn i ddim yn adnabod neb a oedd yn hoyw. Dim ond sgyrsiau negyddol am bobl hoyw oedd ar y teledu ac am wn i, dyna'r prif reswm pam doedd llawer o bobl ddim yn dod allan. Petai pobl yn amau bod rhywun yn hoyw, bydden nhw'n pigo ar y person yna – y casineb homoffobig arferol. Doedd dod allan ddim yn teimlo fel dewis. Roedd y ffordd o fyw yng Ngogledd Iwerddon bryd hynny'n golygu nad oedd hyd yn oed ystyried bod yn hoyw yn teimlo fel dewis. Wrth i fi dyfu'n hŷn, cryfhau wnaeth y teimladau a chryfhau wnaeth y dryswch hefyd. Mae'n debyg 'mod i'n lwcus 'mod i'n ffansïo merched hefyd, felly es i allan gyda merched nes ro'n i'n 28. Ro'n i'n teimlo 'mod i'n ddeurywiol tan hynny, ond y rheswm dros ddod allan yn hoyw oedd oherwydd 'mod i wedi sylweddoli yn y pen draw mai dim ond gyda dynion ro'n i eisiau bod. Felly roedd yn rhaid i fi wynebu fy ofnau a dod allan.

Pan o'n i'n 27 ces i berthynas â dyn. I bawb oedd yn ein hadnabod ni, ffrindiau i'n gilydd oedden ni, a chafodd y berthynas ei chadw'n gyfrinach lwyr am dros flwyddyn. Roedd rhai'n amau. Roedd fy ffrind gorau ar y pryd yn gwybod ac roedd gynnon ni un neu ddau o ffrindiau agos iawn oedd yn gwybod, ond dyna ni. I bawb arall, dim ond ffrindiau oedden ni.

Dwi'n cofio ni'n mynd i lawr i dde Iwerddon am benwythnos o wyliau a dyma ni'n penderfynu ymddwyn fel cwpl yn gyhoeddus i weld sut brofiad oedd hynny. Roedd dal dwylo'n gyhoeddus a dangos anwyldeb tuag at ein gilydd yn gyhoeddus am y tro cyntaf erioed, yn gyffrous. Ond roedd gynnon ni rwyd diogelwch: doedd neb oedd yn fy adnabod i yn mynd i 'ngweld i lawr fanna, felly ro'n i'n gwybod 'mod i mewn lle diogel.

Daeth y berthynas oedd gen i â'r boi 'ma i ben achos bod pethau wedi mynd yn fwy cymhleth byth. Do'n i ddim wedi wynebu fy ofnau eto. Roedd rhai pobl ro'n i'n eu hadnabod yn amau ein bod ni'n fwy na dim ond ffrindiau ac yn fy mygwth i. Yn fy mywyd busnes, roedd gwrthdaro buddiannau, a dywedodd un person, 'Dwed wrtha i, ydy dy dad yn gwybod eto dy fod ti'n hoyw, Chris?' Cafodd fy rhywioldeb ei daflu i fy wyneb i. Roedd o'n dweud, 'Os na wnei di hyn, bydda i'n rhoi gwybod i bobl dy fod ti'n hoyw.' Achosodd hyn lawer o straen ar y berthynas a daeth hi i ben yn bendant oherwydd ein bod ni ddim yn agored nac yn onest. A dyna chwalodd y berthynas yn y pen draw.

Felly, rai misoedd yn ddiweddarach, eisteddais a meddwl, 'Iawn, i ba gyfeiriad wyt ti eisiau mynd?' Ro'n i'n gwybod 'mod i eisiau ymroi'n llwyr i fod mewn perthynas â dynion a bod yn hoyw. A meddyliais i, am y tro cyntaf yn fy mywyd, fod peidio â bod allan yn fy nal i'n ôl. Felly roedd yn rhaid i fi wynebu fy ofnau.

Roedd gen i broffil cyhoeddus mwy amlwg ac ro'n i'n meddwl, ddim ond i fy nheulu a fy ffrindiau agos fod yn iawn â'r peth, dyna'r cyfan oedd yn bwysig. Petaen nhw'n gallu derbyn 'mod i'n hoyw a dod i delerau â hynny, doedd neb arall yn bwysig. Petaet ti'n poeni am farn pobl eraill, fyddet ti byth yn cyflawni dim byd yn dy fywyd. Pob cam dwi wedi'i gymryd ym myd busnes, pob cam dwi wedi'i gymryd ym myd chwaraeon, pob cam dwi wedi'i gymryd a fuodd yn llwyddiannus – fydden nhw byth wedi digwydd petawn i wedi poeni am farn pawb o 'nghwmpas i. Edrychais i ar y bobl oedd agosaf ata i a meddwl, 'Dwi'n mynd i ddweud wrthyn nhw.'

O ran ffrindiau, collais i ambell un. Mae'n debyg bod llawer o'r tynnu coes arferol, y *craic*, mewn cyfeillgarwch agos yn diflannu unwaith rwyt ti'n datgelu dy fod yn hoyw oherwydd bod llawer o ffrindiau sy'n ddynion ddim yn hoffi hynny mwyach. Ro'n ni wrthi'n tynnu coes un boi a dyma fi'n mynd i wneud tacl rygbi arno fo – neidiodd yn ôl. Doedd o erioed wedi gwneud hynny o'r blaen ac roedd hi'n amlwg nawr 'mod i'n hoyw, doedd o ddim eisiau bod mor agos â hynny ata i. Byddai ffrind da arall yn rhoi cwtsh i fi bob tro pan fydden ni'n gweld ein gilydd ond ar ôl i fi ddod allan, doedd o byth eisiau fy nghyffwrdd i. Roedd hynny'n agoriad llygad. Do, collais i ambell ffrind, ond ces i lawer o ffrindiau newydd gwych yn eu lle nhw.

O ran y teulu, roedd yn rhaid iddyn nhw addasu. Ro'n i'n 28 oed ac ro'n nhw wedi fy adnabod i ar hyd fy oes fel rhywun a oedd yn mynd allan gyda merched. Roedd yn sioc ac yn syndod. Dywedais i wrth Mam yn gyntaf. Dywedais i, 'Wyt ti'n cofio'r berthynas ges i efo hwn a hwn? Roedd mwy i'r peth na dim ond cyfeillgarwch.' Dwi'n meddwl bod fy nheulu wedi amau, a'r unig beth ddywedodd fy mam oedd, 'Down ni drwy hyn, paid â phoeni.' Roedd yn sioc i'r teulu a fedri di ddim disgwyl i rieni a ffrindiau a theulu groesawu'r newyddion â chwtsh a dweud, 'Mae hyn yn anhygoel, mae hyn yn wych,' achos mae'n golygu addasu iddyn nhw. Mae angen amser arnyn nhw i ddod i ddygymod â'r peth.

Dweud wrth fy nhad oedd anodda i fi. Dyna oedd y rhan fwyaf brawychus. Ro'n i wedi dweud wrth Mam ac roedd hi'n dechrau teimlo dan straen mawr ei bod hi'n gwybod a Dad ddim yn gwybod, ac wedyn dywedodd hi wrth Dad ar fy rhan. Aeth tri neu bedwar diwrnod heibio cyn iddo fo ddechrau dod i ddygymod â'r peth. Roedd pethau'n addasu ac roedd pethau'n newid. Ro'n i'n rhedeg fy musnes fy hun, a'r funud y dywedais i wrth ambell un, aeth y stori ar led ar unwaith. Roedd yn nodweddiadol o'r ardal dwi'n dod ohoni ac roedd y cyfan yn dipyn o straen. Ro'n i wedi cael diwrnod caled ac roedd Dad yn dal heb siarad â fi. Cyrhaeddais i adre o'r gwaith a daeth Dad i mewn i fy stafell wely a rhoi cusan ar fy mhen gan ddweud, 'Bydda i'n dy garu di bob amser, waeth be sy'n digwydd,' a cherdded allan. A dyna'r unig sgwrs gawson ni a dyna'r cyfan ro'n i angen ei glywed ar y pryd. Ro'n i'n meddwl, 'Ffwcio chi' i bawb arall. Cyn belled â bod gen i 'nhad a chyn belled â bod gen i Mam, fy chwiorydd, fy ffrindiau agos, doedd dim ots am neb arall.

Fedra i ddim dweud pa mor lwcus ydw i fod gen i deulu. Dydy pawb ddim yn cael y math yna o gariad a'r math yna o dderbyniad. Roedd yn beth enfawr i Dad ei dderbyn, ac roedd angen iddo gymryd amser i ddod i arfer â'r peth. Mae angen i ti roi amser a lle i bobl. Mae angen i ti helpu pobl i'w ddeall, achos cyn gynted ag y byddi di'n dweud wrth rywun, maen nhw'n mynd i holi cant a mil o gwestiynau (yn enwedig pan wyt ti'n dod o Ogledd Iwerddon, achos dydyn nhw ddim yn gyfarwydd â gweld y ffyrdd yma o fyw yn gyhoeddus yno). Roedd gan fy rhieni lwyth o gwestiynau: 'Wyt ti wedi bod fel hyn erioed?' 'Oeddet ti'n mynd allan efo merched ddim ond i'n cadw ni'n hapus?', 'Ers pryd rwyt ti wedi bod yn stryglo?', 'Ai dyma pam cest ti broblemau iechyd meddwl?', 'Ai dyma pam rwyt ti wedi bod yn anhapus weithiau?', 'Pam ddywedaist ti ddim wrthon ni'n gynt?' Cymaint o gwestiynau ro'n nhw eisiau atebion iddyn nhw er mwyn gallu dechrau deall.

Dwi'n gwybod mai'r hunanatgasedd oedd gen i o ran delwedd fy nghorff oedd un o'r problemau wrth wraidd fy iechyd meddwl. Ces i fy mwlio yn yr ysgol am fod dros bwysau, ac wedyn dydy'r math o ddynion sy'n ddeniadol i fi ddim yn debyg i fi o ran golwg. Dwi'n meddwl bod llawer o'r problemau delwedd corff sydd gan bobl LHDTC+ yn deillio o hyn. Efallai ein bod ni'n cael ein denu gan yr un rhyw, ond mae llawer ohonon ni'n cael ein denu gan bobl sydd â golwg wahanol i ni'n hunain. Ro'n i bob amser yn ystyried fod gan y dynion ro'n i'n eu ffansïo gorff deniadol. Dydy fy nghorff i ddim yn ddeniadol o gwbl ac ro'n i'n hynod feirniadol ohono.

Ro'n i'n methu derbyn 'mod i'n ddeniadol, achos doedd beth oedd yn ddeniadol i fi ddim yn debyg i'r olwg oedd arna i. Ro'n i'n methu deall pam byddai pobl yn fy ffansïo i, pan na fyddwn i fy hun yn fy ffansïo i.

Rhan o fy adferiad oedd gweithio ar fy nghorff a dod yn ddyn cryf. Ond erbyn hynny ro'n i'n cymryd rhan mewn camp a oedd yn caniatáu i fi fod yn fawr. Roedd gen i ychydig o label. Dyma pam dwi'n fawr, dyma pam dwi'r maint yma, dyma pam dwi'n cario ychydig o fraster corff ychwanegol – achos 'mod i'n ddyn cryf. A bod yn onest, dwi'n gallu dweud mai dim ond yn y ddwy flynedd ddiwethaf dwi wedi bod 100 y cant yn gysurus yn fy nghorff ac yn falch ohono. Petaet ti'n gweld fy Instagram nawr, fyddet ti byth yn meddwl 'mod i wedi cael problem!

Pan o'n i'n dod allan, doedd o byth yn mynd i aros yn beth tawel, roedd o'n mynd i fod yn beth mawr. Oherwydd fy nghamp, roedd yn rhaid i fi ei gydnabod. Cyn gynted ag y des i allan a chydnabod y peth, dechreuodd yr holl negeseuon yma lifo ata i, a phobl yn dweud 'mod i'n ddeniadol. Ar y dechrau roedd hi'n anodd derbyn hynny – do'n i ddim yn gwybod sut roedd ymateb. Ond clywed hynny i gyd am y tro cyntaf roddodd yr hyder i fi ddechrau 'ngharu fy hun eto. Ro'n i'n gallu gweld fy hun mewn goleuni gwahanol. Dwi'n gallu gweld nad yw corff fel f'un i yn ddeniadol i fi, ond mae'n ddeniadol i rai.

Mae ambell achos o homoffobia wedi digwydd o fewn y gymuned dynion cryf, ond dim ond gan grŵp bach o bobl. Ond pan o'n i'n trio cystadlu yn *Giants Live* (y sioe dynion cryf fyw fwyaf yn y byd), roedd hynny'n fusnes cwbl wahanol. Mae un dyn cryf arall sy'n agored hoyw: Rob Kearney, o America. Adroddodd *Giants Live* ei stori ar y sioe deledu dynion cryf, sy'n dangos cymaint y maen nhw'n derbyn y peth. Yn gyffredinol, yn y byd dynion cryf mae pawb mor gefnogol ac yn derbyn bod yn hoyw a dim ond nifer fach iawn o bobl fyddai'n achosi unrhyw broblemau.

Dwi allan nawr, does gen i ddim byd i'w guddio a dwi'n barod i gystadlu yng nghystadleuaeth Dyn Cryfaf Iwerddon, ac i ennill fel dyn hoyw. Dwi eisiau gwneud hyn er mwyn fy hun, ond hefyd er mwyn y gymuned LHDTC+ yng Ngogledd Iwerddon.

'Hoffwn i ddweud wrth unrhyw un sy'n dod allan, dewisa'r person rwyt ti'n ymddiried ynddo yn gyntaf. Byddi di'n gwybod pwy yw'r person iawn, byddi di'n ei synhwyro. A chyn i ti fynd at dy rieni i ddweud wrthyn nhw, gofala fod y person yna ar gael i ti. Pan wyt ti'n dod allan, rwyt ti'n delio â hynny hefyd. Does dim disgwyl i ti sicrhau bod pawb arall yn teimlo'n iawn gyda'r peth ar y dechrau gan dy fod ti'n delio â thi dy hun. Ac mae hynny'n iawn. Mae'n iawn cymryd ychydig o amser i ti dy hun. Does dim pwynt dal gafael ar unrhyw un sydd ddim yn iawn gyda hynny.'

Heather Peace, actor, cantores-gyfansoddwraig

Kate

'Wrth gael fy magu ar aelwyd Gatholig, ro'n i'n meddwl tybed fyddai Duw yn iawn â 'r ffaith 'mod i'n.'

Digrifwraig stand-yp ydy Kate McCabe. Cafodd ei magu yn Pennsylvania ond aeth i'r brifysgol i Ddinas Efrog Newydd. Er bod un o'i ffrindiau gorau'n hoyw, chredi di fyth i bwy y dewisodd hi ddod allan gyntaf ...

Dwi'n meddwl bod hyn yn ddiddorol ... Weithiau, fel person lesbiaidd neu hoyw, neu fel rhywun sy'n uniaethu'n rhywle arall ar y sbectrwm rhywioldeb, bydd rhywun yn gofyn i ti 'Pryd roeddet ti'n gwybod dy fod ti'n hoyw?' Ond mae hynny'n wahanol i 'Pryd roeddet ti'n teimlo'n wahanol?' Dwi'n cofio teimlo fy hun yn cael fy nenu at fenywod yn ifanc iawn, ond mewn ffordd heb fod yn un rywiol. Felly pan o'n i tua chwech oed, ro'n i'n ffansio athrawesau.

Dechreuais i deimlo'n wahanol i ferched eraill pan o'n i tua 12 neu 13 wrth i ni ddechrau mynd trwy'r glasoed – *puberty*. Roedd y merched eraill i gyd yn cael eu denu gan y bechgyn ac yn ceisio tynnu eu sylw ac yn fflyrtio â nhw. Ond wrth i fy ffrindiau benywaidd i gyd ddewis eu hoff aelod o New Kids on the Block, ro'n i'n gwneud fy ngorau i greu rhyw atyniad ar hap tuag at un ohonyn nhw!

Tyfais i fyny yn Erie, Pennsylvania, sydd ar lan un o Lynnoedd Mawr America. Fyddwn i ddim yn galw Erie yn ddinas flaengar iawn; Americana iawn fyddai fy nisgrifiad i ohoni. Yn draddodiadol mae'n eitha 'coler glas'.

Ces i fy magu'n Gatholig ac ro'n i'n mynd i ysgol Gatholig. Yn yr 80au a'r 90au yn enwedig, doedd dim llawer o flaengaredd yn fy nghymuned Gatholig – mewn gwirionedd, roedd i'r gwrthwyneb yn llwyr. Byddet ti'n mynd i uffern am chwarae gyda dy hun, felly byddai chwarae gyda dy hun dros fenyw ddwywaith mor ddrwg!

Es i i ysgol Gatholig i ferched, felly roedd lot o 'Dwi'n betio bod yr athrawes yna'n *lez*' – y math yna o negyddiaeth. Roedd lesbiaid yn cael eu hystyried yn ffiaidd. Doedd y sylwadau yna ddim o anghenraid wedi eu cyfeirio'n uniongyrchol ata i. Ro'n i'n ferch ddoniol yn yr ysgol uwchradd: yn dweud jôcs, fi oedd clown y dosbarth, a dwi'n meddwl bod pobl hoyw yn aml yn tueddu i wneud hyn i'w gwarchod eu hunain.

Pan o'n i'n mynd trwy'r glasoed, ro'n i'n cael breuddwyd rywiol am fenyw ro'n i'n ei hadnabod ac felly dywedais i wrth fy mam ar unwaith achos 'mod i wedi dychryn. Mae Mam mor hyfryd. Gwnaeth hi fy nhawelu i. Dywedodd, 'Sbia, ti'n mynd trwy'r glasoed ar hyn o bryd, felly rwyt ti'n mynd i feddwl pob math o bethau rhyfedd. Paid â meddwl am hyn am eiliad arall'. Dwi ddim yn credu ei bod hi'n ei feddwl o mewn ffordd negyddol. Roedd hi'n trio gwneud i fi deimlo'n well, dyna'r cwbl. Felly, meddyliais i, 'Dwi'n mynd trwy'r glasoed. Jest achos 'mod i'n cael ffantasïau am fenywod, dydy hynny ddim yn golygu 'mod i'n hoyw! Mae fy hormonau i'n rhemp, dim byd mwy ac yn y pen draw byddan nhw'n setlo ar ddynion.' Dyna oedd fy rhesymeg i. Do'n i wir ddim yn meddwl 'mod i'n hoyw.

Gwnes i gydnabod y peth i fi fy hun yn y pen draw pan o'n i yn y brifysgol. Es i i'r brifysgol yn Efrog Newydd, sy'n gae chwarae gwych i berson ifanc hoyw sy'n dod allan. Ond wir, roedd yn rhaid i cyfunrywioldeb weithio'n galed iawn gyda fi, ddois i ddim allan am dair o fy mhedair blynedd yn y brifysgol! Roedd gen i ffrind gorau hoyw hyd yn oed! Dyna lle'r o'n i, yn y lle mwyaf caredig ac eangfrydig yn y byd i lesbiad ifanc, a wnes i ddim byd am y peth.

Yn y pen draw, des i allan yn yr haf rhwng fy nhrydedd flwyddyn a fy mlwyddyn olaf. Es i weld y ffilm *Bound* roedd Gina Gershon a Jennifer Tilly yn actio ynddi. Gwyliais i'r ffilm a ches i lawer o freuddwydion chwilboeth ar ôl hynny.

Ac wedyn, y person cyntaf i fi ddod allan iddo, heblaw fi fy hun, oedd offeiriad!

Felly, ar ôl magwraeth Gatholig, ro'n i'n dal i geisio cadw'n driw i hynny yn Efrog Newydd. Do'n i ddim eisiau mynd i Efrog Newydd a dod yn berson cwbl wahanol. Felly ro'n i'n dal i fynd i'r eglwys bob bore Sul. Roedd hi mewn ardal flaengar iawn, felly nid rhyw fath o Gatholigiaeth 'tân a brwmstan' oedd hi. Cangen ddymunol, ddiwygiedig a rhyddfrydol o Gatholigiaeth oedd hi. Ac roedd yr eglwys yn Chelsea, sy'n hanesyddol yn gymdogaeth eitha hoyw yn Efrog Newydd. Es i i gyffesgell â'r offeiriad y tu ôl i'r llen, a dwi'n cofio dweud, 'Dwi'n meddwl, dwi'n meddwl efallai 'mod i'n hoyw.'

Nawr, yn dechnegol dydyn nhw ddim wir yn gallu dweud rhywbeth fel, 'Cŵl!'. Waeth beth yw eu teimladau, mae'n rhaid iddyn nhw ddilyn cyfarwyddyd y Pab ar ddelio â'r sefyllfaoedd hyn. Felly, ro'n i'n teimlo'n reit ofnus ar y pwynt hwn, yn disgwyl i'r offeiriad ddweud wrtha i bod angen glanhau fy enaid a bod angen i fi wneud hyn, llall ac arall. Ond nid dyna ddigwyddodd – a dwi wir yn diolch i dduw 'mod i, yr adeg hon yn fy mywyd, mewn eglwys yn Chelsea, Efrog Newydd. Dywedodd, 'O'r gorau. Iawn. Wel, dwi i fod i ddweud hyn a'r llall, ond beth am i ni drafod hyn. Wyt ti wedi gweithredu ar dy deimladau hoyw?' Ac atebais i, 'Wel, nac'dw.' Achos do'n i ddim.

Meddai, 'Iawn – dydy be dwi'n mynd i'w ddweud wrthot ti ddim yn dechnegol yr hyn y dylwn i ei ddweud, ond baswn i'n dweud, yn dy berthnasoedd hoyw, cofia drin dy bartneriaid fel y byddwn i'n gofyn i ti wneud taset ti'n syth.' Yn y bôn, dwi'n meddwl mai ei gyngor oedd paid â mynd allan a bod yn hwren hoyw! Os wyt ti'n mynd i syrthio mewn cariad â rhywun, parcha nhw a pharcha dy hun. Felly rhoddodd o ryw fath o 'Mae'n ocê' gofalus iawn i fi. Yn y bôn, bydd yn Gatholig hoyw da yn dy berthnasoedd. A dyna'n union ro'n i angen ei glywed. Dwi'n meddwl bod profiadau pobl â chrefydd yn amrywio'n fawr, yn ôl ble maen nhw yn y byd. Dwi'n meddwl, yn ddaearyddol, 'mod i'n lwcus iawn. Roedd o'n rhyddhad enfawr i deimlo a deall 'mod i ddim yn wallgo. Mae pobl yn y byd, hyd yn oed o fewn crefydd, sydd ddim yn meddwl 'mod i'n mynd i losgi yn nhân uffern am ddim ond byw fy ngwirionedd fy hun. Gwnaeth hyn i fi ystyried, 'Wrth bwy dwi am ddweud nesaf?'

Cymerodd hi rai dyddiau i fi feddwl am y peth: 'Sut rydw i eisiau sôn am hyn? Ym mha drefn ddweda i wrth bobl?' Fy ffrind gorau oedd nesaf.

Ro'n i'n gwylio *Bound* (eto!) gyda fo a'i gariad ac mae Joe Pantoliano yn dweud, '*You fucking queers, you make me sick!*' Edrychais i draw atyn nhw a dweud y llinell, a dyma nhw'n ateb yn syn, 'Katie!' 'Mae gen i hawl i'w ddweud o,' atebais innau, 'achos mod i'n un ohonyn nhw.' Roedd fy ffrind yn falch iawn drosta'i. Dwi'n credu ei fod o'n gwybod. Ond roedd o hefyd yn gwybod dy fod ti'n methu gorfodi rhywun i ddod allan. Felly, fo oedd fy nghysur yr haf hwnnw.

Es i adre wedyn a dweud wrth fy mam ac roedd hi'n well o lawer nag ro'n i wedi meddwl y byddai hi. Mae fy rhieni wedi ysgaru ac felly dywedais i wrth Dad ychydig ar ôl Mam. Roedd gan Dad feddylfryd hipi rhyddfrydol erioed, felly am wn i ro'n i'n pryderu llai am ddweud wrtho fo, gan mai Mam oedd yr un grefyddol yn y teulu. Roedd Dad yn cŵl iawn. Tua wythnos ar ôl i fi ddweud, roedd o'n awgrymu, 'Wel, iawn, dyma ambell lyfr i ti. Dwi wedi darllen *Completely Queer: The Gay and Lesbian Encyclopedia* a hunangofiant Chastity Bono.' A minnau'n dweud, 'Ocê, diolch!'

Yn y pen draw, roedd Mam yn beth byddwn i'n ei alw yn 'math da o Gristion'. Dywedais wrthi hi wrth fwrdd y gegin. Gofynnais y cwestiwn mae llawer o bobl hoyw eisiau gwybod yr ateb iddo, yn fy marn i, sef, 'Wnest ti erioed feddwl y gallwn i fod yn hoyw?' Ro'n i eisiau gwybod ei barn hi am fy niffyg cariadon a'r ffaith 'mod i heb fynegi fy rhywioldeb. A dywedodd hi rywbeth tebyg i, 'Wel, ro'n i'n meddwl efallai ei fod yn bosibilrwydd, ond faswn i byth wedi mentro ei roi mewn geiriau achos 'mod ddim yn gwybod.' Dywedais i, 'Liciwn i taset ti wedi gofyn i fi!' a hithau'n ateb, 'Wel, mae'n iawn.' Ac wedyn aeth hi â fi i Pizza Hut er mwyn i fi gael crio'n iawn dros pizza.

Mae Mam yn fam dda. Mae hi wedi bod yn gefn i fi a fy chwaer erioed. Fi, ac nid ei theimladau hi oedd yn bwysig, a wnaeth hi erioed gymryd y safbwynt, 'Beth wnes i?' neu, 'O ble mae hyn wedi dod?'

Tybed petai hi wedi gofyn i fi pan o'n i'n tyfu i fyny, fyddai hynny wedi fy ngwthio ymhellach rhag dod allan? Do'n i ddim yn barod nes ro'n i'n 20 oed. Fedri di ddim rhuthro'r pethau yma. Petawn i wedi mynd i brifysgol wahanol, lle mwy gwledig neu i dref lai efallai, mae'n debyg y byddwn i wedi dod allan yn hwyrach fyth.

Mae gan fy stori ddiweddglo hapus. Ro'n i'n gwneud sioe stand-yp yn Efrog Newydd ac roedd fy narpar wraig i'n byw yno, dros dro, ac wedi dod i 'ngweld i. Prynodd hi gwrw i fi. 18 mlynedd yn ddiweddarach ...!

Bob tro dwi'n gwneud stand-yp, dwi'n dweud, 'Dwi'n dod allan bob tro gyda jôc neu ddwy sy'n cydnabod 'mod i'n hoyw.' Ac nid oherwydd 'mod i eisiau sôn amdano fo, ond petawn i ddim yn gwneud, byddai'n tynnu eich sylw chi fel cynulleidfa. Achos 'mod i'n teimlo bod golwg hoyw arna i ac os na wna i gadarnhau hynny, rydych chi'n mynd i feddwl, 'Dwi'n eitha siŵr ei bod hi'n hoyw!' Felly dwi'n dod allan bob tro. Dwi'n meddwl bod pobl hoyw yn gwneud hyn bob tro maen nhw'n symud i gylch newydd o ffrindiau neu i weithle newydd. Dwyt ti ddim yn dod allan unwaith yn unig – rwyt ti'n dod allan cymaint o weithiau ag rwyt ti'n cwrdd â rhywun newydd.

Byddwn i'n dweud, 'Paid â gadael i unrhyw un dy wthio di i ddod allan.' Ond nawr 'mod i'r ochr draw i'r peth, byddwn i hefyd yn dweud, 'Dos amdani!' Os yw pethau'n mynd o chwith, mae cannoedd o rwydweithiau a grwpiau cymorth ar gael. Mae pobl ar gael fydd yn dy helpu di drwy'r peth, yn gafael yn dy law ac yn bod yn ffrind i ti.

Ac os nad wyt ti'n siŵr wyt ti'n lesbiad ai peidio? Gwylia *Bound*[1] ar DVD neu *Gentleman Jack*[2]. Gwylia'r ddau a dos amdani a mwynha farathon o wylio!

---

1   Ffilm o 1996 yw *Bound* gyda Gina Gershon a Jennifer Tilly fel dwy lesbiad sy'n mynd i'r afael â'r Mafia.

2   Cyfres ddrama wyth rhan yw *Gentleman Jack* gan y BBC a HBO a gafodd ei darlledu yn 2019. Suranne Jones sydd yn y brif rôl ac mae'r gyfres yn seiliedig ar ddyddiaduron Anne Lister, a gofnododd ei pherthnasoedd lesbiaidd yn Swydd Efrog yn y 1800au.

'Fel rhywun a ddaeth allan dair gwaith i fy nheulu, mae'n debyg 'mod i wedi cael mwy o brofiad na'r rhan fwyaf o bobl dwi'n eu hadnabod. Wrth edrych yn ôl, yr hyn sy'n amlwg yw nad wyt ti byth yn gwybod beth fydd ymateb pobl, waeth faint byddi di'n cynllunio. Oedd fy mam wedi disgwyl i fi ddod allan yn draws yn y flwyddyn 2000? Nac oedd. O'n i'n disgwyl mai ei hymateb fyddai, "Ond 'dan ni newydd gael heulfan newydd."? Eto, nac oeddwn. Roedd o'n beth mor fawr ar y pryd achos doedd neb arall yn gwybod, ond unwaith ro'n nhw'n gwybod, rhyddhaodd hyn lwyth o amser i boeni am bethau eraill. A'r gwir yw, unwaith ro'n i wedi dweud wrth bobl pwy o'n i, nid fy mhroblem i oedd eu problem nhw â'r peth. A bod yn deg â'r ychydig a gafodd drafferth ... Wel, ro'n nhw newydd gael gwybod am rywbeth ro'n i wedi cael blynyddoedd i drio ymdopi ag o.'

Bethany Black, actor a chomedïwraig

Carl

'Gallwn i fod wedi gwadu'r peth, ond roedd hi'n amser i fi fod y person ydw i go iawn.'

O gael ei ddiswyddo o'r Llu Awyr am ei 'wrywgydiaeth anghydnaws' i ddod yn Arglwydd Faer yn ei ddinas ei hun!

Ro'n i'n gwybod 'mod i'n hoyw, am wn i – wel, ro'n i'n gwybod 'mod i'n wahanol – yn saith mlwydd oed. Wnes i erioed gael fy nenu at ferched ond ro'n i'n cael fy nenu at y bechgyn a oedd yn fy nosbarthiadau wrth i fi dyfu i fyny. Byddwn i'n trio siarad â Mam am y peth ond roedd hi'n dweud mai dim ond cyfnod ro'n i'n mynd trwyddo roedd o, bod pob bachgen yn mynd trwy hyn. Felly cymerais i'n ganiataol ei fod yn rhan annatod o'r cyfnod ro'n i ynddo yn fy mywyd.

Yna, wrth i fi fynd trwy'r ysgol ac ro'n i tua 14 neu 15 oed, ro'n i'n cymryd rhan mewn gweithredoedd rhywiol gyda phobl yn yr ysgol a hefyd yn teimlo emosiynau cryf, felly ro'n i'n gwybod 'mod i'n wahanol. Doedd neb yn sôn am fod yn hoyw a doedd neb yn dy addysgu di am rywioldeb yn yr ysgol. Dwi'n cofio mai ciwcymber gyda chondom oedd y dosbarth addysg rhyw, a dyna fo! Doedd dim sgwrs.

Pan o'n i tua 16 oed, roedd yr epidemig HIV/AIDS yn cael sylw ar ein sgriniau teledu, a dwi'n cofio bod mewn gwewyr yn gweld y delweddau yma a meddwl, 'Dwi'n mynd i farw o'r clefyd yma.' Gwnaeth hyn i fi feddwl 'mod i ddim eisiau bod yn hoyw. Dwi'n cofio siarad â fy mam, a dyma hi'n dweud wrtha i eto mai dim ond cyfnod ro'n i'n mynd trwyddo oedd hyn. Dywedodd wrtha i hefyd am beidio dweud wrth fy nhad o gwbl. Roedd ganddo fo farn gref – barn ragfarnllyd.

Diwedd y gân oedd i fi drio gweld merch. Bues i'n ffugio fy nheimladau fel hyn am flynyddoedd lawer ac yna ymunais i â'r Llu Awyr. Ro'n i eisiau bod yn ddyn tân erioed ond roedd yn rhaid bod yn 21 oed ar y pryd. Es i draw i Gyprus i weld fy mrawd a oedd yn yr RAF a sylweddolais i fod ganddyn nhw wasanaeth tân. Penderfynais i 'mod i wir eisiau bod yn rhan o hyn, felly gwnes i gais pan o'n i'n 17 oed. Ar y pryd roedd hi'n anghyfreithlon i fod yn y lluoedd arfog fel dyn hoyw agored. Roedd hi wir yn *anghyfreithlon*. Dwi'n cofio Mam yn dweud, 'Ond fedri di ddim.' A minnau'n gofyn, 'Pam?' A hithau'n ateb, 'Am dy fod ti wedi dweud wrtha i dy fod ti'n hoyw.' A minnau'n dweud, 'Ond Mam, rwyt ti wastad wedi dweud wrtha i mai cyfnod dwi'n mynd trwyddo yw hwn!'

Ro'n i wrth fy modd â'r Llu Awyr, ond ro'n i'n bendant yn byw bywyd dwbl, os nad triphlyg. Roedd bod yn ddyn tân yn y Llu Awyr yn ddelwedd eitha *macho*. Roedd ambell stori wedi bod amdana i ac felly dyma fi'n dechrau gweld y ferch yma, ond byddwn i'n dal i weld dynion pan o'n i gartref. Yna daeth hi'n feichiog. Gwnaethon ni ddyweddïo, ond collodd hi'r babi a sylweddolais i 'mod i ddim wir yn teimlo'n hapus gyda hi a 'mod i'n parhau â'r berthynas ddim ond i wneud beth oedd yn iawn ym marn cymdeithas.

Ro'n i eisiau i 'nheulu i sylweddoli neu werthfawrogi pwy o'n i fel person, dyna'r cwbwl.

Ro'n i mor ddryslyd am fy rhywioldeb. Pan o'n i'n dod adre ar wyliau ro'n i'n mynd allan gyda dynion. Doedd dim apiau detio bryd hynny ac ro'n i'n methu mynd i'r bariau hoyw rhag ofn bod rhywun yn gwybod 'mod i yn y Llu Awyr, fellyro'n i'n cael rhyw gyda dynion mewn toiledau ac yn criwsio. Dyna'r unig ffordd roedd pobl yn gallu mynegi eu hunain bryd hynny. Roedd yn rhaid cadw'r peth yn gyfrinach achos ei fod o'n anghyfreithlon a byddet ti'n cael dy daflu allan o'r Llu Awyr neu dy anfon i garchar milwrol am o leiaf chwe mis. Felly ro'n i'n mentro ac yn cymryd llawer o risgiau.

Ro'n i wedi fy lleoli ar Ynys Ascension a bues i'n gweld bachgen am gyfnod a dechreuodd sawl si. Ro'n i mor ofnus. Roedd cariad ac emosiynau'n rhan o'r peth yn hytrach na dim ond profiad rhywiol. Felly taflais fy hun i mewn i berthynas â merch fel petai hynny'r peth gorau yn y byd er mwyn ceisio cuddio'r gyfrinach. Pan ddes i'n ôl i Loegr o Ynys Ascension, ro'n i ar wyliau am ryw fis wedyn a meddyliais i, 'Beth ddiawl dwi'n 'neud?' Roedd yn fater o fod yn driw i fi fy hun. Roedd angen i fi dderbyn pwy o'n i. Ro'n i newydd gael dyrchafiad a hefyd Cymeradwyaeth y Frenhines a gwobrau eraill, ond ro'n i'n meddwl, 'Na, mae angen i fi ddod allan yn iawn, i fod yn fi fy hun.' Dywedais wrth Mam eto. Unwaith eto, atebodd hi, 'Cyfnod ti'n mynd trwyddo ydy o.'

Wedyn dywedais i wrth fy mrodyr. Roedd un o 'mrodyr i'n iawn, ond doedd yr un a oedd yn y Llu Awyr yn sicr ddim yn iawn. Dywedodd o, 'Fedri di ddim dweud wrth neb dwi'n ei nabod achos os dwi'n gwybod dy fod ti'n hoyw a dy fod ti'n dal i fod yn y Llu Awyr a finnau yn y Llu Awyr, byddai'n rhaid i fi dy riportio di!' Fy mrawd fy hun oedd yn dweud hynny wrtha i. Roedd hynny'n brifo. Roedd hynny'n brifo go iawn.

Wedyn penderfynais i ddweud wrth Dad. Roedd Mam yn bendant: 'Paid â dweud wrth Dad!' Ond fe wnes i, ac roedd o'n un o'r troeon cyntaf i fi gofio ers blynyddoedd lawer, iddo roi cwtsh i fi a dweud ei fod o'n fy ngharu i. Meddai, 'Sbia, 'ngwas i, ddywedodd neb erioed wrtha i sut i fyw fy mywyd i, ond jest bydd yn ofalus ac yn ddiogel.' A dyna ni.

Fe wnaeth i fi feddwl, 'Beth taswn i wedi dod allan yn gynt?' Ond dwi'n meddwl am yr hyn wnes i yn y Llu Awyr. Ro'n i wrth fy modd â'r Llu Awyr. Dwi'n dal wrth fy modd â'r Llu Awyr a fedrwn i ddim bod wedi cyflawni dim o'r hyn wnes i drwy fod allan ac yn hoyw.

Ar ôl dweud wrth fy nheulu, dechreuais i fynd allan mwy ac ro'n i wrth fy modd. Dechreuais i berthynas hefyd. Ro'n i wedi dweud wrth ambell un yn y Llu Awyr 'mod i'n hoyw ac ro'n nhw'n iawn â'r peth. Ond ces i ambell gwestiwn rhyfedd iawn! Dywedodd un bachgen, 'Dwi ddim yn deall be ti'n wneud? Pan dwi gartre ar y penwythnos efo 'nghariad i, dwi'n cwtsio efo hi ar y soffa ac yn gwylio'r teledu. Beth rwyt ti'n ei wneud?' Fy ateb oedd, 'Yr un peth yn union!'

Dwi'n meddwl bod y rhan fwyaf o bobl ar y pryd ddim yn adnabod neb hoyw. Doedd gynnon ni ddim modelau rôl ar y teledu. Yr unig bobl ro'n ni'n eu gweld oedd Larry Grayson a Julian Clary, y ddau ohonyn nhw'n *camp* dros ben.

Yn anffodus, doedd dim diwedd hapus i 'ngyrfa i yn y Llu Awyr. Roedd y bachgen ro'n i wedi dechrau ei weld eisiau i ni dreulio mwy o amser gyda'n gilydd felly dyma fo'n ffonio'r Llu Awyr a dweud wrthyn nhw 'mod i'n hoyw! Dywedodd wrtha i beth roedd o wedi'i wneud. Ces i fy ngalw i bencadlys y Prif Swyddog ac roedd tri uwch swyddog yno. Dyma nhw'n gofyn i fi eistedd a dweud, 'Mae angen i ni ofyn i ti, oes gennyt ti dueddiadau cyfunrywiol?' Ac ar y funud honno gallwn fod wedi dweud na yn hawdd iawn, a dwi'n gwbl argyhoeddedig mai dyna fyddai diwedd y stori. (Enillais i lawer o wobrau yn y Llu Awyr. Ro'n i hefyd yn gwneud llawer o waith elusennol.) Ond yn yr eiliad honno yn fy mhen, meddyliais, 'Dyma'r amser i fi fod yn fi fy hun a bod yn onest ac yn driw.' Dechreuais i grio a chadarnhau fy mod i'n hoyw. Roedd yn anghyfreithlon ar y pryd. Gallen nhw'n hawdd fod wedi fy rhoi i mewn carchar milwrol am chwe mis. Ond ces i fy ngwahardd am chwe mis a fy anfon adre, achos ar y pryd roedd yr achos gan Stonewall i wrthdroi gwahardd pobl LHDTC+ yn y lluoedd arfog heb ei ennill eto.

Bues i'n gweithio yma ac acw, ac wedyn gwnes i gais i ymuno â Gwasanaeth Tân Manceinion Fwyaf. Nawr y peth rhyfedd am hyn yw, er bod pobl hoyw yn y Gwasanaeth Tân, doedd neb yn sôn am hynny. Fi oedd y person agored hoyw cyntaf i ymuno â'r Gwasanaeth Tân. Yn ôl yn 1998 doedd gynnon ni ddim dealltwriaeth o amrywiaeth na chydraddoldeb ac ar fy niwrnod cyntaf un, gofynnwyd i fi gadw'n dawel am fy rhywioldeb.

Llwyddais i'w gadw'n dawel am tua phythefnos ond wedyn ro'n i'n teimlo 'mod i'n methu ymuno â sgyrsiau am beth ro'n i wedi'i wneud dros y penwythnos. Felly dywedais i wrth y bechgyn ar y cwrs ac roedd pawb yn iawn am y peth ac ro'n ni'n cael llawer o hwyl yn tynnu coes. Ond doedd y swyddogion ddim yn gwybod sut i ymateb i rywbeth mor anghyfarwydd iddyn nhw yn eu gwaith. Bues i'n gweithio yn y Gwasanaeth Tân am tua 18 mis ond do'n i ddim yn ei hoffi o gwbwl. Ro'n i'n debyg i bysgodyn allan o ddŵr. Felly yn 1999 dyma fi'n gadael.

Ar yr un pryd, gwelais i gystadleuaeth o'r enw 'Mr Gay UK'. Rhyw fath o gystadleuaeth harddwch ydy hi, ac yn y gorffennol roedd gan y bobl a oedd wedi bod ynddi gyrff da ond heb ryw lawer 'fyny fanna' o anghenraid. A minnau'n meddwl, 'Ble mae'r bobl hoyw normal? Ble mae'r modelau rôl? Felly es i amdani a dod yn ail yn 'Mr Gay UK' yn 1999. Gwnes i ymchwilio'n fwy manwl i'r gystadleuaeth a sylweddoli nad oedd pobl hoyw normal yn cael eu cynrychioli. Pan o'n i edrych ar lefydd fel Manceinion, Brighton, Birmingham a Llundain, roedd gynnon ni gymuned hoyw. Ond ble roedd y bobl i gynrychioli'r rhai yn Worksop neu Derby neu Sheffield? Ro'n i'n teimlo'n gryf iawn bod angen eu cynrychioli nhw hefyd. Felly es amdani eto. Es i i wahanol ddigwyddiadau Pride. Es i o gwmpas yn siarad â phobl ac yn gofyn beth oedd ei eisiau arnyn nhw neu pwy roedd yn cynrychioli'r gymuned hoyw iddyn nhw. Doedd gen i mo'r corff gorau, ond ro'n i'n gallu siarad â phobl ac ro'n i'n teimlo'n gryf dros yr angen am gynrychiolaeth. Ro'n i'n teimlo y byddwn i'n gallu cynrychioli'r gymuned mewn ffordd wahanol, ac yn amlwg roedd y cyhoedd yn credu'r un fath achos enillais i yn 2001. Ces i dros 60 y cant o'r bleidlais a daeth fy nheulu i 'ngweld i'n ennill – roedd hynny'n wych! Roedd hyd yn oed y brawd a ddwedodd wrtha i am beidio â dweud wrth neb 'mod i'n hoyw wedi dod. Ro'n ni wedi dod mor bell yn yr ychydig flynyddoedd hynny, ro'n i'n teimlo'n hynod o falch, yn enwedig oherwydd nad elfen y pasiant harddwch oedd yn bwysig i fi, ond gallu mynd allan a siarad â phobl a bod yn eiriolwr.

Drwy gael fy nhaflu allan o'r Llu Awyr, ces i'r angerdd a'r nerth i ddod yn eiriolwr ac i gynrychioli ein cymuned. Felly yn 2005 gwnes i droi at fyd gwleidyddiaeth a dod yn gynghorydd a sylweddolais i fod neb agored hoyw wedi bod yn Arglwydd Faer Manceinion erioed. Felly gwnes i fy nghynnig fy hun. Des i'n agos iawn yn y flwyddyn gyntaf ond yn 2016 sefais i eto ac ennill. Bydda i'n onest, dwi'n credu bod rhai pobl wedi pleidleisio drosta i er mwyn fy ngweld i'n methu, ond es i allan a chynrychioli'r gymuned LHDTC+ oedd fy unig nod. Ro'n i am gael fy ngweld ym mhopeth, yn *cynrychioli*.

Dwi'n meddwl mai un o'r pethau oedd yn wych yn ystod y cyfnod hwn fel Arglwydd Faer oedd y flaenoriaeth i gydraddoldeb, amrywiaeth a chynhwysiant. Gallu mynd i siarad mewn ysgolion a busnesau, cael gwahoddiad i gymaint o wahanol bethau lle na fyddai'r sgwrs wedi codi gynt. Mynd i fosgiau, hyd yn oed. Dwi'n cofio torri ympryd Ramadan a'r *Guardian* yn rhedeg stori lawn am yr Imam yn croesawu Arglwydd Faer cyntaf agored hoyw Manceinion. Chwalodd hyn gymaint o rwystrau. Llwyddais i gael rhywun i wneud mantell binc arbennig i mi ac arweiniais i barêd Pride Manceinion mewn mantell binc! Dwi'n credu bod hynny'n dangos y gall unrhyw un wneud unrhyw beth i wireddu eu huchelgais.

Ac wrth feddwl am ddod allan i ffrindiau a theulu ... Mae'n rhaid i ti wybod pryd i wneud hyn a pheidio â theimlo dan bwysau i ddod allan. Paid â theimlo bod rhaid i ti ei wneud achos dy fod yn cael dy fwlio i wneud. Byddi di'n gwybod pan mae'r amser yn iawn. A chofia siarad â'r bobl iawn. Mae llawer o bobl allan fan'na. Mae llawer o sefydliadau y gelli di siarad â nhw. Dwyt ti ddim ar dy ben dy hun.

'Nid ras yw hi. Dy fywyd di ydy o a dy benderfyniad di. Felly, cymer dy amser. Unwaith y byddi di'n gysurus, dyna'r amser iawn, a dim cyn hynny. Does dim angen i ti esbonio na chyfiawnhau dy hun i neb arall am fod yn ti dy hun. Dy fywyd di ydy o, felly gofala dy fod yn byw dy fywyd yn dy ffordd di dy hun.'

Divina De Campo, Brenhines ddrag yn y Deyrnas Unedig a ddaeth yn ail yng nghyfres gyntaf *RuPaul's Drag Race UK*

Alfie

'Roedd yn rhaid i fi feddwi er mwyn dweud wrth fy nghariad i 'mod i'n draws.'

Dyma Alfie yn rhannu ei brofiad o ddweud wrth ei gariad, ei rieni a'i deulu ei fod yn draws. Mae hefyd yn sôn yn onest am agweddau corfforol a meddyliol y broses o drawsnewid.

Dwi'n meddwl bod fy hunaniaeth wedi bod yn datblygu dros amser. Ambell ddiwrnod dwi'n hollol siŵr am bethau, yna ar ddiwrnodau eraill dwi ddim yn hollol siŵr. Felly byddwn i'n dweud 'mod i'n eitha hyblyg o ran fy hunaniaeth rhywedd.

Roedd yn broses araf iawn i fi ar y dechrau, ddim yn rhywbeth ro'n i wedi'i sylweddoli'n syth. Dwi ddim yn un o'r bobl yna oedd yn gwybod pan o'n nhw'n fach iawn. Dwi'n cofio pan o'n i yn yr ysgol ro'n i eisiau bod yn athro ond bob tro y byddwn i'n dychmygu'r peth, ro'n i'n gwisgo siwt bob amser. Doedd o ddim yn rhywbeth ro'n i wir yn ei ddeall. Ro'n i'n gwybod bod dynion traws yn bodoli ond do'n i ddim yn gwybod mwy na hynny. Dwi'n meddwl 'mod i wedi gwylio rhaglen ddogfen a hynny wnaeth i fi sylweddoli pwy o'n i ac roedd yn help i lawer o bethau wneud synnwyr.

Wnes i ddim meddwl 'Iawn, dwi'n draws!' nes ro'n i tua 17 neu 18. Cyn gynted ag y sylweddolais i hynny, roedd yn broses gyflym iawn i fi. Ro'n i'n gwybod yn union beth ro'n i eisiau. Y peth cyntaf roedd angen i fi ei wneud oedd dweud wrth bobl bod angen iddyn nhw fy ngalw i'n enw arall a defnyddio rhagenwau gwahanol. Yn ffodus, roedd y rhan fwyaf o'r bobl o 'nghwmpas i'n deall. Roedd gen i ffrindiau da ar y pryd.

Dywedais i wrth fy mhartner hefyd, ac roedd hi'n anhygoel am y peth. Mae hi'n gwbl wych! Mae'n debyg fod gen i fantais gan fod fy mhartner yn cwiar. Dydy hi ddim yn syth beth bynnag. Ond eto, roedd hi wedi dechrau perthynas â rhywun roedd hi'n meddwl oedd yn un peth ac a drodd allan i fod yn rhywbeth cwbwl wahanol. Felly, ac o ystyried hynny i gyd, roedd hi wir yn cŵl am y cyfan. Ro'n i'n lwcus iawn. Ond ro'n i'n methu dweud wrthi hi pan o'n i'n sobor. Ro'n ni'n byw mewn tŷ myfyrwyr ar y pryd ac ro'n i wedi mynd adre am y penwythnos. Ro'n i wedi bod allan gyda ffrindiau a des i'n ôl yn feddw iawn tua 3 o'r gloch y bore. Roedd hi ar Facebook ar y pryd, felly anfonais neges ati yn dweud, 'Mae gen i rywbeth i'w ddweud wrthot ti.' Atebodd, 'Mae'n cŵl. Ro'n i'n rhyw feddwl bod rhywbeth yn digwydd.' Ro'n i'n ofnus iawn, ond fel y digwyddodd pethau doedd gen i ddim rheswm i fod. Dim ond am ychydig wythnosau ro'n ni wedi bod gyda'n gilydd, felly roedd popeth yn newydd. Dim ond rhyw 18 o'n i, felly ro'n i'n dal yn ifanc iawn ac roedd hi'n dal yn ifanc iawn hefyd. Mae'n siŵr bod hynny'n llawer i ymdopi ag o os nad wyt ti'n draws dy hun a dy fod ti'n dal yn eitha ifanc ac mae dy bartner yn dod allan yn draws. Dydy o ddim yn rhywbeth rwyt ti'n disgwyl iddo ddigwydd!

Roedd gan fy nheulu fwy o broblem am y peth. Yn ffodus, roedd cael fy mhartner i 'nghefnogi i wedi gwneud pethau'n haws. Ro'n i'n gwybod y byddai gan fy mam rywfaint o broblem â'r peth. Ro'n i wedi dod allan yn hoyw rai blynyddoedd cyn hynny. Ro'n i wedi dweud wrthi 'mod i'n hoffi merched, a doedd hi ddim yn rhy hapus am hynny. Yn y pen draw dywedodd hi, 'Iawn, ocê, beth am jest derbyn pethau a chario mlaen? Mae'n iawn.' Ond ro'n i'n gwybod y byddai ychydig o broblem gyda fi'n dweud 'mod i'n draws. Pan ddywedais i wrthi hi, do'n i ddim wir yn gwybod beth i'w ddweud. Felly dywedais i, 'Beth byddet ti'n ei ddweud petawn i'n dweud 'mod i eisiau bod yn fachgen?' Faswn i ddim wedi geirio'r peth felly nawr, ond yn amlwg do'n i ddim yn gwybod beth i'w ddweud. Atebodd, 'Dwyt ti ddim. Nag wyt, dwyt ti ddim!' Anwybyddodd hi'r peth yn llwyr. Wnaeth hi ddim cydnabod fy sefyllfa o gwbl nes i fi fynd am y llawdriniaeth ar fy mrest. Felly do, cymerodd hi gryn dipyn o amser! Mae hi'n deall erbyn hyn. Rydyn ni mewn lle da nawr, ac mae hi hyd yn oed wedi cyfeirio ata ar-lein i fel ei mab, sydd wir yn neis.

Dwi'n agos iawn at fy chwaer. Mae hi wedi dweud wrtha i, hyd yn oed pan o'n i'n meddwl bod fy nheulu yn defnyddio'r rhagenwau cywir ar fy nghyfer, eu bod nhw ddim yn gwneud hynny mewn gwirionedd pan do'n i ddim yno. Pan do'n i ddim yno, roedden nhw'n defnyddio fy nghamenw. Dwi'n cofio weithiau y byddai Mam yn fy ffonio'n hwyr ar nos Wener, pan oedd hi'n amlwg wedi cael tipyn o win i'w yfed, a byddai'n defnyddio fy nghamenw bryd hynny hefyd. Ond byddwn i'n ei chywiro hi ar unwaith. Byddai'n ymddwyn fel petai hynny'n ddim byd o bwys.

Dwi'n meddwl bod y term 'camenw' yn dod yn fwy cyffredin erbyn hyn ymysg pobl draws, yn hytrach na chyfeirio at dy hen enw fel 'enw genedigol'. Mae'n dod â gormod o bethau i'r wyneb os bydd pobl yn dweud 'wedi'i eni yn'. Dwi'n meddwl bod 'camenw' yn briodol, achos nid dyna'r enw.

Dydy siarad am y gorffennol ddim yn broblem i fi mewn gwirionedd. Dwi'n dal i hoffi edrych yn ôl a chyfeirio at y ffaith 'mod i'n ferch fach, er enghraifft. Dwi'n mwynhau fy hanes. Dwi'n foi â hanes traws, dyna'r cwbwl.

Roedd dod allan yn draws yn wahanol i ddod allan yn lesbiad. O leiaf wrth ddod allan yn draws, ro'n i'n siŵr am y peth. Pan ddes i allan yn lesbiad, roedd rhywbeth nad oedd cweit yn iawn am hynny. Ro'n i'n gwybod 'mod i'n ffansïo merched, felly cymerais i'n ganiataol 'mod i'n lesbiad – ond doedd y label hwnnw ddim yn taro deuddeg chwaith. Felly dwi'n meddwl ei fod ychydig yn fwy brawychus achos 'mod i i ddim yn siŵr. Ond pan ddes i allan yn draws, dwi'n cofio meddwl, 'Dyna ydy o!' Roedd hynny'n llawer haws achos 'mod i'n gwybod mai dyna'n union oedd o.

Yn ffodus mae gen i ffrindiau sydd wir yn deall a dwi'n amgylchynu fy hun â phobl sy'n deall y peth. Neu os dydyn nhw ddim yn deall, maen nhw'n hollol barod i ddysgu amdano fo.

Ond mwya'n byd dwi'n meddwl am y peth, dwi ddim wir yn dod o fewn y categori 'dyn' yn syml. Dydy o ddim 100 y cant felly.

Dwi'n bendant yn tueddu mwy at y gwrywaidd na'r benywaidd. Dwi'n bendant ddim yn fenyw. Dwi ddim cweit yn 'ddyn', dyna'r cwbwl. Dydy hynny ddim i ddweud nad yw dynion traws yn ddynion na dim byd felly. Yn amlwg, os wyt ti'n uniaethu fel yna, mae hynny'n hollol iawn. Ond dwi'n hoffi rhoi'r gair 'traws' o'i flaen ddim ond er mwyn i bobl feddwl am fy rhywedd cyn tybio, dyna'r cwbwl.

Dwi'n cyfarfod cannoedd o bobl bob dydd yn y gwaith sy'n gwbl ddi-glem 'mod i'n draws. Dwi'n siŵr, petaen nhw'n cyfarfod person traws, y bydden nhw'n dweud, 'O, ti ydy'r person traws cyntaf i fi ei gyfarfod!' Ond bydden nhw'n anghywir oherwydd bydden nhw wedi fy nghyfarfod i rai dyddiau cyn hynny. Mae pobl yn cyfarfod pobl draws drwy'r amser!

Mae'r lle dwi'n gweithio ynddo rŵan yn anhygoel. Mae'n fusnes moesegol iawn ac fel mae'n digwydd mae gan bawb yno feddwl agored iawn. Mae gynnon ni bobl o bob math o gefndiroedd gwahanol yn gweithio yno – mae'n amrywiol dros ben. Does neb erioed wedi amau fy hunaniaeth, ond maen nhw'n hapus i fi sôn amdano fo.

Yn fy hen swydd, ro'n i mewn lle anodd iawn. Roedd yn rhaid i fi fynd am hysterectomi. Ro'n i wedi clywed bod siawns uwch o gael canser os wyt ti'n cymryd testosteron. Dim ond damcaniaeth ydy hi, ond do'n i ddim eisiau mentro a chymryd y siawns. Ro'n i'n meddwl, 'Wel, dwi ddim yn mynd i ddefnyddio fy nghroth, felly waeth i fi gael y llawdriniaeth ddim', dyna'r cwbwl. Ond ro'n i'n methu dweud wrth fy mòs beth oedd y driniaeth yn union achos doedd o ddim yn gwybod 'mod i'n draws a do'n i ddim yn teimlo'n gysurus yn dweud wrtho fo. Roedd o'n brofiad anghysurus dros ben. Dwi'n hoffi i bobl wybod 'mod i'n draws achos mae'n rhan o fy hunaniaeth i ac mae'n deimlad rhyfedd pan fydd pobl ddim yn gwybod am y peth.

Dwi'n gerddor ac yn berfformiwr erbyn hyn, a dwi'n bendant yn defnyddio fy hunaniaeth draws i ddathlu fy ngherddoriaeth. Yn enwedig yn fy mherfformiad ar lwyfan oherwydd 'mod i ychydig yn fwy camp nag ydw i fel arfer a dwi'n cofleidio'r ochr ferchetaidd yn fwy. Mae hynny achos fy mod i eisiau gwthio ffiniau rhywedd. Nid dyna sut ydw i yn fy mywyd go iawn, ond mae pobl yn ymgorffori cymeriadau eraill pan maen nhw ar lwyfan, yn tydyn?

Fy nghyngor i eraill sy'n amau eu hunaniaeth rhywedd fyddai ei dderbyn, dyna'r cwbwl. Mae beth bynnag rwyt ti'n ei deimlo yn gwbl ddilys a does dim rhaid i ti ffitio i mewn i unrhyw focs. Ces i lawer o drafferth â hynny. Ro'n i wir eisiau bod yn siwper-wrywaidd ac nid dyna pwy ydw i o gwbl. Wel, dwi yn hoffi codi pwysau, ond dyna'r unig beth gwrywaidd dwi'n ei wneud!

Dwi'n teimlo'n lwcus iawn bod gen i fy mhartner. Ro'n i'n gwybod erioed ei bod hi'n halen y ddaear, mai hon oedd yr un. Roedd hi mor cŵl amdana i'n dod allan. Pan o'n i wedi cynhyrfu'n lân am y peth, hi oedd yr un oedd yn cadw ei phen. Rydyn ni wedi bod gyda'n gilydd ers dros saith mlynedd ac erbyn hyn rydyn ni wedi dyweddïo. Byddwn ni'n priodi ryw ddiwrnod, ond mae hi eisiau priodas hollol draddodiadol a dwi eisiau priodas wledig yn y goedwig!

Dwi'n meddwl 'mod i wir yn teimlo syndod 'mod i yn y lle meddyliol yna lle y gallwn ni briodi. Ond pan fyddwn ni'n priodi dwi ddim eisiau'r sefyllfa yna lle mae pawb yn aros i'r briodferch ddod i mewn. Mae'n ddiwrnod i fi hefyd, felly rydyn ni am ddod i mewn gyda'n gilydd. Rydyn ni'n mynd i chwalu'r holl rolau rhywedd traddodiadol sydd mewn priodas!

Ers ysgrifennu'r stori yma mae Alfie bellach wedi newid eu rhagenw i nhw.

Daisie

'Pam mae pobl yn meddwl bob amser bod pobl ddeurywiol eisiau *threesome*?!'

Doedd Daisie ddim yn poeni am ddod allan i'w theulu ond roedd y ffaith fod ei brawd yn cael ei fwlio oherwydd ei rhywioldeb hi yn anodd iddi.

Ro'n i'n gwybod 'mod i'n wahanol pan o'n i'n ifanc iawn. Pan o'n i tua wyth oed â dweud y gwir. Pan mae ffrindiau'n dod draw i chwarae ac rwyt ti'n chwarae 'tŷ bach twt' ac yn meddwl, 'Ddylen ni wneud hynna? Ydy hynny'n normal?' Ac wedyn pan o'n i yn yr ysgol mewn gwersi ymarfer corff, ro'n i'n gweld pobl yn newid ac ro'n i'n meddwl ei bod hi'n normal bod merched yn edrych ar ferched eraill.

Ond do'n i ddim yn meddwl 'mod i'n ddeurywiol. Do'n i ddim yn gwybod beth o'n i. Wedyn, pan o'n i rhwng 18 ac 19 oed sylweddolais i 'mod i'n ddeurywiol. Roedd rhywbeth ynof i a oedd yn gweld merched yn ddeniadol hefyd. Cyn hynny, ro'n i'n meddwl mai peth normal oedd cael fy nenu at ferched eraill. Ond do'n i ddim yn gwybod a o'n i'n eu ffansïo nhw yn y ffordd yna neu ai dim ond chwiw oedd hi. Ro'n i heb glywed amdano, a dweud y gwir, achos 'mod i'n dod o bentref mor fach. Does dim pobl ddeurywiol yno. Roedd yna ddyn hoyw, ond doedd dim menywod deurywiol a dwi ddim yn meddwl bod unrhyw berson deurywiol arall yn fy ysgol i.

Y tro cyntaf i fi sôn am y peth, dwi'n meddwl 'mod i'n feddw. Ro'n i tua 18 oed a dyma fi'n troi at fy ffrind a dweud, 'Dwi angen dweud rhywbeth wrthot ti. Dwi'n hoffi menywod. Dwi'n ddeurywiol.' Ac atebodd hi, 'No we! Dwi'n ddeurywiol hefyd!' a minnau'n syfrdan yn dweud, 'Beth?!'

Yna meddyliais i, 'Ydw, dwi'n mynd i'w roi ar Facebook!', achos 'mod i'n ifanc a ffôl. Wedyn dyma fi'n deffro ac yn ei ddileu. Roedd o ar Facebook am ryw chwe awr cyn i fi ei ddileu, ond roedd hynny yn ystod y nos, felly ches i ddim sylwadau mewn gwirionedd. Wnes i feddwl, 'Fedra i ddim cael hwnna ar fy Facebook achos dwi ddim hyd yn oed wedi dweud wrth neb eto, felly fedra i ddim ei wneud o'n gyhoeddus cyn dweud wrth fy rhieni.'

Dywedais i wrth Mam fod angen i fi ddweud rhywbeth wrthi hi. Atebodd hi, 'Iawn, be wyt ti isio'i ddweud wrtha i?' Mae gan fy mam feddwl agored iawn ac mae hi'n hollol cŵl. Mae hi'n dipyn o hipi. Felly ro'n i'n meddwl y byddwn i'n iawn yn dweud wrth Mam. Felly dyma fi'n dweud, 'Mam, dwi'n ddeurywiol.' Ac atebodd hi, 'Wyt, dwi'n gwybod.' A minnau'n ateb, 'Be ti'n feddwl? Sut?' Meddai hithau, 'Dwi'n gwybod erioed, fi ydy dy fam di. Dwi'n gwybod popeth.'

Dywedodd Dad, 'Mae hynna'n iawn, beth bynnag sy'n dy wneud di'n hapus.' Ond Mam oedd wedi cyffroi fwyaf, gan ddweud hyd yn oed, 'Wnei di byth ddisgwyl babi os byddi di'n mynd efo merched!' (Roedd hi wedi bod yn poeni y byddwn i'n disgwyl yn rhy ifanc.)

Ond gyda fy mrawd iau, roedd hi'n wirioneddol anodd. Gan fod bwlch o naw mlynedd rhyngon ni, roedd o'n dal i fod yn yr ysgol. Ar ôl i fi ddweud wrtho fo, cafodd ei fwlio'n wael am weddill ei gyfnod yn yr ysgol achos 'mod i'n ddeurywiol. Roedd pawb yn gwybod busnes pawb yn fy mhentref i. Mam ddywedodd wrtha i am y bwlio, doedd fy mrawd ddim eisiau sôn amdano fo o gwbl. Ro'n i eisiau mynd yno a rhoi cweir iddyn nhw! Triodd Mam gysylltu â'r ysgol, ond ro'n nhw'n ofnadwy. Wnaethon nhw ddim byd. Roedd gen i gywilydd 'mod i'n ddeurywiol wedyn. Roedd hi'n ofnadwy gwybod bod fy mrawd yn mynd trwy hynny o fy achos i. Roedd yn wirioneddol erchyll.

Ond mae o'n hollol iawn erbyn hyn. Mae o mor falch ohono i. Dwi'n ei garu i'r lleuad ac yn ôl. Dwi'n addoli'r tir o dan ei draed.

Wnaeth fy mrawd hŷn ddim siarad â fi am wyth mis. Roedd o'n meddwl bod y peth yn ffiaidd. Fo ydy'r unig un o'r teulu sydd wedi meddwl hynny. Roedd y ffaith ei fod yn steilydd gwallt yn gwneud ei ymateb yn waeth rywsut. Dyma fi'n dweud, 'Aros funud. Mae pobl LHDTC+ o dy gwmpas di ym mhob man! Mae gen ti ffrindiau hoyw, dynion a menywod. Felly beth sydd mor ffiaidd am y ffaith bod dy chwaer dy hun yn ddeurywiol?' Roedd o'n methu ateb hynny. Ers hynny, dydy'n perthynas ni ddim wedi bod yr un fath. Mae degawd wedi mynd heibio bellach.

Fe wnes i ymddangos ar *The Bi Life*, sioe ddetio ddeurywiol gyntaf y Deyrnas Unedig. Dwi mor falch bod sioe fel honno'n gallu bodoli. Ro'n i'n cael negeseuon gan bobl yn dweud, 'Mae hi mor anodd i fi dderbyn pwy ydw i a dydy fy rhieni i ddim yn cytuno â'r peth, ond ers iddyn nhw wylio'r rhaglen efo fi, maen nhw wedi bod yn fwy parod i dderbyn.' Mae hynny mor neis. Dydy pobl ddim yn dod allan oherwydd bod ganddyn nhw gywilydd o bwy ydyn nhw. Dangosodd y rhaglen ei bod hi'n iawn i ti fod fel rwyt ti eisiau bod.

Cyn y sioe, dywedodd y cyflwynydd Courtney Act mai'r rhai 'D' yn y gymuned LHDT yw'r mwyaf o ran niferoedd ac eto dydyn ni ddim yn clywed ganddyn nhw nac yn eu gweld nhw mewn gwirionedd. Ac mae hi'n anodd bod yn ddeurywiol, achos pan fyddi di'n dweud wrth rywun dy fod ti'n ddeurywiol, rwyt ti'n cael y negeseuon yma'n dweud, 'Wyt ti eisiau *threesome*?' a 'Pa un sydd orau gennyt ti?' Dwi wedi bod mewn perthynas â dyn sydd wedi dweud, 'Felly, wyt ti'n syth pan wyt ti efo fi?' Na, dydy hynny ddim yn mynd i newid fy rhywioldeb! Doedd o ddim yn ei ddeall o gwbwl. Os dwi gyda rhywun, dwi gyda rhywun. Dwi ddim yn mynd i fynd gyda'r dyn neu'r fenyw nesaf, nid dyna'r math o berson ydw i. Ond dydy o ddim yn newid pwy ydw i.

Ar rai o'r apiau detio, dwi wedi gweld lesbiaid yn dweud 'Neb deurywiol!' Mae hynny'n gwneud i fi deimlo'n ofnadwy. Mae o'n erchyll. Weithiau mae'n teimlo fel petai dynion yn mynd yn *paranoid* y byddi di'n rhedeg i ffwrdd gyda menyw, ac wedyn mae rhai merched yn mynd yn *paranoid* y byddi di'n rhedeg i ffwrdd gyda dyn!

Fy nghyngor i unrhyw un sy'n ddeurywiol, neu i unrhyw un sydd ddim yn siŵr, yw bod yn ti dy hun a pheidio â bod â chywilydd o bwy wyt ti. Os wyt ti eisiau archwilio dy rywioldeb, dos amdani! Bydd yn onest â ti dy hun a phaid ag ofni barn pobl eraill amdanat ti.

'Y tro cyntaf i fi ddod allan, ro'n i'n feddw. Yr ail dro, ro'n i'n bryderus. Y trydydd tro, ro'n i'n teimlo'n swp sâl. Ugain mlynedd yn ddiweddarach, dwi'n dal i ddod allan bob dydd, ond dyw'r eiliadau yna'n effeithio fawr ddim arna i. Rŵan, gan amlaf, mae'n union fel taswn i'n agor a chau fy llygaid.'

Carrie Lyell, newyddiadurwr, Golygydd y cylchgrawn *DIVA*

Richard

'Sut gall Duw fy ngharu i os ydw i'n hoyw?'

Mwslim Prydeinig Du yw Richard, a phan sylweddolodd ei fod yn hoyw, cafodd ei berthynas â'i rieni ac â'i dduw eu herio'n ddifrifol.

Ro'n i'n gwybod 'mod i'n wahanol pan o'n i'n tua saith oed. Roedd gen i'r teimlad go iawn o gysylltiad â bechgyn eraill. Doedd o ddim yn rhywiol o gwbl, ond roedd o'n rhyw gysylltiad emosiynol.

Dwi'n cofio gweld rhaglen deledu pan o'n i yn yr ysgol gynradd am fachgen yn dod allan i'w deulu. Wrth iddo fo ddweud y geiriau, dwi'n cofio meddwl 'Dyna be ydw i.' Ar y sioe, y gair a ddefnyddion nhw oedd 'homo', a meddyliais i, 'Dyna fi, dwi'n homo.' Ond roedd pob greddf yn dweud wrtha i am ei gadw'n dawel. Roedd geiriau fel 'cwiar' a *'bent'* yn cael eu defnyddio ar y buarth, ond fy mhrif reswm dros ei gadw'n dawel oedd fy mod i'n gwybod ei fod o ddim yn 'normal'. Ac ro'n i wir eisiau bod yr un fath â phawb arall. Ro'n i eisiau bod yn blentyn arferol. Yn fwy na dim.

Dwi'n foi Du – mae fy rhieni'n dod o arfordir Dwyreiniol Affrica – a meddyliais i, 'Fedra i ddim dweud wrth neb 'mod i'n hoyw achos dwi eisoes yn trio ffitio i mewn fel bachgen Du mewn ysgol o blant gwyn. Dwi ddim eisiau creu mwy o wahaniaethau.'

Hefyd, roedd fy rhieni wedi fy magu yn Fwslim ac roedd bod â'r ffydd honno yn rhan mor bwysig o 'mywyd i (yn gorfod mynd i'r mosg bob dydd Gwener, mynd i ysgol Arabaidd, dysgu'r Quran) a oedd yn golygu mai'r gred oedd gen i yn saith oed oedd 'mod i ddim yn ddim yn iawn yng ngolwg duw. Ro'n i wedi clywed sylwadau yn y Mosg ac ro'n i'n gwybod ei bod hi ddim yn iawn i fod yn Fwslim ac yn hoyw. Ro'n i'n gwybod 'mod i'n siom, nid dim ond i fy rhieni, ond i fy nuw. Ro'n i'n teimlo 'mod i'n siomi duw; do'n i ddim yn iawn a do'n i ddim yn normal.

Fel Mwslim, mae fy ffydd yn rhoi nerth anhygoel i fi ond do'n i ddim yn teimlo'n gryf bryd hynny. Ro'n i'n teimlo mor ddryslyd a chymysglyd. Ro'n i'n rhyw obeithio y byddai'r peth yn diflannu. Mynd i goleg chweched dosbarth newidiodd hynny. Rwyt ti'n cael bod yn wahanol. Felly ro'n i'n treulio amser gyda'r goths a'r emos a'r rocyrs ac ro'n nhw'n amlwg iawn, â'u gwalltiau lliwgar, eu hagwedd ddi-hid at reolau, a'u gwisgoedd gwahanol, ac ro'n i'n cael fy nenu'n fawr at hynny. Achos, ro'n i'n meddwl, yn hytrach na thrio cael fy nerbyn, efallai ei bod hi'n iawn i fi fod yn wahanol ac i fod ychydig yn fwy amlwg. Ac ro'n nhw'n fy nerbyn i. Roedd aelodau llawer o'r bandiau ro'n nhw'n eu caru yn cyflwyno eu hunain yn cwiar mewn rhyw ffordd. Roedd David Bowie yn agored ddeurywiol ac roedd prif ganwr Judas Priest yn hoyw.

Felly dyma fi'n dod allan i gwpl o ffrindiau ac ro'n nhw'n iawn – roedd rhai'n meddwl ei fod yn eitha cŵl. Ond collais i lawer o ffrindiau hefyd. Roedd hyn mewn cyfnod pan oedd bod yn hoyw yn cael ei gysylltu ag AIDS ac roedd llawer o ffrindiau'n meddwl ei fod o'n ffiaidd a do'n nhw ddim eisiau siarad â fi byth eto. Ro'n i mor lwcus achos ces i gefnogaeth enfawr gan ddau o fy athrawon, un yn hoyw a'r llall yn berson traws. Ro'n nhw'n ysbrydoliaeth fawr. Ro'n i'n eu gweld nhw'n byw bywydau gonest, go iawn.

Ro'n i'n gwybod bod rhaid i fi fod yn driw i fi fy hun, a bod yn onest, felly dywedais i wrth fy rhieni. Roedd yn drychinebus. Roedd o'n gwbl ofnadwy i ddechrau. Roedd yn dorcalonnus i Mam, ac roedd hi'n ddagreuol am sbel fawr achos ei bod hi ddim yn gwybod beth roedd o'n feddwl. Ymateb Dad oedd dweud wrtha i y gallai fynd â fi at y doctor achos bod gan y doctor dabledi a fyddai'n gallu fy ngwella o fod yn hoyw. Felly roedd honno'n sgwrs ddiddorol! Ond roedd gwybod ar lefel ddofn iawn nad oedd yna dabledi i fy ngwella yn deimlad da, ac ar y pwynt hwnnw yn fy mywyd ro'n i'n teimlo'n hŷn na 'nhad o ran doethineb. Dywedais i wrtho, 'Dad, does dim tabledi sy'n gallu fy stopio i rhag bod yn hoyw.' Ildiodd, a dywedodd wrtha i ei fod, drwy ei undeb (achos roedd o'n gweithio fel swyddog undeb) wedi brwydro dros rai o'r hawliau i weithwyr hoyw yn ei weithle. Doedd o erioed wedi sôn am y peth go iawn a dywedodd, er ei fod yn derbyn pobl hoyw yn ei weithle, roedd o'n methu derbyn bod ei fab yn hoyw gan fod hynny'n rhy agos, roedd o'n rhy anghysurus. A gwnaeth hynny fi'n flin dros ben. Dyma fi'n meddwl, 'Aros funud, rwyt ti'n gallu bod yn ffrindiau gyda phobl yn y gwaith a bod yn iawn efo nhw ond rwyt ti'n methu bod yn ffrind i fi a minnau'n fab i ti?' Do'n i ddim yn deall beth roedd hyn yn ei olygu i fi.

Dwi'n gwybod beth ro'n nhw'n ei feddwl: ro'n nhw'n meddwl tybed sut roedd hyn yn cyd-fynd â'u ffydd nhw. Do'n nhw ddim eisiau gwybod a oedd rhai o fy ffrindiau i'n hoyw, dim ond eu bod nhw'n ffrindiau i fi. Yn amlwg do'n nhw ddim eisiau gwybod a oedd gen i gariad. Ypsetiodd hynny fi'n fawr iawn. Ro'n i eisiau i fy rhieni fy ngweld i fel yr o'n i i ac nid fel rhywun ro'n i'n smalio bod. Achos bues i'n smalio am gyfnod mor hir. Mae hi wedi bod yn daith hir iawn iddyn nhw. Cymerodd hi flynyddoedd iddyn nhw. Buodd rhaid iddyn nhw ddysgu a derbyn llawer o bethau.

A heddiw? Mae fy rhieni'n cefnogi achosion hoyw, yn cefnogi priodasau hoyw a chydraddoldeb. Dwi wedi gallu cysoni fy ffydd â fy hunaniaeth rywiol ac emosiynol. Dwi'n dal yn gallu bod â ffydd a bod yn ddyn hoyw. Ces i gymaint o help gan sefydliadau anhygoel. Dwi allan i bawb erbyn hyn. Dwi ddim yn teimlo'r angen i guddio bellach. Dwi eisiau bod yn fodel rôl sydd allan i bobl cwiar eraill. Ces i help mawr gan bobl cwiar, yn enwedig yr athrawon yna. Rŵan fy nhro i ydy hi i roi yn ôl. Gwnes i helpu i sefydlu gwasanaeth LHDTC+ i bobl ifanc ym Manceinion, lle maen nhw'n cael eu cefnogi i deimlo'n dda am bwy ydyn nhw. Mae'n cynnwys grwpiau a chefnogaeth cwnsela ac mae'n dal i fynd hyd heddiw. Mae'r gwasanaeth hefyd yn cefnogi pobl ifanc mewn ysgolion a cholegau.

Fy nghyngor i eraill sy'n dod allan yw: sut bynnag rwyt ti'n teimlo ar hyn o bryd, cofia y byddi di un diwrnod yn teimlo hapusrwydd a llawenydd ynglŷn â phwy wyt ti. Rho amser iddo fo – diwrnod, mis neu flwyddyn ychwanegol – achos *bydd* dy fywyd di'n gwella.

Louise

'Dywedodd hi wrtha i fod bod yn
lesbiad yn anghyfreithlon!'

Ffotograff: Sheralee Lockhart

Daeth y bardd, y dramodydd a'r
perfformiwr Louise Wallwein MBE, allan i weithiwr cymdeithasol tra
oedd hi'n cael ei magu gan leianod mewn cartref gofal.

Byddwn i'n dweud 'mod i'n ferch ifanc iawn, iawn pan ddechreuais
i ffansïo merched, ond dwi ddim yn credu fod gen i air am y peth.
Y tro cyntaf i fi glywed y gair 'lesbiad', dwi'n cofio ei fod yn air o
sarhad yn erbyn rhywun arall ac am gyfnod ro'n i'n meddwl 'mod
i ddim eisiau bod yn un ohonyn nhw. Roedd y ffordd y cafodd y
sarhad ei ddefnyddio yn swnio fel clefyd.

Wrth i'r teimladau hynny at ferched gryfhau, yn yr ysgol
uwchradd, roedd yn rhywbeth ro'n i yn ei guddio fwy fyth.
Do'n i ddim eisiau cael fy ngalw'n lesbiad, yn bendant. Ond
ro'n i'n bendant yn gwybod mai dyna o'n i. Dwi'n beio Martina
Navratilova. Yr eiliad y dechreuodd hynny ddigwydd, ro'n i'n
gwybod bod gen i arwres, a dyma feddwl, 'Ie, deic – dyna fi.' Ond
ddywedais i ddim wrth neb am beth amser, achos 'mod i'n cael fy
magu gan leianod ac ro'n i'n mynd i ysgol Gatholig – doedden ni
ddim yn trafod cyfunrywioldeb a dim ond fel sarhad y byddai'n
cael ei ddefnyddio.

Ro'n i mewn gofal ers pan oeddwn i'n naw oed, mewn nifer o gartrefi plant gwahanol – tua 13 ohonyn nhw, a'r rhan fwyaf dan ofal lleianod Catholig. Ro'n i'n cael fy addysgu drwy ffwndamentaliaeth, nid yn unig am gyfunrywioldeb ond hefyd yn dysgu bod erthyliad yn ddrwg. A minnau'n blentyn a gafodd ei roi mewn gofal yn fabi newydd-anedig, bydden nhw'n aml yn sôn wrtha i pa mor lwcus ro'n i 'mod i'n Gatholig ac nad oedd fy mam yn credu mewn erthylu. Felly ro'n i'n ddyledus i Gatholigiaeth am fy modolaeth ... ac a dweud y gwir, ro'n i'n eitha moesol fel plentyn.

Roedd y cartref plant olaf ro'n i ynddo fo ar gyfer merched ifanc ac roedd gynnon ni lawer mwy o annibyniaeth. Ond roedd yn cael ei redeg gan fenyw a ymatebodd yn wael iawn pan ddes i allan iddi hi. Byddai'n aml yn bygwth galw'r heddlu os oeddwn i'n mynd i glwb hoyw. Byddai hi'n ceisio fy narbwyllo'n gyson ei bod hi'n anghyfreithlon i fod yn lesbiad! Ro'n i wedi dechrau treulio amser gydag ymgyrchwyr, fodd bynnag, ac yn dysgu am hawliau dynol. Ro'n i'n gyfarwydd â'r stori am y Frenhines Victoria – doedd hi, mae'n debyg, ddim yn cydnabod bodolaeth lesbiaid a dyna'r rheswm nad oedd dim byd yn y gyfraith amdanon ni. Ond roedd y fenyw yma'n Gatholig ffwndamentalaidd ac yn rhedeg cartref plant. Oherwydd 'mod i ddim yn gwisgo colur na ffrogiau, riportiodd hi fod gen i broblemau hylendid. Roedd hi hefyd yn ceisio fy nghael i fod yn 'fwy benywaidd'. Ces i weld fy ffeiliau y llynedd ac maen nhw'n llawn sylwadau am fy natur fachgennaidd a sut roedd hynny'n broblem ymddygiad. Felly ro'n i mewn lle anodd.

Llwyddais i gael fy hun allan o ofal chwe mis yn gynnar oherwydd eu bod nhw'n methu fy rheoli i mwyach. Ro'n i eisoes wedi bod i Gomin Greenham ac wedi dod yn ymgyrchydd o 'nghorun i'm sawdl. Ces i fy fflat gyntaf trwy fynd i'r swyddfa dai ym Manceinion a hawlio lloches wleidyddol. Ar y pryd, roedd Manceinion yn gyngor chwyldroadol a oedd yn gwneud yr holl bethau anhygoel ac yn ariannu prosiectau LHDT. Dywedais i wrthyn nhw beth roedd y fenyw a oedd yn rhedeg y cartref gofal yn ei ddweud ac yn ei wneud a ches i fy fflat. Wrth edrych yn ôl, ro'n i'n rhy ifanc o lawer yn 17. Do'n i ddim yn gwybod sut i redeg cartref. Bron bob wythnos, fyddwn i ddim yn bwyta, ond roedd y fenyw yn y cartref gofal yn gwneud fy mywyd i mor anodd, roedd yn rhaid i fi adael.

Roedd fy ngweithiwr cymdeithasol yn wych. A dweud y gwir, ro'n i wir yn ei ffansïo hi a dywedais i hynny wrthi. Roedd hi'n garedig iawn wrtha i a hi oedd yr un wnaeth fy annog i fynd i fyd ymgyrchu. Bu bron iddi hi golli ei swydd am fy nghefnogi i a dewisiadau person hoyw a hithau'n gweithio i sefydliad Catholig.

Ar yr un pryd, cafodd Cymal 28[1] ei gyhoeddi. Ro'n i allan, ac yn aros allan, a des i'n rhan fawr o'r frwydr yn erbyn Cymal 28. Un noson, mewn bar, rhoddodd rhywun daflen i fi am wahardd hyrwyddo cyfunrywioldeb mewn ysgolion a llyfrgelloedd ac unrhyw wasanaethau roedd cynghorau yn talu amdanyn nhw. Cofia 'mod i newydd gael brwydr enfawr ddim ond i gael fflat ac ychydig o ryddid, felly pan ddarllenais i hwn, gwnes i wylltio'n gacwn. Roedd Cymal 28 yn golygu fyddai llyfrgelloedd ddim yn gallu cael llenyddiaeth cwiar. Nawr, cyn i fi adael gofal, yr unig beth oedd gen i oedd llyfrau, a rywsut ro'n i'n gallu cael hyd i lyfrau â lesbiaid ynddyn nhw. Felly ro'n i'n gandryll eu bod nhw eisiau mynd â hynny oddi ar bobl ifanc eraill. Do'n i wir ddim yn deall y gweddill ohono; y cyfan welais i oedd bod llyfrau cwiar yn mynd i gael eu gwahardd a dyma fi'n meddwl, 'Ddim diawl o beryg!'

---

1   Cyflwynodd y Llywodraeth Dorïaidd (dan arweiniad Margaret Thatcher) Adran 28 o Ddeddf Llywodraeth Leol 1988 i wahardd awdurdodau lleol rhag hyrwyddo cyfunrywioldeb. Ynddi nodwyd nad oedd awdurdodau lleol yn cael 'hyrwyddo cyfunrywioldeb yn fwriadol na chyhoeddi deunydd gyda'r bwriad o hyrwyddo cyfunrywioldeb neu hyrwyddo addysgu mewn unrhyw ysgol a gynhelir bod cyfunrywioldeb yn dderbyniol fel perthynas deuluol honedig.' Roedd hyn yn golygu bod athrawon wedi'u gwahardd rhag trafod perthynas o'r un rhyw â myfyrwyr, a bod llyfrgelloedd awdurdodau lleol wedi'u gwahardd rhag cadw deunydd darllen neu ffilmiau a oedd yn cynnwys themâu hoyw neu lesbiaidd. Dilëwyd y cymal ar draws y Deyrnas Unedig yn 2003.

Felly es i'r cyfarfod, tyfodd pethau'n gyflym a des i'n ymgyrchydd llawn amser.

Ro'n i'n lwcus iawn 'mod i'n byw ym Manceinion oherwydd yr hyn oedd yn digwydd yn y cyngor. Rhoddon nhw swyddfa i ni lle y dechreuon ni ymgyrchu yn erbyn Cymal 28. Roedd gynnon ni ganolfan hoyw; roedd gynnon ni Bentref Hoyw oedd yn tyfu; ro'n i'n ffodus dros ben. Beth petawn i wedi bod yn rhywle arall, rhywle gwledig efallai? Dwi'n talu teyrnged bob amser i'r ymgyrchwyr hynny am godi fy uchelgais. Ro'n nhw i gyd yn bobl hyfryd – lesbiaid a dynion hoyw, pob un yn hŷn na fi. Fi oedd y babi. Ro'n i'n eu hedmygu nhw a dysgais i lawer ganddyn nhw. Ro'n nhw'n siarad iaith wahanol i fi – ro'n i'n dod o'r dosbarth gweithiol ac wedi tyfu i fyny mewn gofal. Ro'n i'n eitha clyfar ond doedd gen i ddim yr un cefndir â'r bobl yma ac ro'n nhw'n anhygoel. (Ac eto yn nathliadau cofio'r ymgyrch flynyddoedd yn ddiweddarach, dywedon nhw mai fi oedd wedi eu gwthio nhw ymlaen. Ro'n i'n arfer eu gyrru nhw o'u cof!)

Bydden ni'n cael cyfarfodydd yn neuadd y dref ac wedyn byddai fy nghyd-ymgyrchwyr eisiau mynd i'r dafarn. Ond byddwn i'n dweud, 'Na, mae gynnon ni 200 o daflenni. Mae'n rhaid i ni eu dosbarthu nhw!' Bob wythnos byddwn i'n mynd i mewn i'r Pentref Hoyw, yn sefyll ar ben bwrdd ac yn dweud wrth bobl mai nawr oedd yr amser roedd yn rhaid i ni ddod allan, bod rhaid i ni roi'r gorau i fyw yn y cysgodion achos hira'n byd ro'n ni'n byw yn y cysgodion, mwya'n byd ro'n ni'n mynd i ddioddef ymosodiadau. Ro'n i'n gweld y llywodraeth fel bwlis, a'r unig ffordd i ddelio â bwlis yw eu herio nhw. Ac oherwydd 'mod i'n arfer siarad fel yna, ro'n i'n cael fy anfon i bob cwr o'r wlad i ledu'r gair ac ro'n i'n mynd i gyfarfodydd yn Llundain yn aml.

Cafodd yr orymdaith yn erbyn Cymal 28 ym Manceinion ei chynnal ar 20 Chwefror, 1988. Daeth 25,000 o bobl at ei gilydd yno ac ar y pryd dyma'r gwrthdystiad gwleidyddol mwyaf erioed o unrhyw fath ym Manceinion. O ystyried ein hanes gwleidyddol, mae hynny'n eitha arwyddocaol. Ac ar y pryd hwn oedd y gwrthdystiad LHDTC+ cwiar mwyaf erioed yn y byd. Roedd

Ian McKellen[2] yno, roedd Peter Tatchell[3] yno, roedd Michael Cashman[4] yno. Ces i fy ngwthio i flaen yr orymdaith a bues i'n ei harwain hi gyda nhw. Roedd hi'n anhygoel bod yr holl bobl yma wedi dod i 'ninas i, ac ro'n ni i gyd wedi dychryn am ein bywydau! Nid yr heddlu rydyn ni'n ei adnabod heddiw oedd yr heddlu bryd hynny. Roedd pennaeth yr heddlu'n gadarn o blaid defnyddio cyfreithiau o'r 16eg ganrif i gau'r bariau hoyw. Roedd o'n ein casáu ni a do'n ni ddim yn hoff iawn ohono fo chwaith.

Ro'n i mewn tîm bach o lesbiaid roedd y dynion hoyw yn eu galw'n 'Shock Troops'. Ro'n ni'n gweithredu mewn llawer o wahanol ffyrdd. Er enghraifft, gwnaethon ni atal y traffig i gyd un noson yn Piccadilly. Mae llun enwog o'r digwyddiad yn Amgueddfa Hanes y Bobl ym Manceinion. Ro'n ni'n cael ein harestio'n gyson. Un min nos gwnaethon ni drio torri i mewn i Stiwdios Granada er mwyn ymddangos ar y rhaglen newyddion.

Do'n ni byth yn mynd i drafferth ddifrifol gyda'r heddlu – pethau'n ymwneud â'r drefn gyhoeddus oedd y rhan fwyaf o'r achosion. Dwi'n argyhoeddedig na wnei di gyrraedd nunlle'n wleidyddol heb falu ambell ffenest. Galli di fod yn gytbwys a thrafod o gwmpas y bwrdd, ond mae gweithredu'n uniongyrchol hefyd yn rhan hanfodol o unrhyw frwydr. Er enghraifft, enillodd menywod a phobl o'r dosbarth gweithiol yr hawl i bleidleisio oherwydd bod ymgyrchydd lesbiaidd wedi sefyll ar ei thraed gyda'i chariad, dros gan mlynedd yn ôl yn y Free Trade Hall, gan dorri ar draws rali gan y Blaid Ryddfrydol lle'r oedd Winston

---

2   Mae Syr Ian McKellan yn actor sydd wedi ennill BAFTA a Golden Globe ac mae hefyd yn adnabyddus am ei waith dros LHDTC+. Daeth allan yn 1988, ymgyrchodd yn erbyn Cymal 28 ac roedd yn gyd-sylfaenydd grŵp hawliau LHDTC+ Stonewall.

3   Ymgyrchydd hawliau dynol yw Peter Tatchell a geisiodd wneud arestiad dinesydd ar Arlywydd Zimbabwe Robert Mugabe yn 1999 ac eto yn 2001. Ymgyrchodd dros hawliau LHDTC+ yn yr 80au a'r 90au gyda'r grŵp OutRage! ac erbyn hyn mae'n gyfarwyddwr Sefydliad Peter Tatchell.

4   Mae Michael Cashman yn actor, gwleidydd ac ymgyrchydd. Bu'n chwarae rhan Colin Russell yn opera sebon y BBC EastEnders ac roedd yn rhan o'r gusan hoyw gyntaf ar opera sebon yn y Deyrnas Unedig. Aeth yn ei flaen i fod yn un o sylfaenwyr grŵp hawliau LHDTC+ Stonewall a bu'n cynrychioli Gorllewin Canolbarth Lloegr fel ASE rhwng 1999 a 2014.

Churchill yn bresennol. Annie Kenney a Christabel Pankhurst oedd y ddwy. Roedd Annie yn swffragét dosbarth gweithiol, ac roedd Christabel yn un o'r teulu Pankhurst, wrth gwrs. Ro'n nhw'n lesbiaid. Dyna'r adeg y rhoddodd menywod y gorau i ddim ond ysgrifennu llythyrau (oherwydd bod eu llythyrau'n cael eu hanwybyddu) a dechrau malu ffenestri. Fodd bynnag, a minnau'n ymgyrchydd, mae gen i ddealltwriaeth dda o hanes, ac ro'n i'n gwybod y byddai adeg yn dod pan fyddai'n bwysig i'r mudiad cwiar eistedd wrth y bwrdd hefyd.

Mae gen i MBE[5] nawr. Ces i fy enwebu gan Gyngor y Celfyddydau Lloegr am lwyddiant eithriadol ym myd llenyddiaeth a cherddoriaeth a gwasanaethau i'r gymuned. I fi, fy ymgyrchu yw'r gwasanaethau i'r gymuned. Wrth feddwl am beth bynnag a wnes i erioed, fe wnes i'r cyfan i wasanaethu cymdeithas. Dwi am ei gwella a chael cydraddoldeb llawn. Ro'n i'n teimlo'n eitha emosiynol ynglŷn â fy MBE dwi'n dal i deimlo felly. Dwi'n teimlo i'r byw bod rhywun wedi gofyn i fi fod yn aelod o rywbeth. Ches i erioed deulu. Fues i erioed yn aelod o ddiawl o ddim byd. Wedyn darllenais i pam ro'n i'n ei gael o ac roedd hynny'n anhygoel. Ond ro'n i'n ofnus iawn am gyhoeddi'r MBE. Yn y mis rhwng cael y llythyr a'r adeg rwyt ti'n cael dy anrhydeddu go iawn, mae'n rhaid i ti ei gadw'n gyfrinach. Mae dy feddwl di'n chwarae triciau arnat ti ac roedd fy meddwl i'n dweud wrtha i y byddai fy ffrindiau i gyd yn meddwl 'mod i'n wirion bost!

Ond roedd y cyfan yn anhygoel. Trwy ei gael, mae fy nghymuned, fy nghyd-weithwyr a fy ffrindiau wedi dangos i fi cymaint maen nhw'n fy nerbyn i am bwy ydw i a chymaint maen nhw am ddathlu fy llwyddiant. Dwi erioed wedi cael hynny o'r blaen. Gwnaeth hyn i fi sylweddoli 'mod i wedi gwneud llawer iawn o waith. Dwi wedi trafod llawer iawn ar fy ngwaith

---

5   Mae MBE yn un o bum dosbarth o benodiadau Urdd yr Ymerodraeth Brydeinig (*Order of the British Empire*) ac mae'n gwobrwyo cyfraniadau i'r celfyddydau a'r gwyddorau, gwaith gyda sefydliadau lles ac elusennau, a gwasanaethau cyhoeddus. Rhaid i bob ymgeisydd gwblhau proses enwebu drylwyr a manwl, ac oherwydd hynny mae anrhydeddau fel hyn yn fawr eu bri.

ymgyrchu, ond mae fy ngyrfa fel awdur wedi bod yn anhygoel hefyd. Trwy dderbyn y cynnig cyntaf i ysgrifennu drama pan o'n i'n 17 oed, drwy ddod yn artist, ro'n i'n cael gwasanaethu cymdeithas drwy rym deniadol barddoniaeth. Dyna dwi'n ei wneud. Dyna sy'n cwmpasu'r cyfan.

Rhaid i fi fod yn onest, mae hi wedi bod yn anodd iawn achos mae hi wedi cymryd 30 mlynedd i gymdeithas ddal i fyny â'r penderfyniad hynod wleidyddol yna gynnon ni ym Manceinion yn 1988 i ddweud, 'Rydyn ni'n dod allan ac yn aros allan!' Mae hefyd gwahaniaeth o ran profiadau oherwydd dosbarth. Cymerodd y profiad dosbarth gweithiol ychydig yn fwy o amser. Cymerodd hi fwy o amser i'r ystadau tai ddal i ffycin fyny. Felly rwyt ti'n llythrennol yn cael rhywun yn cicio dy ben di drwy'r amser. Ro'n i'n cael fy erlid bob dydd am flynyddoedd lawer oherwydd 'mod i'n dod o ddosbarth gweithiol ac yn byw ar ystadau tai a oedd yn mynd â'u pen iddyn nhw ac yn cael eu hesgeuluso. Ro'n i'n cael fy erlid bob dydd am fod yn hoyw. Dechrau pob cwestiwn fyddai, 'Wyt ti'n fachgen neu'n ferch? Wyt ti'n ddyn neu'n fenyw?' Weithiau byddwn i'n dianc, dro arall byddwn i'n dal fy nhir. Cafodd fy ngên ei thorri ddwywaith. Ces i fy mygwth â chael fy nhreisio filoedd ar filoedd o weithiau – 'trais cywiro', lle bydden nhw'n dangos i fi beth mae dyn 'go iawn' yn gallu ei wneud.

Allwn i fyth mynd yn ôl i beidio â bod allan rŵan. Byddwn i'n dadlau 'mod i'n ddeic olygus. Mae rhai menywod yn y byd sy'n olygus. Ac mae gynnon ni'r obsesiwn rhyfedd yma yn ein byd y dylai golwg benodol fod ar ddynion a golwg benodol arall ar ferched. Ond ces i fy ngeni fel hyn. Mae swyddogion diogelwch gwryw yn dal i fy archwilio mewn meysydd awyr achos eu bod nhw'n meddwl mai bachgen ydw i. Diolch byth am doiledau niwtral o ran rhywedd hefyd a fydd yn fy arbed i rhag cymaint o'r cam-drin dwi'n dal i'w wynebu.

I unrhyw un sy'n amau ei rywioldeb ac sy'n ofni cyfaddef i'w hun ac i bobl eraill eu bod yn rhan o'r gymuned LHDTC+, y peth cyntaf i'w ddweud yw, 'Bydd popeth yn iawn.' Ti wyt ti, a wnaiff dim byd newid hynny byth. Chwilia am dy bobl. Ro'n i mor lwcus. Ges i hyd i'r holl ymgyrchwyr yna a'r achos a'r undod hwnnw. Ond hefyd, chwilia am bobl nad ydyn nhw efallai yn union fel ti, ond sy'n meddwl dy fod ti'n iawn. Rwyt ti'n gallu ymddiried ynddyn nhw hefyd. Cofia – mewn undeb mae nerth, a chwilia am y bobl hynny. Galli di ffeindio dy ganolfannau LHDTC+ lleol hefyd a rhifau ffôn ar-lein ac estynna allan. Os wyt ti'n teimlo wedi dy ynysu, ffonia nhw. Pan maen nhw'n dweud 'ffonia'r rhif yma', maen nhw'n ei feddwl o! Paid â threulio dy holl amser gyda phobl cwiar eraill chwaith. Dos i feddiannu pob twll a chornel o dy ddinas neu dref. Mae gen ti hawl i fod yno. Fe gei di dy Bentref Hoyw neu dy dafarnau a phob dim felly, ond mae gen ti hefyd hawl i berchnogi'r ddinas gyfan.

'Mae peidio â bod allan fel bod mewn powlen bysgod od sy'n cam-ffurfio ac yn pellhau'r byd o dy gwmpas. Dim ond trwy ddod allan y byddwn ni'n dechrau profi bywyd, cariad a chyfeillgarwch yn iawn. Mae ymateb pobl yn gallu amrywio – doedd fy mam ddim yn hapus am flwyddyn ond roedd hi'n gyrru fflôt Pride yn y pen draw. Bydd yn ddewr: mae byd o gariad yn aros amdanat ti.'

Jonathan Mayor, digrifwr

Geirfa[1]

Dydy hon ddim yn rhestr derfynol. Dyma'r diffiniadau diweddaraf wrth i'r llyfr fynd i'r wasg. Rydyn ni'n ymwybodol bod terminoleg yn newid ac yn esblygu drwy'r amser. Mae pobl yn rhydd i ddiffinio eu hunain mewn unrhyw ffordd sy'n gyfforddus iddyn nhw.

Ailbennu Rhywedd: Dywedir bod person yn ailbennu rhywedd os yw'n bwriadu mynd drwy broses, yn mynd drwy broses neu wedi mynd drwy broses (neu ran o broses) at ddiben ailbennu eu rhyw drwy newid nodweddion ffisiolegol neu nodweddion eraill rhyw. Mae ailbennu rhyw yn un o nodweddion Deddf Cydraddoldeb 2010 sydd wedi'u gwarchod.

Anneuaidd: Mae hwn yn disgrifio pobl nad yw eu rhywedd yn perthyn i ddosbarth deuaidd rhywedd, h.y. ddim yn 'ddyn' nac yn 'fenyw'. Mae rhai yn defnyddio'r gair fel hunaniaeth ynddi'i hun ac mae hefyd yn derm cyffredinol ar gyfer rhyweddau nad ydyn nhw'n perthyn i ddosbarth deuaidd rhywedd, fel rhywedd cwiar, deurywedd, a rhyweddhylifol.

---

1 Addasiad o ddeunydd a ddarparwyd yn garedig gan yr LGBT Foundation www.lgbt.foundation

Atyniad rhywiol: Dymuno cyswllt rhywiol gyda pherson arall penodol neu grŵp penodol o bobl.

BAME: Talfyriad o'r term Du, Asiaidd ac Ethnig Leiafrifol (*Black, Asian and Minority Ethnic*).

Camenw: Enw a roddwyd adeg geni person, neu enw blaenorol arall, sydd bellach wedi'i newid gan y person ei hun. Ystyr camenwi rhywun yw cyfeirio atyn nhw wrth eu henw genedigol heb eu caniatâd. Fel arfer mae hyn yn digwydd i bobl draws a/neu anneuaidd sydd wedi newid eu henw wrth drawsnewid.

Camryweddu: Cyfeirio at rywun fel y rhywedd anghywir neu ddefnyddio'r rhagenwau anghywir (fe, hi, bachgen, chwaer ac ati). Mae hyn fel arfer yn golygu cyfeirio'n fwriadol neu'n faleisus at berson traws yn anghywir, ond gall ddigwydd yn ddamweiniol hefyd, wrth gwrs.

Cwiar: Term cyffredinol sy'n cael ei ddefnyddio i ddisgrifio aelodau'r gymuned LHDTC+. Mae aelodau'r gymuned wedi hawlio'r term yn ôl ar ôl iddo gael ei ddefnyddio mewn modd difrïol yn y gorffennol, ac efallai na fydd rhai o aelodau'r gymuned am ei ddefnyddio oherwydd yr hanes hwn. Mae'r C yn LHDTC+ fel arfer yn golygu 'cwiar', ond weithiau mae'n golygu 'cwestiynu'.

Cydryweddol/Cis: Rhywun y mae eu hunaniaeth rhywedd yr un peth â'r categori rhyw y rhoddwyd nhw ynddo adeg eu geni. Dyma'r term am bawb heblaw pobl draws.

Cyfeiriadedd rhywiol: Sut mae person yn teimlo yn rhywiol am wahanol ryweddau. Mae'r term yn disgrifio gyda phwy maen nhw'n fwyaf tebygol o gael perthynas rywiol. Dydy gweithgaredd rhywiol ddim yn dangos cyfeiriadedd rhywiol, felly efallai na fydd pobl sy'n cael perthynas rywiol â rhywun o'r un rhywedd o reidrwydd yn uniaethu fel LHDT+. Dyma pam mae termau fel MSM yn cael eu defnyddio mewn rhai cyd-destunau. Mae cyfeiriadedd rhywiol yn nodwedd warchodedig o dan Ddeddf Cydraddoldeb 2010.

Cyfunrywiol: Term i ddisgrifio rhywun sy'n cael ei ddenu bron yn gyfan gwbl at bobl o'r un rhywedd â nhw. Mae rhai o'r farn bod y gair hwn yn rhy feddygol ei natur, ac mae'n well ganddyn nhw'r termau 'hoyw', 'lesbiaidd' neu 'cwiar'.

Deddf Cydraddoldeb (2010): Yn y Deyrnas Unedig, mae hyn yn cyfeirio at Ddeddf Cydraddoldeb 2010, sy'n amddiffyn pobl rhag gwahaniaethu a thriniaeth wael ar sail cyfeiriadedd rhywiol, rhywedd, ailbennu rhywedd a chwe nodwedd arall sydd wedi'u gwarchod.

Deuffobia: Rhagfarn tuag at rywun sy'n ddeurywiol neu y credir eu bod yn ddeurywiol, gwahaniaethu yn eu herbyn, atgasedd tuag atyn nhw, neu eu hofni, yn seiliedig ar eu cyfeiriadedd rhywiol.

Deurywiol/Bi: Rhywun sy'n cael ei ddenu at bobl o'r un rhywedd â nhw ac at ryweddau eraill.

Dod allan: Pan fydd rhywun yn dweud wrth rywun/wrth bobl am y tro cyntaf eu bod nhw'n lesbiaidd, yn hoyw, yn ddeurywiol neu'n draws. Anaml y bydd dod allan yn ddigwyddiad unwaith mewn oes oherwydd efallai y bydd llawer o bobl LHDTC+ eisiau neu angen dod allan i bawb maen nhw newydd eu cyfarfod. Efallai y byddan nhw'n sylweddoli dros amser bod gwahanol agweddau ar eu hunaniaeth LHDTC+ yr hoffen nhw eu datgelu.

Dyn traws: Rhywun y mae eu hunaniaeth rhywedd yn wrywaidd ac a bennwyd yn fenywaidd adeg eu geni.

HD (GB): Talfyriad hoyw a deurywiol (*gay and bisexual*).

HDT (GBT): Talfyriad hoyw, deurywiol a thraws (*gay, bisexual and trans*).

Heterorywiol: Rhywun sy'n cael ei ddenu yn rhamantus neu'n rhywiol at rywun o rywedd gwahanol, fel arfer dyn sy'n cael ei ddenu at fenywod neu fenyw sy'n cael ei denu at ddynion.

HIV/AIDS: *Human Immunodeficiency Virus / Acquired Immune Deficiency Syndrome* neu yn Gymraeg, Firws Imiwnoddiffygiant Dynol/Syndrom Diffyg Imiwnedd Caffaeledig. Haint a drosglwyddir yn rhywiol sy'n ymosod ar y system imiwnedd yw HIV. Does dim modd ei wella ond mae modd ei drin ac, erbyn hyn, gellir disgwyl i rywun â HIV fod â disgwyliad oes arferol ac ni ddylai allu trosglwyddo'r firws os yw'n cymryd meddyginiaeth yn gywir. Fel arfer, mae'n gysylltiedig ag MSM, ond mae'n fwy cyffredin hefyd mewn cymunedau Du, Asiaidd ac Ethnig Leiafrifol. Mae HIV yn datblygu i fod yn AIDS heb ei drin. Er na fydd y person yn marw o AIDS, mae'r ffaith bod y system imiwnedd wedi'i gwanhau o ganlyniad i AIDS yn golygu bod y corff yn agored i haint ac yn methu ei ymladd, gan arwain at farwolaeth.

Homoffobia/Homoffobig: Rhagfarn a gwahaniaethu yn erbyn pobl sy'n cael eu denu at rai o'r un rhywedd neu y credir eu bod yn cael ei ddenu at bobl o'r un rhywedd, a/neu atgasedd tuag atyn nhw, neu eu hofni, yn seiliedig ar eu cyfeiriadedd rhywiol.

Homoffobia mewnol: Y teimlad o hunangasineb mae pobl LHDTC+ yn ei brofi. Yn aml o ganlyniad i glywed a gweld darluniadau negyddol o bobl LHDTC+. Gall arwain at hunan-barch isel a phroblemau iechyd meddwl eraill.

Hoyw: Rhywun sy'n cael ei ddenu bron yn gyfan gwbl yn rhamantus, yn emosiynol neu'n rhywiol at bobl o'r un rhywedd â nhw. Gellir defnyddio'r term i ddisgrifio unrhyw un, beth bynnag fo'i hunaniaeth rhywedd, ond fe'i defnyddir fel arfer i ddisgrifio dynion.

Hunaniaeth rhywedd: Teimladau ac argyhoeddiadau mewnol person am ei rywedd. Gall hyn fod yr un fath neu'n wahanol i'r rhywedd a bennwyd iddo adeg ei eni.

LD (LB): Talfyriad lesbiaidd a deurywiol (*lesbian and bisexual*).

LDT (LBT): Talfyriad lesbiaidd, deurywiol a thraws (*lesbian, bisexual and trans*).

Lesbiaidd: Menyw sy'n cael ei denu yn bennaf neu'n gyfan gwbl yn emosiynol, yn rhywiol a/neu'n gorfforol at fenywod eraill.

LH (LG): Talfyriad lesbiaidd a hoyw (*lesbian and gay*).

LHD (LGB): Talfyriad lesbiaidd, hoyw a deurywiol (*lesbian, gay and bisexual*).

LGBT (LHDT): Talfyriad lesbiaidd, hoyw, deurywiol a thraws (*lesbian, gay, bisexual and trans*).

LHDTffobia/LHDTffobig: Rhagfarn a gwahaniaethu yn erbyn rhywun sy'n LHDT neu y credir eu bod yn LHDT, a/neu atgasedd tuag atyn nhw, neu eu hofn i, yn seiliedig ar ei hunaniaeth LHDT.

LHDTC+: Yr acronym ar gyfer grwpiau lesbiaidd, hoyw, deurywiol, trawsryweddol a cwiar (a ddefnyddir weithiau hefyd i olygu 'cwestiynu', fel arfer wrth weithio gyda grwpiau oedran iau). Mae amrywiadau ar hyn sy'n cynnwys mwy (neu lai) o hunaniaethau, megis LHDT neu LHD. Gellir defnyddio LHDTC+ hefyd i fod yn fwy cynhwysol o hunaniaethau eraill y tu hwnt i'r rhai a ddisgrifir gan yr acronym ond sy'n gysylltiedig â nhw o ran hunaniaeth neu brofiad. LTBTQ+ yn Saesneg.

Menyw draws: Rhywun y mae eu hunaniaeth rhywedd yn fenywaidd ac a bennwyd yn wrywaidd adeg eu geni.

MSM: Dynion sy'n cael rhyw gyda dynion/dynion sy'n caru dynion (*men who have sex with men/men loving men*). Mae 'dynion sy'n cael rhyw gyda dynion' yn cael ei ddefnyddio fel term o fewn gwasanaethau iechyd rhywiol a gwasanaethau eraill i wneud y gwasanaethau hyn yn fwy cynhwysol i ddynion sy'n cael rhyw gyda dynion eraill ond sydd ddim efallai'n uniaethu fel LHDTC+.

Niwtral o ran rhywedd: Heb gyfeirio at y naill ryw na'r llall.

Nodwedd warchodedig: O dan Ddeddf Cydraddoldeb 2010, mae hi yn erbyn y gyfraith i wahaniaethu yn erbyn rhywun sydd â nodwedd wedi'i gwarchod. Mae'r rhain wedi'u rhestru yn y ddeddf, ac maen nhw'n cynnwys: oedran, anabledd, ailbennu rhywedd, priodas a phartneriaeth sifil, beichiogrwydd a mamolaeth, hil, crefydd neu gred, rhyw, cyfeiriadedd rhywiol.

Owtio: Datgelu cyfeiriadedd rhywiol neu hunaniaeth rhywedd rhywun arall heb eu caniatâd.

Panrywiol: Rhywun sy'n cael ei ddenu yn emosiynol, yn rhywiol a/neu'n gorfforol at eraill, beth bynnag fo'u hunaniaeth rhywedd.

Pride (Balchder): Bod â barn gadarnhaol am aelodau'r gymuned LHDTC+. Hefyd, dathliad o ddiwylliannau LHDTC+, protestiadau yn erbyn gwahaniaethu sy'n cael ei wynebu ar hyn o bryd a ffordd o'n hatgoffa o droseddau a gwahaniaethu yn erbyn y gymuned yn y gorffennol.

Rhyngrywiol: Person nad yw eu nodweddion rhyw biolegol yn ffitio i'r model meddygol deuaidd o wryw a benyw. Gall hyn fod oherwydd gwahaniaethau mewn nodweddion rhyw sylfaenol ac eilaidd, gan gynnwys organau cenhedlu allanol a mewnol, hormonau a/neu gromosomau.

Rhyw: Dosbarthiad gwyddonol a/neu gyfreithiol person fel gwryw, benyw neu ryngrywiol. Mae rhyw person fel arfer yn cael ei bennu gan gyfuniad o nodweddion rhyw sylfaenol ac eilaidd, gan gynnwys cromosomau, hormonau ac organau atgenhedlu mewnol ac allanol.

Rhywedd: Y rhaniadau sydd wedi'u hadeiladu a'u hatgyfnerthu'n gymdeithasol rhwng grwpiau penodol (rhyweddau) mewn diwylliant, gan gynnwys normau cymdeithasol mae disgwyl i'r bobl yn y gwahanol grwpiau hyn gadw atyn nhw, ac ymdeimlad person am eu hunaniaeth mewn perthynas â'r rhaniadau hyn.

Rhywedd a bennwyd adeg genedigaeth: Rhywedd person adeg ei eni, fel arfer yn seiliedig ar y rhyw a bennwyd ar adeg ei eni.

Rhyweddcwiar: Rhywun y mae eu rhywedd y tu allan i'r dosbarth deuaidd rhywedd neu'n groes iddo. Yn aml, mae'n cael ei ystyried yn hunaniaeth rhywedd sy'n fwy gwleidyddol fwriadol na rhai rhyweddau anneuaidd eraill, drwy gynnwys y term mae dadlau wedi bod yn ei gylch, 'cwiar'.

Rhyweddhylifol: Person heb rywedd sefydlog. Gall eu rhywedd newid yn araf neu'n gyflym dros amser a gall newid rhwng unrhyw nifer o hunaniaethau a mynegiannau rhywedd, gan fod profiad pob person rhyweddhylifol o'i hylifedd yn unigryw iddyn nhw.

Rhywioldeb: Mae rhywioldeb yn derm cyffredinol am ymddygiadau rhywiol, atyniadau, hoffterau, cas bethau, cinciau a dewisiadau pobl. Mae cyfeiriadedd rhywiol yn rhan o rywioldeb unigolyn, ac mae rhywioldeb weithiau yn cael ei ddefnyddio i olygu'r un peth â chyfeiriadedd rhywiol, ond mae'n cwmpasu mwy na dim ond pwy mae pobl yn cael eu denu atynt. Rhywioldeb yw'r hyn rydych chi'n ei fwynhau a sut rydych chi'n ei fwynhau, boed hynny'n bartneriaid neu weithgareddau.

Straen lleiafrifol: Mae straen lleiafrifol yn disgrifio lefelau cronig uchel o straen sy'n wynebu aelodau o grwpiau lleiafrifol. Gall nifer o ffactorau ei achosi, gan gynnwys cymorth cymdeithasol gwael a statws economaidd–gymdeithasol isel, ond yr achosion o straen lleiafrifol sydd wedi'u deall orau yw rhagfarn a gwahaniaethu rhyngbersonol.

Traws: Term cyffredinol i gyfeirio at unrhyw un nad yw eu hunaniaeth rhywedd yn hollol yr un fath â'r rhywedd a bennwyd iddyn nhw adeg eu geni. Mae hyn yn cynnwys, ond nid yn gyfyngedig i, fenywod traws, dynion traws a phobl anneuaidd.

Trawsffobia/Trawsffobig: Rhagfarn a gwahaniaethu yn erbyn rhywun sy'n draws neu y credir eu bod yn draws, a/neu atgasedd tuag atyn nhw, neu eu hofni, yn seiliedig ar ei hunaniaeth draws.

Trawsnewid: Mae trawsnewid yn cyfeirio at y broses mae unigolyn traws yn mynd drwyddi i gysoni eu hun â'u rhywedd, yn hytrach na'r rhywedd a bennwyd iddyn nhw adeg eu geni. Mae trawsnewid yn cynnwys rhai neu bob un o'r holl addasiadau diwylliannol, cyfreithiol a meddygol canlynol; dweud wrth deulu, ffrindiau a/neu gyd-weithwyr, newid enw a/neu ryw ar ddogfennau cyfreithiol; therapi hormonau ac, o bosibl (ond nid bob amser), rhyw fath o gadarnhad rhywedd llawfeddygol. Mae hon yn broses hynod bersonol a allai gynnwys ymyriadau meddygol, ond nid oes rhaid gwneud hynny.

Trawsrywiol: Term hen ffasiwn a meddygol sy'n disgrifio rhywun sy'n byw fel rhywedd gwahanol i'r un a bennwyd adeg eu geni. Defnyddir y term hwn weithiau i ddisgrifio pobl draws sydd wedi trawsnewid yn feddygol h.y. sydd wedi cael therapi amnewid hormonau a/neu lawdriniaeth cadarnhau rhywedd. Mae'r term yn dal i gael ei ddefnyddio gan rai pobl drawsryweddol ond mae wedi cael ei ddisodli'n eang gan y termau traws neu drawsryweddol, gan ei fod yn aml yn cael ei ystyried yn sarhaus neu'n anghynhwysol ar sail ei gyd-destun meddygol a phatholegol.

Therapi trosi: Gweithgareddau a therapïau ar bobl LHDT i geisio newid eu cyfeiriadedd rhywiol neu eu hunaniaeth rhywedd i'r hyn sy'n cydymffurfio â safbwynt cydryweddol a heteronormal cymdeithas.

WSW: Menywod sy'n cael rhyw gyda menywod/menywod sy'n caru menywod (*women who have sex with women/women loving women*). Mae 'menywod sy'n cael rhyw gyda menywod' yn cael ei ddefnyddio fel term o fewn gwasanaethau iechyd rhywiol a gwasanaethau eraill i wneud y gwasanaethau hyn yn fwy cynhwysol i fenywod sy'n cael rhyw gyda menywod eraill ond sydd ddim efallai yn uniaethu fel LHDTC+.

Adnoddau

Cymorth a Chyngor LHDTC+

Gall y sefydliadau a'r elusennau canlynol ddarparu gwybodaeth a chymorth i chi a'ch teuluoedd. Noder bod llawer o elusennau a sefydliadau LHDTC+ lleol, a gallwch ddod o hyd i wasanaethau cymunedol yn eich ardal leol drwy'r ddolen Stonewall ganlynol: https://www.stonewall.org.uk/help-advice/whats-my-area

akt (yn ffurfiol, Albert Kennedy Trust)
https://www.akt.org.uk
Elusen ddigartrefedd LHDTC+ genedlaethol sy'n darparu eiriolaeth a hyfforddiant, yn ogystal â thai.

Allsorts
https://www.allsortsyouth.org.uk
Sefydliad yn Brighton sy'n cefnogi a grymuso pobl ifanc LHDTC+.

FFLAG (Families and Friends of Lesbians and Gays)
https://www.fflag.org.uk
Elusen sy'n cefnogi rhieni a'u meibion a'u merched lesbiaidd, hoyw, deurywiol a thraws.

Gendered Intelligence
http://genderedintelligence.co.uk
Elusen genedlaethol, dan arweiniad pobl draws, sy'n darparu gwaith ieuenctid traws, mentora ysgolion, prosiectau celf, hyfforddiant a gwaith polisi.

Imaan
https://imaanlondon.wordpress.com
Prif sefydliad cymorth LHDTCRh y Deyrnas Unedig i Fwslimiaid.

LGBT Foundation
https://lgbt.foundation
Elusen genedlaethol sy'n darparu cyngor, cymorth a gwasanaethau gwybodaeth i gymunedau lesbiaidd, hoyw, deurywiol a thraws (LHDT).

LGBT Health and Wellbeing
https://www.lgbthealth.org.uk
Yn cynnig cymorth a digwyddiadau cymdeithasol i bobl LHDT, gyda digwyddiadau traws ac anneuaidd penodol, er mwyn gwella lles y gymuned ledled yr Alban.

LGBT Youth Scotland
https://www.lgbtyouth.org.uk
Elusen genedlaethol yr Alban ar gyfer pobl ifanc LHDTCRh, sy'n cynnig grwpiau cymorth, eiriolaeth a hyfforddiant.

Mermaids
https://www.mermaidsuk.org.uk
Yn cynnal grŵp cymorth i rieni/gofalwyr pobl ifanc â rhywedd amrywiol, yn ogystal â gwasanaethau ac ymgyrchu dros y plant hynny.

Mindline Trans+

https://bristolmind.org.uk/help-and-counselling/mindline-transplus

Gwasanaeth ffôn ledled y Deyrnas Unedig sy'n cynnig cymorth iechyd meddwl ac emosiynol i bobl â rhywedd amrywiol y mae ei angen arnyn nhw.

MindOut

http://www.mindout.org.uk

Sefydliad iechyd meddwl o Brighton sy'n gwasanaethu'r gymuned LHDTC+.

National Trans Youth Network

https://www.ntyn.org.uk

Yn cynrychioli'r holl grwpiau ieuenctid traws ledled y Deyrnas Unedig.

PFLAG

https://pflag.org

Y sefydliad cyntaf a'r mwyaf ar gyfer pobl lesbiaidd, hoyw, deurywiol, trawsryweddol a chwiar (LHDTC+), eu rhieni a'u teuluoedd, a chynghreiriaid yn UDA.

Sparkle

https://www.sparkle.org.uk

Sefydliad traws cenedlaethol sy'n seiliedig ar ddigwyddiadau.

Adnoddau yng Nghymru

Prosiect Ieuenctid LHDT+ GISDA

https://www.gisda.org/cy/gwasanaethau/clwb-ieuenctid-lgbt
Prosiect yn cynnig cefnogaeth i bobl ifanc sy'n uniaethu
fel LHDT+. Clybiau Ieuenctid wythnosol yng Nghaernarfon,
Blaenau Ffestiniog a Pwllheli. Hefyd mae'n cynnig hyfforddiant
achrededig a sesiynau ymwybyddiaeth ar faterion LHDT+ ac yn
eu cyflwyno i ysgolion, colegau a sefydliadau eraill sy'n cefnogi
pobl ifanc.

Llinell gymorth LGBT+ Cymru

https://www.lgbtcymru.org.uk
Llinell gymorth a gwasanaeth cwnsela. Cynhelir y Grŵp Ieuenctid
LHDT+ bob dydd Mawrth 5.30-7.30pm, YMCA Abertawe.

Stonewall

https://www.stonewallcymru.org.uk/cy
Yn ymgyrchu dros gydraddoldeb pobl lesbiaidd, hoyw, deurywiol
a thraws.

Unique

http://uniquetg.org.uk
Grŵp sy'n cefnogi bobl drawsrywiol. Maen nhw'n cwrdd ym
Mangor, Prestatyn a'r Rhyl.

Viva LHDT

http://www.vivalgbt.co.uk/contact
Rhan o brosiect pobl ifanc Gorllewin y Rhyl. Mae Viva yn darparu
grwpiau ieuenctid a chefnogaeth i bobl ifanc 14-25 oed lesbiaidd,
hoyw, deurywiol, traws, neu'r rheini nad ydyn nhw'n siŵr eto ...